Zutritt streng verboten!

Für Ken Gerhard, ein wahrer Freund und
Suchender des Sonderbaren

NICK REDFERN

ZUTRITT STRENG VERBOTEN!

Die 24 geheimsten Orte dieser Welt

KOPP VERLAG

1. Auflage Juli 2014

Titel der amerikanischen Originalausgabe: KEEP OUT!
Top Secret Places Governments Don't Want You to Know about – High Security Facilities, Underground Bases, and Other Off-Limits Areas

Übersetzung aus dem Amerikanischen: Übersetzungsbüro ALDEA, Köln
Umschlaggestaltung: Stefanie Huber
Satz und Layout: opus verum, München
Druck und Bindung: GGP Media GmbH, Pößneck
ISBN: 978-3-86445-122-5

FSC
www.fsc.org
MIX
Papier aus verantwortungsvollen Quellen
FSC® C014496

Gerne senden wir Ihnen unser Verlagsverzeichnis
Kopp Verlag
Bertha-Benz-Straße 10
D-72108 Rottenburg
E-Mail: info@kopp-verlag.de
Tel.: (074 72) 98 06-0
Fax: (0 74 72) 98 06-11

Unser Buchprogramm finden Sie auch im Internet unter:
www.kopp-verlag.de

Inhalt

Einführung 8

Kapitel 1 Die ultimative Geheimbasis 10

Nur die Fakten 12
Lazars Enthüllungen 15
Was ist die Wahrheit? 24
Die dritte Möglichkeit 27
Spionagespiele 30

Kapitel 2 Unheimliche Begegnung im Untergrund 34

Bill Maguire 35
Der Wald von Rendlesham 38
Rudloe Manor 44

Kapitel 3 Schürfen in Dugway 50

Die Geschichte chemischer Kriegsführung 51
Der Tod braucht eine neue Heimat 52
Tote Schafe in Skull Valley 53
Menschenversuche 56
Fünf Aliens in Utah 57
Abriegelung der Basis 58
»Genesis« 60

Kapitel 4 Geheimnisse des Zweiten Weltkriegs 62

Geheimnisse im Smithsonian 67
Das Nazigold 68
Ungarns Krone 72

Kapitel 5 Die kleinen Männchen von Hangar 18 74

Stringfields Untersuchungen 77
Heikle Aktivitäten 83
Hacking in Hangar 18 84
Die Kunst der Kriegsgefangenen 89

Kapitel 6 Londons Tunnel des Schreckens 90
»Todeslinie« 93
Untergrundmorde 94
Ein gefährlicher Patient 97
Gespenstischer Angriff 98
Riesenkatzen 99
Station Britisches Museum 100
Ufo-Lager 103
Kapitel 7 Bunker des Weltuntergangs von 2012 106
Rückblick auf die ausgebliebene Katastrophe 107
Phänomene 2012 110
Kapitel 8 Der Albtraum von Dulce 124
Die Fakten 126
Die Albtraumhalle 137
Alienbesetzung 138
Beobachtung aus der Ferne 140
Kapitel 9 Ein Land »Down Under« 142
Unbekannte Flugobjekte 148
Kapitel 10 Geschöpfe der Höhlen 150
Close Encounters 153
Shavers Geheimnis 154
Mac Tonnies 158
Das Wissen der Behörden 159
Kapitel 11 Städte auf dem Mond 162
Versteckte Mondbasen 163
Die *NASA* und Gary McKinnon 169
Richard Dolan 170
Spionagesatelliten 170
Männer, die den Mond anstarren 170

Kapitel 12 Anthrax, Aliens und Mordanschläge 176
Streng geheime Arbeit in Porton Down 178
Ufos im Rendlesham Forest 182
Tote in der Mikrobiologie 184
Fort Detrick. 187
Kapitel 13 Die geheime Insel 194
Norkas Chupacabra 196
Roosevelt Roads 198
Das karibische Primatenforschungszentrum 199
Rosarios Beobachtungen 202
Alienbasen 203
Kapitel 14 Die Geheimnisse von Montauk 208
Das Philadelphia-Experiment 209
Das Projekt geht weiter 214
Gedankenmonster 217
Vom Camp Hero zu Montauk Luftwaffenbasis 218
Die Degaussing Story 219
Nachweisbare geheime Forschung 222
Holographische Bildwerke 224
Zeitreisen 225
Geschlossen für weitere Arbeiten? 226
Kapitel 15 Dem Sturm trotzen 228
HAARP 231
Das Erdbeben auf Haiti 233
Der Tsunami in Japan 237
EM-Felder 239
Schlussfolgerungen 244
Register 252

Einführung

Area 51, Hangar 18, die Montauk-Anlage, Pine Gap, Fort Detrick, Rudloe Manor, Zhitkur, Porton Down, das Dugway Testgelände und die Dulce-Basis: Dies ist nur eine Handvoll der vielen ausgesuchten, als streng geheim eingestuften Bereiche, über die wir, die Allgemeinheit, nach dem Willen der Regierungen der Vereinigten Staaten, Australiens, Chinas, Russlands, Großbritanniens und anderer dauerhaft in Unkenntnis bleiben sollen.

Genau diese Regierungen haben ausgezeichnete Gründe, weshalb sie uns im Dunkeln lassen wollen. Nämlich genau in diesen verborgenen Bereichen fanden, wie berichtet wird, über Jahrzehnte hinweg geheime Forschungen statt an tödlichen Viren, genetischen Manipulationen, abgestürzten Ufos und den Überresten verunglückter Außerirdischer sowie zu biologischer Kriegsführung, Bewusstseinsmanipulationen, futuristischen Fluggeräten und Raumfahrzeugen, Teleportation, Wettermanipulationen, Unsichtbarkeit, Zeitreisen und vieles, vieles mehr von verschwörerischer und kosmischer Natur.

Gleich ob mitten im Ozean, tief unter der Erde oder inmitten fernab gelegener, streng abgeschirmter Wüstengebiete … Diese supergeheimen Orte werden mit beinahe paranoidem Eifer von denjenigen abgeschirmt, die an der Macht sind und ihre Geheimnisse begraben und streng verschlossen vor neugierigen Augen wissen möchten. Manchmal jedoch öffnen sich diese riesigen, stählernen, beinahe undurchdringlichen, tresorgleichen Tore, welche die Wahrheit verbergen – oder sie werden aufgestoßen! –, und die dahinter liegenden schockierenden Geheimnisse liegen bloß.

Kapitel 1

Die ultimative Geheimbasis

Auf unserer Suche nach der Wahrheit über streng geheime Orte müssen wir irgendwo beginnen, und da scheint es besonders angebracht, unsere Aufmerksamkeit zuerst auf die berüchtigtste aller geheimen Einrichtungen zu lenken. Können Sie den Namen erraten? Ich vermute stark, dass es Ihnen gelingen wird.

Es geht alles zurück zum Jahr 1989, als ein Mann namens Robert Scott Lazar an die Öffentlichkeit trat mit einer Serie von sensationellen Behauptungen, die bis zum heutigen Tage nachklingen. Der nach eigener Einschätzung ziemlich unkonventionelle Wissenschaftler Lazar behauptete, für eine kurze Zeit in den späten 1980er-Jahren als Wissenschaftlicher Mitarbeiter in einer unglaublich geheimen und streng abgeschirmten Einrichtung in der rauen Wildnis der Wüste von Nevada tätig gewesen zu sein. Das Forschungsprogramm, dem er zugeteilt worden war, ist seinen Worten zufolge von erstaunlichen Ausmaßen und bedeutenden Auswirkungen: eine geheime Operation mit dem Ziel, eine beeindruckende Flotte von Raumfahrzeugen fremden Ursprungs zu untersuchen, zu verstehen und schließlich nachzubauen. Sie war buchstäblich in die Hände der US-Regierung »gefallen« … oder vielleicht korrekter: in die Klauen einer elitären wissenschaftlichen Bürokratie, die wahrscheinlich nicht einmal dem Präsidenten zur Auskunft verpflichtet ist. Jawohl, Sie haben richtig gelesen: Lazar zufolge, beobachtete »Uncle Sam« 24/7 mit einer Attitüde von »Erst schießen und später auch keine Fragen stellen« gründlich echte fliegende Untertassen – und möglicherweise sogar ihre außerirdischen Besatzungen. So wurde die Legende von Area 51 geboren bzw. zugleich enthüllt.

Zweifellos ist die geheime Basis Area 51 eine Einrichtung bestehend aus einer Masse riesiger und undurchdringlicher Hangars, mysteriöser unterirdischer Gewölbe sowie labyrinthartiger Tunnels. Die Tatsache, dass solch ein Ort gleichzeitig als absolut geheim gelten kann und dennoch weithin bekannt ist, klingt wie ein absoluter Widerspruch, und dennoch ist das in diesem Fall die reine Wahrheit und

Tatsache. Die amerikanische Regierung weigert sich beharrlich, die besondere Natur der Area 51-Einrichtung auch nur anzusprechen … was als einigermaßen lächerlich erscheint in Anbetracht der Tatsache, dass inzwischen praktisch jedermann davon gehört hat, ebenso wie von den Gerüchten über Aliens.

Nur die Fakten

Ehe wir zu Lazar und seinen angeblichen Ufos kommen, sollten wir zunächst einen Blick darauf werfen, was wir mit Sicherheit über diese besonders interessante Einrichtung sagen können. Trotz der Reputation von Area 51 als eine Art weit abgelegener Festung jenseits der Zivilisation ist sie dieses beileibe nicht! Die überraschende Realität ist, dass diese Basis weniger als 90 Meilen entfernt ist von den glitzernden Leuchtreklamen, riesigen Hotels, unzähligen Spielautomaten und wirbelnden Strippern der »Sin City«. Was Area 51 so unzugänglich für die überwältigende Mehrheit der Menschen macht, ist nicht ihre Entfernung von Las Vegas, sondern das Ausmaß, bis zu dem seine innersten Geheimnisse verborgen gehalten werden.

Versuchen Sie einmal, mit einem Flugzeug über die Flugverbotszone der Basis zu fliegen, und Sie riskieren, von einer Rakete regelrecht vom Himmel geblasen zu werden. Probieren Sie, was passiert, wenn Sie auf der Autobahn fahren und sich der Basis nähern: Sie werden sich sehr schnell beobachtet fühlen von humorlosen Männern ganz in Schwarz im Stile privater Security-Leute, die Ihnen geradezu mit Vergnügen das Leben extrem schwer machen, wenn Sie die Zeichen und Warnungen missachten, sofort umzukehren. Erhebliche Geldstrafen, mehrere Monate Gefängnis und sogar die Anwendung tödlicher Gewalt drohen denjenigen, die sich nicht davon abhalten lassen, eine aufregende Fahrt mit einigen Freunden auf der Suche nach E.T. in der Wüste zu unternehmen.

Angenommen, dass im Umkreis von vielen Meilen um Area 51 herum solche Sicherheitsmaßnahmen gelten, so verwundert es über-

Area 51, die ultimative Geheimbasis

haupt nicht, dass – ebenso wie bei dem glitzernden, geldvernichtenden Nachbarn – alle Geschehnisse in Area 51 für immer und ewig dort geheim bleiben. Wenigstens meistens! Lediglich manchmal – zum Leidwesen der Beamten – kommen einige der vielen harten Nüsse von Area 51 an die Oberfläche.

Was die innere Bedeutung des Namens angeht – kurz gefasst »Aliens« –, so handelt es sich um ein relativ junges Phänomen. Es geht gerade einmal um zwei Jahrzehnte. In Bezug auf die tatsächliche Existenz dieser Basis und ihrer geheimen Aufgaben, nun, so datiert das alles schon sehr weit zurück, nämlich sogar ein halbes Jahrhundert. Der Begriff Area 51 existiert sogar aus einem sehr guten Grund: Statt einen einsamen und nicht vernetzten Stützpunkt darzustellen, ist Area 51 nichts anderes als eine Zahl der US-Luftwaffe im Test- und Übungsgelände von Nevada, das sich insgesamt über mehr als 4500 Quadratmeilen erstreckt.

Gleich nordöstlich davon liegt das ausgedehnte und ausgetrocknete Gebiet bekannt als Groom Lake, wo geheime Bombenabwürfe während des Zweiten Weltkrieges geprobt wurden. Schon in den 1950er-Jahren, als die Sowjetunion bereits zur nächsten Bedrohung für die westliche Welt wurde, kam die *CIA* sehr rasch (und insgeheim) zum Test- und Forschungsgelände Area 51 hinzu. Kurz darauf wurde dort 1955 eine 5000 Fuß lange Landebahn gebaut, von der aus die *CIA* erfolgreich Testflüge und -landungen des supergeheimen U-2-Spionageflugzeuges absolvierte. Ebenso wie mit der Zeit die Flugtechnologie ihren Fortschritt nahm, so galt dies auch für die geheimen anderen Programme von Area 51.

In den sechziger Jahren konzentrierte sich die Forschung und Erprobung aller Einrichtungen von Area 51 auf das Projekt *SR71 Blackbird*. In den späten 1970er-Jahren und den 1980er-Jahren wurde dies abgelöst von der sogenannten Stealth-Technologie, die 1988 wirklich berühmt wurde, als die US-Regierung der Welt die neueste Errungenschaft ihrer militärischen Fähigkeiten offenbarte, nämlich der *Stealth F-117 Nighthawk*.

Um die tiefe Verstrickung der Einrichtungen von Area 51 an der Entwicklung der *Nighthawk* zu demonstrieren, können wir darauf hinweisen, dass es geheime Testflüge bereits seit 1983 gegeben hat – die mehr als nur ein paar Ufo-Meldungen verursachten –, obwohl die 1980er-Jahre beinahe verstrichen waren, als man der Welt endlich die seltsam aussehenden, eckigen und pechschwarzen Fluggeräte präsentierte. Dies führt uns zu der kosmischen Reputation von Area 51 als der streng geheimen Untertassen-Forschungsstation der US-Regierung.

Lazars Enthüllungen

Robert Scott Lazar – von seinen Freunden Bob genannt – ist eine Persönlichkeit, die, wenn es um Ufos geht, den amerikanischen Behörden möglicherweise mehr Kopfschmerzen bereitet hat als irgendjemand sonst auf diesem Planeten. Ob dies so ist, weil Lazar eine Verschwörung von außerirdischen Dimensionen enthüllt oder lediglich ein Netz von Phantasien erstellt hat, welches die Regierung ständig widerlegen muss, bleibt abzuwarten. Doch wie auch immer die Sache ausgehen mag: Es handelt sich mit Sicherheit um eine Mordsgeschichte.

Es war ein ansonsten vollkommen normaler Abend im März des Jahres 1989, als das Unheil mit unerbittlicher Macht zuschlug. Als die ahnungslosen Bürger von Las Vegas zur Essenszeit ihre Fernsehapparate einschalteten auf den Kanal KLAS-TV, hätte man ihnen nicht übelnehmen können, wenn sie geglaubt hätten, es sei der 1. April. (So manch einer würde sagen, das sei ja beinahe auch das Gleiche!) Aber lassen wir uns nicht zu voreiligen intergalaktischen Schlüssen verführen: Man sah im Fernsehen einen Mann, der einem ihn befragenden Journalisten namens George Knapp eine verblüffende Geschichte erzählte. Der schlanke »dreißiger-Jahre-plus« alte brillentragende Mann war Bob Lazar, aber damals hätten sie das nicht gewusst, denn aus ernster Sorge um seine persönliche Sicherheit, wie er behauptete, arbeitete er damals unter dem Decknamen Dennis.

Und während die gesitteten Bürger von »Sin City« dasaßen und zuhörten, behauptete Dennis/Lazar, Ende 1988 als Physiker an einem streng geheimen Forschungsprogramm in einem besonderen Bereich von Area 51 genannt S-4 beschäftigt gewesen zu sein. Er meinte, dies sei ein anspruchsvoller Forschungs- und Entwicklungsauftrag, der sich auf nichts anderes beziehe als auf die Analyse von neun erbeuteten, gespendeten oder anderweitig erworbenen Raumfahrzeugen von anderen Welten. Diese Fahrzeuge würden von unvorstellbar technologisch fortgeschrittenen Antrieben bewegt, und er, Lazar, habe sich persönlich davon überzeugen können.

Trotz vieler Warnungen und kaum verhüllter Drohungen des Personals von Area 51, niemals oder jemals preiszugeben, was sich darin befand, tat Lazar genau dieses: Er plauderte alles aus für die Welt da draußen! Daraufhin war sein Leben bedroht. Während die Geheimnisse von den Aliens wild aus Lazars Mund sprudelten, drohte das Damoklesschwert der Regierung bereits über ihm. Seine Berichte über eine Verschwörung bezüglich der Aliens und extraterrestrischer Kräfte in den Reihen der Regierung war die Traumstory der Medien. Das war wie Woodward und Bernstein (bekannt durch die Watergate-Affäre) für das Raumfahrtzeitalter. Es war das, was Ufo-Forscher in der ganzen Welt zu hören erhofft hatten. Doch war dies auch die Wahrheit? Eine einfache Frage, doch keine einfache Antwort.

Wer ist Bob Lazar?

Bob Lazar ist eine ebenso rätselhafte wie faszinierende Persönlichkeit. Einige Mitglieder Ufologischer Kreise sehen in ihm einen Kreuzzugsritter, während andere ihn für einen abscheulichen Betrüger halten. Doch bleiben wir bei den Fakten: Geboren 1959 in Florida, hat Lazar in den 1970er-Jahren Unterricht im Fach Elektronik an der Pierce College von Los Angeles absolviert und einige Zeit als Angestellter bei Fairchild verbracht, eine Gesellschaft, die 1959 von Nobelpreisträger und Miterfinder des Transistors William Shockley gegründet worden war.

Dies aber ist nur ein Teil der Geschichte. Lazar behauptete – und behauptet noch immer! –, dass er vom *California Institute of Technology* (CalTec) ein MS [Master of Science] in Elektronik und vom *Massachusetts Institute of Technology* (MIT) ebenfalls ein MS in Physik erworben habe und daraufhin in diesem Zusammenhang an einigen geheimen Projekten mitgewirkt habe.

1982 wurde Bob ausführlich auf dem *Los Alamos Monitor* von Neu Mexiko vorgestellt in Form eines langen Artikels, der sich auf seine Fachgebiete in Bezug auf seine persönlichen Interessen bezog: Bau und Fahren von superschnellen Turbinenfahrzeugen. Der Artikel beschrieb, wie Lazar und ein Freund von der *NASA* den Motor aus einem ansonsten vollkommen unverdächtigen Honda herausholten und dann etwas ziemlich Bemerkenswertes taten: Sie ersetzten den alten Motor durch einen neuen aus rostfreiem Stahl und Titan, der von flüssigem Propan angetrieben wurde und Geschwindigkeiten von 200 Meilen pro Stunde erreichte … etwa wie das automobile Äquivalent von Dr. Bruce Banner und der *Incredible Hulk*. Der Artikel bewies, dass Lazar sicherlich genug Verstand und technisches Geschick besaß, doch besonders bemerkenswert war daran, dass der ausdrücklich als »Mann der Stunde« und Physiker Bezeichnete damals an der *Los Alamos Meson Physics Facility* tätig gewesen sein soll.

Heute als das *Los Alamos Neutron Science Center* bekannt, hat diese Institution lange Zeit an der Spitze der Forschung im Bereich der subatomaren Partikel gestanden. Also trotz der Tatsache, dass Lazar lange Zeit abgetan wurde als Schwindler oder Phantast, besitzen wir doch einige Beweise, dass er tatsächlich involviert war in der geheimen Welt der Los-Alamos-Forschungsstätte, und zwar sechs Jahre bevor er angeblich mit außerirdischen Untertassen von Area 51 herumexperimentierte. Doch wie konnte jemand dazu kommen, erst superschnelle Autos auf die Welt loszulassen und in Los Alamos sein Geld zu verdienen, um schließlich hundsgemein das größte Geheimnis auszuplaudern? Es war alles im Schicksal begründet: eine echte Chance, eine das Leben verändernde Begegnung!

Im Juni 1982 sollte der berühmte theoretische Physiker Edward Teller in Los Alamos einen Vortrag halten, den auch Lazar besuchen wollte. Als er an dem fraglichen Tag zum Ort der Vorlesung gehen wollte, sah er zu seiner großen Überraschung vor dem Gebäude Teller auf einer Mauer sitzen und den bereits erwähnten Artikel über Lazar im *Los Alamos Monitor* lesen. Es handelte sich um einen vollkommenen Zufall, und Lazar stellte sich kurzentschlossen vor und unterhielt sich kurz mit dem Mann, der als eine der Inspirationen für den verwirrten Dr. Strangelove (Dr. Seltsam) in Stanley Kubrick's Klassiker von 1964 gedient hatte.

Lazars Einführung in die Area 51

Machen wir einen Sprung in das Jahr 1988. Damals betrieb Lazar ein Fotolabor in Las Vegas, suchte aber zugleich nach einer wesentlich einträglicheren Beschäftigung. Er schickte Teller ein Erinnerungsschreiben, und dieser erinnerte sich sogleich an Lazar und dessen aufgemotzte Hondas. Das war eine ausgezeichnete Nachricht! Und es wurde noch viel besser, als Teller ankündigte, seine Beziehungen einzusetzen, um Lazar wieder in die Welt der Wissenschaft zurückzuholen. Tatsächlich wurde Lazar von einem Vertreter der Firma *Edgerton, Germeshausen und Grier Inc.* (*EG&G*) kontaktiert, die Zulieferer der amerikanischen Verteidigungsbehörde waren. So begann eine Saga voller Geheimnisse, Dolche und Spiegelsäle.

Nach einem Vorstellungsgespräch mit Vertretern von *EG&G* auf dem McCarran Airport von Las Vegas wurde Lazar rasch als wesentlich überqualifiziert für die Aufgabe eingeschätzt. Lazar freute sich dennoch über einen telefonischen Rückruf, diesmal aber für eine gänzlich andere Aufgabe. Es sollte sich dabei um eine Tätigkeit handeln, die vage als ein besonders ambitioniertes Turbinentriebwerksprojekt beschrieben wurde – sicherlich eine Untertreibung gigantischen Ausmaßes! Die Tatsache, dass Lazar damals seinen eigenen Teilchenbeschleuniger im Schlafzimmer besaß, war genug, um seine Interviewer zu beeindrucken. Sie machten ihm ein Angebot, und er stimmte sofort seinem neuen Engagement zu. Die Sache kam also richtig ins Rollen. Bis wohin ihn dies führen würde, darüber hatte er nicht die geringste Vorstellung. Aber das sollte sich rasch ändern.

Die Ufos in Nevada werden versteckt.

Bei *EG&G* stieß Lazar auf einen geheimnisvoll wirkenden Mann namens Dennis Mariani, der als militärisch-streng und sehr kurz angebunden beschrieben wurde. Mariani wurde bald darauf Lazars unmittelbarer Vorgesetzter. Sie unternahmen einen kurzen Flug und dann eine kurze Fahrt mit einem Autobus, dessen Fenster geschwärzt worden waren, bis zu dem innersten Heiligtum von Area 51: S-4!

Lazar war gerade dabei, aufzusteigen von einem Hobbybastler an aufgemotzten Autos zu jemand, der sich mit Raumfahrzeugen beschäftigte, die man ihm beschrieb als Zeugen eines Sonnensystems irgendwo in der Tiefe des Weltalls. Die Umgebung, wo diese fremden Raumschiffe abgestellt und untersucht worden waren, war im Grunde genommen ebenso außerirdisch: Die S-4-Einrichtung soll grundsätzlich beinahe einer Filmszene aus einem James-Bond-Streifen geähnelt haben. Lazars Beschreibung zufolge handelte es sich um eine ganze Reihe von Bauwerken und großen Flugzeughallen, die nicht einfach offen auf dem Gelände standen, sondern geradezu herausgemeißelt worden waren aus den Felsen einer der großen Berge, welche das ganze Gebiet dominierten. Um diese geheime Einrichtung zu tarnen und die dunklen Geheimnisse in ihrem Inneren zu schützen, waren die riesigen Tore sandfarben gestrichen, sodass sie sich fast perfekt in die natürliche Wüstenlandschaft einfügten.

Ursprünglich war das alles ziemlich überwältigend für Lazar, der sich noch immer vollkommen im Unklaren war bezüglich seiner präzisen Aufgabe bei dieser Angelegenheit; schließlich hatte er eine Stellung angenommen, die von einer regelrechten Wolke der Unklarheit umgeben war und dennoch aufregend und reizvoll klang, gleichzeitig jedoch richtig verrückt!

Bei seinem Eintreffen wurde er rasch bekannt gemacht mit dem prächtigen Mannschaftsgeist in der Area 51 und S-4: Er wurde praktisch dazu gezwungen zuzustimmen, dass man sein Telefon zu Hause überwachte, und es gab Drohungen, es wurde mit Waffen herumgefummelt, und man sparte nicht mit Belehrungen über alle möglichen Drogen und Hypnose, um diejenigen zum Schweigen zu bringen, die sich nicht der politischen Linie unterwarfen. Lazar wurde sogar von einem bewaffneten Wachmann begleitet, wenn er zur Toilette musste. Was ging hier vor? Jetzt endlich war die Zeit gekommen, das As aus dem Ärmel zu lassen … das Ufo endlich zu enthüllen.

Es kommt nicht gerade jeden Tag vor, dass man eingeladen wird, ein unglaublich hochentwickeltes Gebilde zu untersuchen, welches entworfen und gebaut wurde auf einer anderen Welt! Aber Lazar war auch nicht gerade ein Durchschnittsmensch, und so griff er diese Herausforderung fast begierig auf. Dabei handelte es sich nicht nur um EIN solches Fahrzeug, wie Lazar damals vermutete, sondern um neun. Ob es sich dabei um die Resultate von Abstürzen, schweren Pannen oder auch um großzügige Schenkungen der Aliens handelte, hat Lazar niemals herausgefunden. Wie auch immer sie dahingekommen waren … Sie waren einfach da und lagen vor ihm in den versteckten Flugzeughallen von S-4: Eine wahrhafte Armada fliegender Untertassen der präzisen Bauart, welche die amerikanische Regierung für Jahrzehnte der Öffentlichkeit klarzumachen versucht hatte, das sie lediglich eine Ausgeburt der Phantasie, der Täuschung oder von Missverständnissen sein!

Damals enthielt Lazars zeitlich eng begrenzte Tätigkeit zwei Aufgaben: Zum Teil sollte er zahlreiche Untersuchungsberichte über die Natur und die Geschichte der Aliens auf der Erde untersuchen und auswerten. Der wichtigere Teil seiner Tätigkeit bestand allerdings darin, die Kraftquelle dieser unglaublichen Gefährte zu untersuchen und möglicherweise zu kopieren … wobei es sich Berichten zufolge um ein superschweres Element der Ordnungszahl 115 handeln sollte, das es auf der Erde nicht gibt.

Die Raumfahrzeuge selbst waren völlig fremdartig: alle unglaublich glatt und rund, vollständig ohne Schrauben, Bolzen oder Nieten … alles wie gerade aus einer Gussform gestaltet. Sie waren recht kompakt gebaut, mit Zwischenstockwerken und wirkten eigentlich nicht so, als wären sie tatsächlich für eine physische Navigation geeignet … solange es sich nicht um einen drei Fuß großen Alien handelt, wie die Größe der Intelligenzen in den Fahrzeugen angeblich gewesen sein soll.

In den Instruktionen las Lazar, dass diese Einrichtung nicht im Besitz von außerirdischen Raumfahrzeugen war, sondern dass man hier heimlich auch fremde Wesen obduziert hatte. Darüber hinaus hatte es offenbar gewalttätige Auseinandersetzungen in der Area 51 zwischen *lebenden* Aliens und amerikanischen Armeeangehörigen gegeben. Den Anweisungen zufolge musste Lazar glauben, die menschliche Rasse sei das Ergebnis irgendeiner genetischen Spielerei der Außerirdischen in unserer fernen Vergangenheit; am geheimnisvollsten schien die Tatsache, dass E.T. sich für die Natur der menschlichen Seele zu interessieren schien.

Das größte Problem für die überraschend kleine Mannschaft, die diesem Programm zugeteilt worden war – höchstens vielleicht 20

Leute –, bestand in der Erzeugung des Elementes 115 hier auf der Erde … dem damaligen Stand der Wissenschaft zufolge schlicht unmöglich! So bestanden die meisten Untersuchungen schlicht aus dem Prinzip von »Versuch und Irrtum« durch Personen, die zwar die Bedeutung dessen, womit sie hantierten, verstanden, die aber nicht notwendigerweise sicher waren, wie man damit umzugehen hatte. Es gab nur wenige bedeutsame Fortschritte, und diese lagen zudem zeitlich weit auseinander. Man stelle sich einen Neandertaler vor, der die glänzenden Reifen einer Corvette mit dem Fuße tritt und dabei so etwas wie ein höhlenmannartiges »hmmmm« ausstößt. Dies war im Grunde genommen die Situation, in der sich Lazar in S-4 wiederfand. Dennoch wurden ein paar vorsichtige Testflüge mit einigen der Fahrzeuge unternommen, aber nur in ganz bescheidenem Rahmen vor den Flugzeughallen. Wenigstens aber hatte man ein paar kleine Fortschritte erzielt.

Bob plaudert alles aus

Lazar bestätigte, dass er bis zu den ersten Monaten des Jahres 1989 auf der Basis arbeitete. Zu jener Zeit trugen sich einige kritische Dinge zu, die letztlich zur Beendigung seiner Beschäftigung führten … und vielleicht sogar beinahe zu seinem Tod geführt hätten. Trotz aller Warnungen, Drohungen und Einschüchterungen, mit keiner Menschenseele außerhalb von Area 51 und S-4 über seine Tätigkeit zu sprechen, so tat Lazar genau dies: Er erzählte heimlich seiner Frau Tracey, ebenso seinem guten Freund Gene Huff sowie dem Ufo-Forscher John Lear – Sohn von William Lear, bekannt durch den Lear-Jet – von den verblüffenden Geheimnissen der Basis. Ein verheerender Schachzug.

Zu hoffen, dass die Sicherheitsleute von Area 51 dieses nicht spitz kriegen würden, war ein schwerer Fehler. *Natürlich* fanden sie das heraus. Und als Ergebnis ihrer Überwachung seines Telefonanschlusses erfuhren sie außerdem: Während Bob an den fremden Raumschiffen auf S-4 herummachte, war Tracey (die damals gerade Flugstunden nahm) mit ihrem Fluglehrer beschäftigt. Wie es sich gehört, wurde Lazar über die Affäre seiner Frau unterrichtet und ebenso darüber, dass seine Vorgesetzten über seine Plaudereien bei Huff und Lear Bescheid wussten. Die beiden Angelegenheiten brachten die Leute von Area 51 dazu, umgehend Lazars Unbedenklichkeitsbescheinigung aufzuheben. Man machte sich Sorgen über seinen seelischen Zustand sowie über die allgemeinen Sicherheitsrisiken. Lazar wurde schließlich aus seinem Job geworfen und ebenso heraus aus der Area 51. Adios Aliens!

Bald darauf telefonierte Dennis Mariani mit Lazar und verlangte von ihm, zusammen zur Area 51 zurückzukehren. Aus Angst, seine Knochen könnten möglicherweise in der Wüste von Nevada verscharrt werden, weil er gegen die Verschwiegenheitsklausel verstoßen hatte, lehnte er Marianis gefährliche Einladung rundweg ab. Wütend knallte Mariani den Hörer auf die Gabel. Bald darauf schoss jemand auf den Hinterreifen von Lazars Auto, während er eine gewisse Strecke der Autobahn von Las Vegas hinunterfuhr. Bis jetzt ist vollkommen unklar, ob dies ein fehlgeschlagener Attentatsversuch war oder nur eine Warnung, um Lazar einzuschüchtern und ihn zum Schweigen zu bringen. Sein Gefühl sagte ihm, es bleibe ihm nur noch eine Option, um am Leben zu bleiben: Er müsse sich an die Öffentlichkeit wenden.

Seiner Überlegung zufolge wurde es immer unwahrscheinlicher, dass er von der Bildfläche durch die Hand eines von der Regierung angestachelten Mörders verschwand, je öffentlich sichtbarer er wurde. Daher also die Enthüllungen vor dem KLAS-TV von Las Vegas, gefolgt von einer schier endlosen Debatte über die Wahrhaftigkeit von Lazars Aussagen in zahlreichen Büchern, Magazinen, Dokumentarsendungen des Fernsehens, Talkshows in Radios und mehr als 20 Jahre später überall im Internet.

Was ist die Wahrheit?

Im Grund ist dieses die eigentliche Geschichte. Doch wie sehen die Tatsachen wirklich aus? *Gibt* es überhaupt irgendwelche Tatsachen in dieser verrückten Angelegenheit? Oder handelt es sich bloß um ein einziges Bündel von Lügen und Übertreibungen? Die Antworten auf solch wichtige Fragen hängen stets davon ab, wen man gerade fragt und wie man die zugänglichen Beweise deutet. Viele UFO-Forscher und – Ermittler tun Lazars Enthüllungen rundweg ab, ohne auch nur ein zweites Mal hinzuhören. Der Kernphysiker und als legendäre Ufo-Autorität bekannte Stanton T. Friedman beschrieb Bobs Enthüllungen als »DAS IST REINSTER QUATSCH. QUATSCH, QUATSCH.«[1] Ja tatsächlich: Friedmann schrieb dies in Versalien! Doch trotz der Neinsager … Wann immer man versucht, Lazars Aussagen in die Kategorie »Schwindel und Täuschung« einzuordnen, so scheint unvermittelt etwas aufzutauchen, das geradezu Tore der Flugzeughallen aufschiebt – oder wenigstens einen Spalt öffnet – und ein kleines bisschen Unterstützung für Lazars Sensationsgeschichte bietet.

Kehren wir zurück zum Anfang, zu Lazars Behauptungen, dass er einen Traumjob angeboten bekommen habe, als er Dr. Edward Teller angesprochen hatte. Als er über diese dunkle Angelegenheit befragt wurde, nachdem sie in den Kreisen von Ufo-Forschern ebenso wie in den öffentlichen Medien Gestalt angenommen hatte, leugnete Teller keineswegs, Lazar getroffen zu haben. Ebenso wenig bestritt er, Lazar auch woanders empfohlen zu haben, was ihn letzten Endes möglicherweise zur Area 51 geführt haben könnte. Teller drehte sich und wandte sich tatsächlich hin und her, mit unruhiger Stimme und offensichtlichem körperlichem Unbehagen, als er von einem Fernsehjournalisten festgenagelt wurde mit folgenden Worten: »Ich habe ihn möglicherweise kennengelernt. Vielleicht habe ich jemand gesagt, ihn kennengelernt und schätzen gelernt zu haben, nachdem ich ihm

1 Friedmann, »Bob Lazar«

begegnet war. Aber ich erinnere mich nicht an ihn.«[2] Okay Edward, damit ist alles klar.

Und was ist mit den Qualifikationen, die Lazar angeblich besaß? Es gibt keinen einzigen überzeugenden Beweis, der Lazars Behauptungen stützen könnte, er habe irgendwelche akademischen Grade bei *CalTech* oder beim *MIT* erworben. Kritiker und Entlarver reiben sich grinsend die Hände und rufen: »Foul, Bob!« Lazars Erwiderung? Die Regierung versuche ihn in Misskredit zu bringen, indem sie wesentliche Teile seiner Lebensgeschichte und seines Werdeganges auslösche. Andererseits könnte man vernünftigerweise argumentieren, dass das Nichtvorhandensein von überzeugenden Daten seines Lebenslaufes und seiner beruflichen Ausbildung eigentlich auch bedeutet hätte, dass er niemals in Frage gekommen wäre für die Anstellung in einer wissenschaftlich sensiblen und von der US-Regierung finanzierten Institution.

Lazars Behauptungen, in Los Alamos gearbeitet zu haben, wurden ebenso mit Misstrauen übersäht von etlichen Mitgliedern der Ufo-Forschungsgemeinde wie von den öffentlichen Medien. Seine Aussagen wurden rundweg bestritten von Sprechern der Los-Alamos-Einrichtung. Zumindest vorübergehend. Bald jedoch traf etwas ein, das die Angelegenheit regelrecht auf den Kopf stellte: Der Mitarbeiter von KLAS-TV George Knapp entdeckte Lazars Namen im Telefonbuch des *Los Alamos National Laboratory* vom Oktober 1982. Als er diesen Beweis einigen grimmig dreinschauenden und von hektischer Röte überzogenen Sprechern von Los Alamos präsentierte, schlugen sie umgehend eine andere Marschrichtung ein. Die neue Version lautete: Lazar *sei* tatsächlich bei ihnen beschäftigt gewesen, jedoch als ein Mitarbeiter einer Fremdfirma namens Kirk-Meyer. Sie blieben dabei, Lazar habe niemals jemals, nicht einmal ein einziges Mal an Dingen gearbeitet, die geheim oder auch nur sensitiv gewesen seien. Allerdings hatten frühere Kollegen von Lazar Knapp darüber infor-

2 »Element 115«

miert, dass Lazar in Los Alamos mit Dingen zu tun gehabt hatte, die zu der streng geheimen *Strategic Defense Initiative* (SDI) – bzw. *Star Wars-Programm* – gehört hatte, das in den 1980er-Jahren von Präsident Ronald Reagan ins Leben gerufen worden war.

Und was ist mit den Behauptungen über phantastisch fortgeschrittene Raumfahrzeuge in Area 51, die angeblich von einem superschweren Element (Ordnungszahl 115) angetrieben werden, das hier auf der Erde einfach nicht existiert? An dieser Stelle müssen wir uns der seltsamen Geschichte eines jungen Mannes aus Wales namens Matthew Bevan zuwenden, der Mitte der 1990er-Jahre hartnäckig mit seinem Computer die Ufo-Geheimnisse der Wright-Patterson-Air-Force-Base und ihren sogenannten Hangar 18 zu lüften versuchte. Was anfänglich noch als Ärger zu bezeichnen gewesen wäre, wurde nun eine richtig kochend heiße Sache mit sowohl den britischen wie den amerikanischen Behörden. Bevans vollständige Geschichte wird zu gegebener Zeit in einem späteren Kapitel berichtet, aber weil ein kleines Stückchen davon auch mit Lazar zu tun hat, muss sie hier wenigstens kurz angerissen werden. Ein Teil von Bevans Erkenntnissen wurde offiziell von *Scotland Yard* während einer Reihe von Befragungen niedergeschrieben, unmittelbar nach Bevans Verhaftung 1996. Demzufolge habe er einen Weg in die Systeme und Dateien von Wright-Patterson gefunden und dabei Dinge entdeckt, die einen Flugapparat beschrieben, der erstaunlich ähnlich demjenigen war, den Lazar George Knapp beschrieben hatte … bis hin zu der Sache mit dem superschweren Element. Bedeutet dies, Lazar kann noch einmal seinen Kampf aufnehmen?

Wie Bevan berichtete, stieß er in einem besonderen System von Wright-Patterson auf einen ganzen Stapel von E-Mails, in denen über die Entwicklung irgendeines radikal anderen Flugapparates die Rede war. Er wurde als sehr klein beschrieben, mit Zwischendecks, einem Reaktor an der Unterseite und Räumen für die Mannschaft oben. Als *Scotland Yards* Computerkriminalitätsexperten Bevan befragten, ob er sonst noch etwas auf den Computern von Wright-Patterson entdeckt habe, erwiderte er: »Ja, durchaus.« Er habe geheime Informationen über ein Anti-Gravitations-Antriebssystem entdeckt, das von einem schweren Element angetrieben wird. Die Polizisten fragten sodann, ob er diese Informationen bei sich heruntergeladen, ausgedruckt und heimlich an Kollegen der Ufo-Forscher weitergeleitet habe. Bevan beteuerte mindestens dreimal, dies nicht getan zu haben. Das von ihm bei *Scotland Yard* beschriebene Fahrzeug erinnert sehr stark an jenes, zu dem Lazar angeblich auf Area 51 heimlich Zutritt hatte.

Die dritte Möglichkeit

Selbst wenn Lazar alles so berichtete, wie er das empfunden hatte, müssen wir dann auch seine Version der Ereignisse glauben? Dies mag klingen wie eine merkwürdige Frage, doch jenseits der Möglichkeiten, ob Lazar phantastische Wahrheiten verbreitete oder ungeheure Lügen, so bleibt eine dritte Möglichkeit, auf die ich bereits angespielt habe. Und zwar eine, die sehr selten in Betracht gezogen wird: Vielleicht berichtete Lazar aufrichtig und ehrlich George Knapp (und später vielen anderen), was er erfahren und gesehen hatte bei Area 51, doch könnte er selbst vollständig über die wahre Natur der »Ufos«, die er zu Gesicht bekommen hatte, belogen worden sein. Was wäre, wenn die Fahrzeuge tatsächlich NICHT von einer anderen Welt stammten? Was wäre, wenn sie nur die letzten Entwicklungen in einer langen Reihe von erstaunlichen und futuristischen Fahrzeugen darstellten, die von einem Team technischer Zaubermeister, angestellt bei Uncle Sam, entwickelt und gebaut worden waren? Was wäre, wenn »E.T.« nur ins Spiel gebracht worden war als bequeme Täuschung und zur Verschleierung der tatsächlichen irdischen Wahrheit?

Aurora

Ufos und Aliens einmal beiseite gelassen: Es ist eine Tatsache, dass Area 51 eine lange und geheime Geschichte der Entwicklung, Aufbewahrung und des Testens von radikal fremdartigen und ungewöhnlichen Flugapparaten hinter sich hat. Erwähnt wurden bereits die *U-2*, die *Blackbird* und die *Nighthawk*. Doch diese »Babys« sind geradezu ein Nichts verglichen mit einem Flugzeug, das inzwischen sowohl bei Ufologen wie den ganz durchschnittlichen Flugzeugbauern zur Legende wurde. Sein Name lautet vermutlich Aurora, und offiziell existiert es gar nicht. Man munkelt, es sei ein großes, dreieckiges und hochtechnologisches Flugzeug, welches beinahe lautlos fliegen kann. Es soll erstaunliche Flugmanöver vollbringen können wie regungslos Schweben oder mit gewaltiger Geschwindigkeit in der obersten Atmosphäre fliegen. Die *Aurora* wurde seit den 1980er-Jahren häufiger und häufiger am Himmel gesichtet. So entstand das Mysterium, das bekannt wurde als »Fliegendes Dreieck«.

Ein erstaunlicher Zwischenfall, der mit der Aurora-Geschichte zusammenhängen könnte, ereignete sich in der Nacht des 31. März 1993 in England. Der Ort war eine Militärbasis, genannt »*Royal Air Force* Shawbury«, in der Grafschaft Shropshire. Hauptzeuge war der Meteorologe der Basis namens Wayne Elliott. Was er sah, war ein gigantisches, dreieckiges Flugobjekt in einer Höhe von rund 70 Meter und ungefähr genauso weit entfernt vom Sicherheitszaun der Basis.

In Anbetracht der Tatsache, dass ein Meteorologe des Militärs allgemein als ein hochgradig zuverlässiger Zeuge angesehen werden kann und er darin geübt ist, unzählige Wettererscheinungen zu deuten, so wird Elliott die Größe des Objektes wahrscheinlich korrekt wiedergegeben haben: Er schätzte die Größe auf ungefähr die einer *C-130 Hercules* oder eines *Boeing 747 Jumbo-Jets*. Elliott berichtete außerdem, das Gefährt hätte ein höchst unangenehmes tiefes Brummen von sich gegeben und einmal einen Lichtstrahl zu Boden geschickt und ihn rasch hin und her geschwenkt, als würde es damit eines der Felder neben der Basis absuchen. Dann schoss es urplötzlich mit unglaublichem Tempo davon, während der Meteorologe noch fassungslos in den nächtlichen Himmel starrte.

Sogar das britische Verteidigungsministerium wurde aufmerksam auf diesen Zwischenfall. Viele Leute, einschließlich des offiziellen Untersuchungsbeamten des Ministerium namens Nick Pope, hielten das Ganze für ein Zeugnis des Besuches von Außerirdischen, während andere eher an die Area 51 und die *Aurora* dachten. Pope gestand, dass zum Höhepunkt der Untersuchungen des Ministeriums er und seine Kollegen gar nicht über die zahlreichen Gerüchte hinweghören konnten, die von einem angeblichen amerikanischen *top-secret*-Flugzeug namens Aurora handelten – oder auch *irgendeinem* Überschall-Prototypen der Amerikaner. Wie es sich gehört, wurden Fragen gestellt, doch die einzige Antwort der Vereinigten Staaten lautete: Weder gibt es ein Flugzeug wie die *Aurora*, noch existiert irgendein Apparat, der auch nur entfernt dem ähnele, was Elliott beobachtet haben will.

Ist es möglich, dass das US-Militär etwas sehr ökonomisch mit der Wahrheit umging, als es den Briten antwortete? Halten wir uns an die Worte von Walter Bosley – oder wie er vielen bekannt war: Special Agent Walter Bosley von der Untersuchungsbehörde der US-Luftwaffe. Bosley, inzwischen pensioniert, ist bekannt für seine Feststellung, während seiner Tätigkeit in der Spionageabwehr von 1994 bis 1999 habe es zu seinen Aufgaben gehört, gefälschte Ufo-Geschichten zu streuen, damit man bequem dahinter die Testflüge von neuartigen irdischen Flugzeugen der *Stealth-Technologie* verbergen konnte. Einige dieser Flugapparate waren geheime Entwicklungen von *McDonnell-Douglas* und *Lockheed*. Solange die Ufo-Gemeinde getreulich die Flugzeuge für außerirdischen Ursprungs hielt und weiter in dieser falschen Richtung tätig war, waren die Behörden ausgesprochen zufrieden, denn dies hielt die aufdringlichen, verdammten Untertassen-Jäger fern von den geheimen Projekten der Hochtechnologie, die in Wahrheit einen eindeutig menschlichen Ursprung besaßen.

Konnte es möglich sein, dass genau dies Bob Lazar in der Area 51 zugestoßen war? War alles, was er zu Gesicht bekommen hatte, nur eine Scharade? Lazar glaubt nicht daran und meint, eines der besten Argumente gegen ein solches Szenario bestünde in der Unmöglichkeit sich vorzustellen, hier auf Erden ein vollkommen stabiles Element der Ordnungszahl 115 herzustellen. Der offizielle Name lautet Ununpentium, und es handelt sich dabei um ein unglaublich schweres Element jenseits all dessen, was bisher im Periodensystem bekannt ist. Allerdings berichteten im Jahr 2004 russische Wissenschaftler der Nuklearforschungsstätte von Dubna ebenso wie amerikanische Kollegen vom *Lawrence Livermore National Laboratory*, extrem kurzlebige Atome des Elementes 115 erzeugt zu haben. Können wir deshalb tatsächlich vollkommen die Möglichkeit ausschließen, das irgendjemand im Geheimen eine *langlebige* Verbindung dieser Art erschaffen hat? Wenn ja, so stammte dieser Stoff möglicherweise nicht aus einer weit entfernten Galaxie, sondern aus Nevada: von Area 51, S-4.

Spionagespiele

Seit Mitte der 1980er-Jahre kaufte die Air Force – wie sie selbst eingestand – beinahe 90 000 Acres offenes Land in Nevada mit dem Ziel, Area 51 noch unzugänglicher für die Allgemeinheit zu machen. Es ist eine historisch belegte Tatsache, dass seit dieser Zeit russische Spione heimlich das Gebiet beobachteten und sich bemühten, auf der Basis beschäftigtes Personal zu bestechen, damit es die Geheimnisse darüber, was *tatsächlich* dort auf dieser sagenumwitterten Einrichtung geschah, ausplauderten. Es existierte auch die ernste Besorgnis, offen bestätigt von Walter Bosley, dass Mitglieder der Ufo-Forschungsgemeinschaft insgeheim von den Russen ausgenutzt worden seien, um hinter die Wahrheit bezüglich der verborgenen amerikanischen Flugzeug-Entwicklungen zu kommen.

Der Historiker des *National Reconnaissance Office* Gerald Haines erklärte in Bezug auf die Beteiligung der *CIA* an Ufo-Untersuchungen in den 1980er-Jahren: »Analytiker der *CIA* widmeten nur einen geringen Teil ihrer Arbeitszeit den mit Ufos zusammenhängenden Angelegenheiten. Dazu gehörten die Sorgen der Spionageabwehr, die Sowjets und ihr *KGB* könnten amerikanische Bürger und Ufo-Gruppen missbrauchen, um an Informationen über streng geheime amerikanische Waffenentwicklungsprogramme (beispielsweise der Stealth-Bomber) zu gelangen.«[3]

In diesem Fall könnte es für die Besatzung von Area 51 sehr verlockend gewesen sein, kurzzeitig einen einzelgängerischen Charakter wie Lazar anzuheuern, um als Sündenbock dazustehen in einer kunstvoll gesponnenen Intrige, in deren Verlauf sie den Mann so vollstopften mit Fakten, dass er versucht war, an Alien-Raumfahrzeuge zu glauben. Weil sie ihre Hausaufgaben erledigt und Lazars Charakter ausführlich gecheckt hatten, konnten sie sich sehr gut vorstellen, dass er höchstwahrscheinlich gar nicht anders konnte, als solche Geheimnisse von monumentaler Bedeutung auszuplappern; sie brauchten lediglich abzuwarten, bis er damit an die Öffentlichkeit trat.

Aber vielleicht plauderte Lazar doch nicht so rasch, wie die Burschen von S-4 eventuell erwartet oder gar erhofft hatten. Also inszenierten sie einen gespielten Mordversuch, um der Sache ein wenig auf die Sprünge zu helfen. Dabei war es wahrscheinlich niemals beabsichtigt, Lazar auch nur ein Haar zu krümmen; er sollte womöglich nur einen Mordsschreck kriegen, damit er gleich zu so was wie KLAS-TV laufen würde, um dort seine Geschichte auszubreiten. Damit war die Alien-Geschichte raus und schlug sofort in den Medien und den Ufo-Organisationen hohe Wellen. Es gab kein Zurück mehr.

Während dann die Geschichten über Ufos auf der Basis hier und dort und überall zirkulierten, konnte sich das Sicherheitspersonal von Area 51 gemütlich zurücklehnen und darauf warten, dass irgendjemand namens Boris oder Iwan ihre Nasen in alles mögliche steckten und sowohl Angestellte der Area 51 als auch Ufologen mit Verbindungen zur Luftfahrtindustrie bestechen, um mehr darüber zu erfahren, was auf dieser Basis eigentlich vorging. Und dann, wie eine Spinne sich der Fliege nähert, stürzten amerikanische Agenten plötzlich herbei. Boris und Iwan wurden geschickt in ein kompliziertes

3 ebd. Haines, »Die Hard«

Netz von Lazars Enthüllungen gelockt, es gab Verhaftungen, aber – und dies ist der bedeutendste Teil überhaupt – *keinerlei* tatsächlichen Geheimnisse wurden während dieses ganzen Vorgangs bloßgelegt.

Dieser Theorie zufolge gab es also keine Raumfahrzeuge von Außerirdischen, und die sogenannten Enthüllungen von Lazar trafen einfach nicht zu. Doch die Bemühungen der Russen, die Geheimnisse von Area 51 bezüglich der streng geheimen Entwicklungen wie *Aurora* zu lüften, waren nur allzu real, und die echten Geheimnisse der US-Regierung wurden erfolgreich geschützt mit Hilfe von komplex arrangierten Rauchbomben zu Ufo-Themen. Dass die Russen möglicherweise von einem brillant ausgeführten Plan mit gefälschten Fakten über Ufos, Aliens und extraterrestrischer Technologie und mit der Einschaltung von Bob Lazar hinters Licht geführt wurden – ziemlich wahrscheinlich der größte ahnungslose und gutgläubige Trottel seit Lee Harvey Oswald –, ist in mehrfacher Hinsicht noch seltsamer und sensationeller als die Vorstellung, Area 51 könnte tatsächlich neun abgestürzte (oder geschenkte) Ufos von einer weit, weit entfernten Welt beherbergen.

Es ist wichtig festzuhalten, dass Lazar selbst zugab, während seiner Tätigkeit in S-4 habe das Personal »dort so viele Gedankenspiele veranstaltet«.[4] Diese fünf Wörter, die wahrscheinlich von den meisten Leuten, die seiner Geschichte lauschten, vollkommen unbeachtet blieben – könnten Lazars tatsächlich allerwichtigste Enthüllung gewesen sein!

Noch einmal: Vielleicht sprach Lazar wirklich von Anfang an die absolute Wahrheit. Während den Zockern systematisch ihre Dollar aus den Taschen gezogen werden und die Stripper all diejenigen ausbluten lassen, die ihr Geld auf eine unterhaltsamere Art und Weise loswerden wollen, während die grellen Lichter der Stadt im Zentrum von Las Vegas hypnotisch flackern, stehen weniger als 100 Meilen davon entfernt diese neun Fliegenden Untertassen noch immer in der

4 Good, »Alien Liaison«

geheimen Basis, genannt Area 51. Ihre erstaunlichen Geheimnisse kennen nur wenige Auserwählte ... Einer von ihnen – nur vielleicht und für eine kurze Zeit in den späten 1980er-Jahren – könnte Robert Scott Lazar gewesen sein.

Kapitel 2

Unheimliche Begegnung im Untergrund

Während der frühen 1950er-Jahre diente mein Vater Frank Redfern in der britischen Luftwaffe als Radartechniker. In dieser Zeit hatte er auch mit einigen Zwischenfällen bezüglich Ufos zu tun, die sich Ende September 1952 über drei Tage hinweg erstreckten. Die Begegnungen ereigneten sich auf dem Höhepunkt eines Militärmanövers unter dem Decknamen *Mainbrace.* Dabei beobachteten Radarspezialisten von der Basis *RAF* Neatishead in Norfolk, England, über mehrere Tage hinweg immer wieder schnell fliegende, unbekannte Ziele über der Nordsee. Diese Zwischenfälle verblüfften selbst viele der besten Köpfe des wissenschaftlichen und technischen Personals im Londoner Luftfahrtministerium.

Ich war kaum 13 Jahre alt, als mein Vater mir diese Geschichte erzählte. Später sollte sich herausstellen, dass dies in meinem Leben ein Wendepunkt war und mich in der Folge auf die Fährte des geheimnisvollen Ufo-Puzzles lenken würde. Bereits in meinem ersten Buch *A Covert Agenda*, das in den später 1997er-Jahren in die Buchläden kam, berichtete ich von den Erlebnissen meines Vaters. Nach der Veröffentlichung kamen einige wichtige Informanten auf den Plan und bestätigten die bemerkenswerten Ereignisse vom September 1952. Darunter befand sich ein Mann namens Bill Maguire, der 1950 der *Royal Air Force* beigetreten war. Zu behaupten, Maguire habe eine interessante Geschichte über eine streng geheime Einrichtung zu erzählen, wäre eine unglaubliche Untertreibung.

Bill Maguire

Für eine kurze Zeit im September 1952, zum Höhepunkt der »Operation Mainbrace« war Maguire in einer streng abgeschirmten militärischen Einrichtung tief unter der englischen Erde gefangen. Sie war von vollkommen unkonventionellen Proportionen: Der Eingang bestand aus einer metallenen Luke auf einem kleinen Hügel, in der Mitte eines normal aussehenden Feldes bei *RAF* Sandwich in der Grafschaft Kent. Maguire wurde ein wahrhaft verblüffender Einblick in eines der vielen regierungseigenen unterirdischen Verstecke gewährt, die insgeheim die Welt unter uns beherrschen. Während er sich langsam durch die Eingangspforte hinunterarbeitete, fand er sich plötzlich vor einer Treppe wieder, die fast eine halbe Meile tief in die Erde zu einem riesigen Gewölbe führte, in dem mehr als hundert Personen saßen. Sie waren alle aufgeregt damit beschäftigt, irgendetwas Sensationelles auf den riesigen Radarschirmen zu beobachten, welche den gesamten Raum beherrschten.

Als er sich endlich in diesem riesigen Untergrundreich zurechtfand und ihm die Situation klar wurde, erkannte er auch erschüttert den Grund für die allgemeine Panik. Offensichtlich wurde gerade auf dem Radar eine gigantische Form von Ufo hoch über den Gewässern des Ärmelkanals beobachtet. Als Radarspezialist waren sofort Maguires Gedanken, Analysen und Schlussfolgerungen über diese Beobachtungen gefragt.

Doch dann ereignete sich ohne jegliche Vorwarnung etwas Verblüffendes: Das gewaltige Ufo zerteilte sich plötzlich in drei Teile, die alle sofort mit ungeheurer Geschwindigkeit davonflogen. Ein Teil flog Richtung Norden, ein anderer zur französischen Küste, und das dritte wurde noch verfolgt, bis es schließlich in Richtung der östlichen Balkanregion verschwand. Nach diesem Zwischenfall wurde Maguire eigenen Aussagen zufolge von einem hochrangigen Offizier ermahnt, niemals über diese seltsame Serie von Ereignissen zu sprechen, und daran hielt er sich auch fast ein halbes Jahrhundert lang. (Was auch immer das gewesen sein mag, das Maguire und eine ganze Mannschaft erfahrener Radarspezialisten in diesem riesigen, geheimen Untergrundkomplex vor fast 60 Jahren verfolgt haben … Es gereicht zu Maguires Ehren, dass er letztendlich keine Skrupel mehr hatte, sich öffentlich dazu zu äußern.)

Abgesehen davon, was sich in all den Jahren am Himmel ereignet haben mag: Was ist von der außergewöhnlichen Welt zu halten, die Maguire tief unter der Erde vorfand? Könnten wir sie heute noch identifizieren? Die Antwort lautet: Ja, zumindest mit einiger Sicherheit.

Als sich 1949 die bereits bestehenden Spannungen zwischen Ost und West deutlich verschärften, schien für viele Menschen eine katastrophale atomare Auseinandersetzung zwischen der Sowjetunion und den Vereinigten Staaten beinahe unausweichlich… mit verheerenden Folgen für die gesamte Zivilisation. Daraufhin hielten es viele besorgte britische Behörden für eine vollständig unbestreitbare Notwendigkeit, alle Vorbereitungen für den Fall zu treffen, dass die eigentlich undenkbare, alles erschütternde Situation eintreten könnte. In der Folge wurde auch ein streng geheimes Programm von der britischen Regierung aufgelegt mit dem Ziel, das ganze Land mit einer brandneuen Kette von Radaranlagen zu überziehen; viele davon entlang der östlichen und westlichen Küsten. Diese Geheimaktion trug den Decknamen »Rotor« und schloss den Bau einer sorgsam geplanten Kette von Bunkern ein, die im Falle eines nationalen Notstands in der Folge einer Konfrontation mit den Russen wertvolle Unterstützung bei der Vermeidung einer Nuklearkatastrophe leisten sollten.

Eine dieser Einrichtungen, die eine bedeutende Rolle spielten in dem Rotorprogramm, war keine andere als die bereits erwähnte *RAF*-Basis Sandwich. Während der Kriegshandlungen 1939 bis 1945 wurde sie als bodengestützte Abfanganlage bezeichnet. Sie lag an der Ash-Road in dem Städtchen Sandwich (daher ihr Name) und besaß eine Besatzung von etwa 400 Mann. Allmählich wurde der Kern ihrer Aufgaben in eine geheime, unterirdische, zweistöckige Einrichtung in der nahe gelegenen Ortschaft Ash verlagert. Die Bauten dort wurden erst im Mai 1953 vollendet, und die operativen Aktivitäten begannen im August 1954. Es bestehen allerdings wenige Zweifel daran, dass der geheime Bunker, zu dem man Bill Maguire brachte und wo die Flugmanöver der außergewöhnlichen Objekte verfolgt wurden (und die er deutlich als in der Nähe von *RAF*-Sandwich befindlich beschrieben hatte), zumindest *irgendwie* unentwirrbar mit dem geheimen Rotorprogramm verknüpft war. Bis zu welchem Grade die in den Rotorbunkern eingepferchten Mannschaften über weitere

Gelegenheiten verfügt haben mögen, auch zu anderen Zeiten Ufos zu verfolgen, ist leider unbekannt. Zu dieser speziellen Angelegenheit und der Saga von Bill Maguire existiert allerdings eine interessante Fußnote.

In einem ausdrücklichen Bezug zu einer außergewöhnlichen Untergrundwelt, zu der man Bill Maguire durch einen verdeckten Eingang in einem harmlos wirkenden Feld 1952 bei der *RAF* Sandwich gebracht hatte, schrieb der inzwischen verstorbene Graham Birdsall im *UFO-Magazine*: » Erst im Jahr 1997 erfuhr ich, wie Kommunikationsfachleute auf angeblich aufgelassenen Flughäfen und ähnlichen eingemotteten Militärbasen hier im Vereinigten Königreich operierten, deren genaue Lage und deren Zugang zu den unterirdischen Einrichtungen streng vertraulich bleiben mussten. Aber ich kann kategorisch erklären, dass ein solcher Zugang als in der Mitte eines harmlos wirkenden Feldes liegend beschrieben wurde.«[1]

Könnte es sein, dass es sich hierbei um einen direkten Verweis auf die unterirdische Einrichtung handelt, zu der Bill Maguire all diese Jahre hinweg abgeordnet worden war? Sollte die Antwort auf diese Frage »Ja« lauten, wäre es sehr gut möglich, dass das tief unten eingeschlossene Personal bis zum heutigen Tage heimlich den Himmel nach Ufos absucht. Und offensichtlich ist dies nicht der einzige unterirdische Stützpunkt mit einem streng geheimen Auftrag namens Ufo-Rätsel. Ganz recht: Es gibt mehr davon!

Der Wald von Rendlesham

In den Nächten zwischen dem 26. Und dem 28. Dezember 1980 trug sich eine ganze Serie von Science-Fiction-artigen Ereignissen im Redlesham Forest in der englischen Grafschaft Suffolk zu. Es handelt sich um ein dicht bewaldetes Gebiet nahe der gemeinsamen britisch-amerikanischen Luftwaffenbasis von Bentwaters-Woodbridge. Auf den Punkt gebracht hieß das: Was viele für ein Ereignis mehrerer

1 Redfern, »Ufos on Radar«

Nächte hielten, war nichts anderes als die Landung eines Raumfahrzeuges von einer anderen Welt, dem kleine, menschenähnliche Gestalten entstiegen sein sollen. Das Fahrzeug wurde auf dem Radar beobachtet; es hinterließ Spuren von Strahlung im Wald und schaffte es, einer Einkreisung zu entgehen und rechtzeitig zu entkommen. Die Sache unterlag strengster Geheimhaltung seitens der Behörden beider Länder … und sie löste damit wilde Kontroversen aus, die bis zum heutigen Tage andauern.

Ähnlich tiefgründig sind die Gerüchte über eine hochmoderne Militärbasis unterhalb der bereits aufgegebenen Einrichtung, die möglicherweise in enger Verbindung zu dem Ufo-Geheimnis stehen könnte. Einer derer, die sich ausführlich zu dieser besonderen, geheimnisvollen Unterwelt geäußert haben, heißt Larry Warren, ein Zeuge der amerikanischen Luftwaffe, der im Dezember 1980 die Ufo-Landung im Rendlesham Forest beobachten konnte. Damals gehörte er dem Sicherheitspersonal der Luftwaffe an. Er gab bekannt, dass

Befindet sich eine riesige Militäreinrichtung unterhalb der inzwischen aufgelassenen englischen Basis RAF-Bentwaters?

seine eigene persönliche Begegnung am späten Abend des 28. Dezember stattfand. Es klingt alles geradezu wie direkt aus dem Film *Unheimliche Begegnung der Dritten Art.* Warrens Erfahrung entsprang jedoch NICHT einem Hollywoodfilm, sondern der unglaublichen, irdischen Wirklichkeit.

Als der Abend hereinbrach, machten erneut Gerüchte über die Natur der Ufo-Sichtungen der vergangenen zwei Nächte die Runde. Militärpersonal, beladen mit fortschrittlichem wissenschaftlichem Gerät, ist angeblich in den dichten, finsteren Wald ausgeschwärmt in anscheinender Erwartung der Rückkehr der Ufos. Wildtiere wie Hirsche und Hasen wurden beobachtet, die in hellster Panik aus dem Wald flüchteten … offenbar aus Angst vor Etwas, das es in ihrem Leben noch nicht gegeben hatte. Auf dem Höhepunkt dieser Ereignisse wurde Warren und etlichen seiner Kameraden und Freunde befohlen, in das Innere dieses gespenstischen Waldes vorzudringen. Und wieso? Nun, sie sollten es gleich erfahren.

Die verängstigte Gruppe bahnte sich vorsichtig einen Weg durch das Gehölz, bis sie schließlich auf eine Lichtung stieß, die auf der anderen Seite an ein großes Feld grenzte … Es schien unheilvoll von einer Art seltsam leuchtendem Nebel erhellt zu werden. Die Spannung wurde fast unerträglich. Als Warren und seine Kameraden langsam näher herangingen, bemerkten sie, dass sich bereits etwa 40 Personen auf dem Feld befanden, einige ausgerüstet mit Kameras, andere beladen mit modernen Filmapparaten, und einige hielten sogar Geigerzähler in der Hand.

Der Grund dafür wurde plötzlich höchst anschaulich und zugleich unvorstellbar klar: Aus der Richtung der Nordsee kam ein kleiner Ball roten Lichtes auf den unirdischen Nebel zugeflogen, blieb stehen und schwebte genau darüber. Im nächsten Augenblick ein blendender Blitz! Als sich Warrens Augen darauf eingestellt hatten, konnte er sehen, dass sowohl der leuchtende Ball wie auch der Nebel vollständig verschwunden waren. Doch an ihrer Stelle gab es etwas noch Bemerkenswerteres: In einer Entfernung von kaum sieben Metern vor den wie von einer Bombenneurose getroffenen Warren und seinen Kameraden stand ein pyramidenartiges Gefährt, das eindeutig feste Umrisse aufwies und von intelligenten Wesen kontrolliert zu werden schien. Doch auch dieser Anblick war noch nicht zu vergleichen mit dem, was dann eintrat.

Ein großer Ball aus blau und goldfarben schimmerndem Licht erschien auf der rechten Seite des Ufos und bewegte sich langsam davon weg und hin bis auf gute drei Meter Entfernung zu den wie betäubt dastehenden Soldaten. In dem ätherischen Ball erkannte man drei Dinge, nämlich drei nicht menschliche Wesen aus einem unbekannten Reich. *Aliens*! Der Ball trennte sich sodann auf in drei zylinderartige Gebilde, die jeweils eines der drei Wesen einschlossen. Sie waren gekleidet in silbrige Anzüge, besaßen große Köpfe und große, katzenartige Augen. Auf jeden Fall waren sie nicht von dieser Welt. Warren meinte, es habe eine Art Kommunikation – vielleicht Telepathie? – zwischen diesen Geschöpfen und einem hochrangigen amerikanischen Luftwaffenoffizier gegeben. Warren und seinen Kameraden wurde befohlen, zu ihrem Lastwagen zurückzukehren und weitere Befehle abzuwarten.

Genau dies taten sie, vielleicht auch etwas zögerlich. Für Warren zumindest war die Begegnung im Wald von Rendlesham damit beendet. Doch am Horizont erwartete ihn etwas weit Seltsameres, etwas, das den Mann nicht zurück in den Redlesham Forest führen sollte, sondern *darunter*!

Es mag 18 Uhr des folgenden Abends gewesen sein, als Warren – noch auf der Basis, aber bereits im Feierabend befindlich – einen Telefonanruf erhielt. Die geheimnisvolle Stimme gab sich nicht zu erkennen, sondern befahl dem verwirrten Warren schlicht, in 20 Minuten auf dem Parkplatz des Schlafsaales zu erscheinen, wo ihn eine dunkelblaue Limousine erwarten würde. Der eisigen Stimme zufolge hätte der Mann auch gleich obendrein hinzufügen können: »Sonst…!« Während sich Warren die ganze Zeit fragte, was das alles zu bedeuten hatte, folgte er einfach den Befehlen wie ein guter Soldat. Und tatsächlich: Da stand das Auto, das ihn zu einem unbekannten Ort bringen sollte. Zwei stumme Männer in dunklen Anzügen nickten in Richtung der hinteren Tür ... Die gefürchteten »Men in Black«, dachte er, und stieg ein.

Etwas stimmte nicht; etwas war *sehr sehr* faul! Ein schauriges, grünes Leuchten erfüllte das Fahrzeuginnere, und ein merkwürdiges Gefühl beschlich Warren. Er befand sich in einem halbwachen, rauschartigen Zustand, in dem er weder klar sprechen noch sich richtig zu bewegen vermochte. Später vermutete er, auf irgendeine fremde Art unter Drogen gesetzt worden zu sein. Doch wie auch immer sein Zustand erzeugt worden sein mochte ... Warren war nun hilflos wie ein von Angst gepeinigtes Reh, das sich nachts nicht aus dem Bann greller Autoscheinwerfer zu lösen vermag.

Als nächstes erinnerte sich Warren, in seinem benebelten Zustand zu einem anderen Ort gefahren worden zu sein, gefolgt von einer – wie er es beschrieb – »Abfahrt« in die Tiefe, weil er den zunehmenden Druck auf seinen Ohren spürte. Die Schlussfolgerung lag auf der Hand: Statt zur Basis zurückzukehren, wurde Warren nun zu etwas tief unter ihr gebracht. So wie sein Geist beeinflusst worden war und sein Körper sich nicht mehr wehren konnte, schien es ziemlich eindeutig, dass sich Warren nun gegen nichts mehr wehren würde. In seiner Benommenheit erkannte er Räume voller technischer Einrichtungen und Computer. Man schubste ihn in Richtung einer schweren Tür. Auf eindeutig wackligen Füßen schritt er hindurch und kam in einen abgedunkelten Raum, der auf der linken Seite eine Art von Öffnung aufwies, die allerdings durch ein Plexiglasfenster verschlossen war.

»Ich trat in den abgesonderten Bereich und fühlte mich, als sei ich nicht mehr auf der Erde«, erinnerte sich Warren später. »Ich schaute hinein in einen riesigen, dunklen und höhlenartigen Raum. Er erinnerte mich auf seltsame Art und Weise an das Innere von Houston Astrodome. Ströme von Feuchtigkeit rannen über die andere Seite der nahtlosen Fensterscheiben.«[2] Bemerkenswerterweise erinnerte sich Warren auch daran, ein Fahrzeug in einer Ecke der riesigen Höhle gesehen zu haben, das ziemlich exakt wie jenes aussah, dem er in der vergangenen Nacht im Rendlesham Forest begegnet war. Lichter, die er in der Ferne sah, so teilten ihm die all seine Bewegungen kontrollierenden Begleiter mit, gehörten zu einem riesigen Tunnel unter der Basis, der bis zu den kalten Gewässern der Nordsee reichte.

Warren wurde dann zu einem großen, teils durchsichtigen Bildschirm geführt, durch den hindurch er die verschwommene Silhouette eines kleinen, lebenden Wesens erkennen konnte, ohne aber irgendwelche spezifischen Details ausmachen zu können. Dieses Geschöpf – oder worum es sich auch immer handeln mochte – umgab eine außergewöhnlich fremdartige und unzweifelhaft unirdische Ausstrahlung: Plötzlich spürte er Wörter und Bilder in seinem Kopf, die ihm alle deutlich zu verstehen gaben, dass dieses Wesen alle geheimen und persönlichen Einzelheiten seines Lebens und Charakters kannte. Das Geschöpf teilte Warren ebenso mit, auch hier durch eine Art von Kontakt Gehirn-zu-Gehirn, dass es in einem Reich der Existenz zu Hause war, welches Warren niemals begreifen würde.

Außerdem wurden Warren weitere Tatsachen von diesem fremden Wesen vor ihm mitgeteilt, die alle darauf hinausliefen, dass er sich tatsächlich in einer höchst geheimen Einrichtung tief unter der Militärbasis befand, dass diese unterirdische Installation seit den 1940er-Jahren bestand, in den 1960ern ausgebaut worden war und dadurch diesem Wesen und allen anderen seiner Art Zugang zu der Einrichtung durch ein riesiges Tunnelsystem gewährte, welches sowohl einen Ein- wie einen Ausgang etwa eine Meile von der Küstenstadt Lowestoft in Suffolk besaß. Außerdem erfuhr er, dass weitere solcher geheimen Stützpunkte über den gesamten Planeten verstreut existierten. Der Sinn dieser Basen wurde ihm jedoch niemals richtig erklärt.

2 Warren und Robbins, »*Left at East Gate*«

»Larry, versuch Dich während Deines ganzen Lebens zu erinnern«, lauteten die letzten Worte, die in Warrens Kopf nachklangen, bevor das Wesen verschwand. Und Warren versank in einen Zustand tiefer Ruhe und dann in die Arme von Morpheus. Als er endlich langsam seine Sinne wiederfand, stand er bereits an der Oberfläche und wanderte noch immer leicht benommen über den eigentlichen Militärstützpunkt *RAF* Bentwaters. Es traf ihn wie ein Schock und beunruhigte ihn zutiefst, als er erkannte, dass nicht weniger als zwei Tage vergangen waren seit seiner fremdartigen Begegnung tief unter der Erde. Heute, mehr als dreißig Jahre später, weiß Warren *noch immer* nicht, was er von diesen Begebenheiten halten soll, die sich tief unter dem Luftwaffenstützpunkt ereignet hatten. Er kann dazu nur sagen: »Einen Teil meiner Seele habe ich damals irgendwo da unten zurückgelassen.«[3]

Rudloe Manor

Es gibt eine letzte geheime Einrichtung im Vereinigten Königreich, die es wert ist, in dem Zusammenhang von Ufo-Beobachtungen unter die Lupe genommen zu werden. Wie dies bei Larry Warren der Fall war, so ist auch dieser Ort voller Geheimnisse… sowohl überirdisch, als auch unter der Erde. Die Gerüchte, die immer wieder leise, aber beständig bei einigen Sektionen der britischen Ufo-Forschungsgemeinschaft seit dem Ende der 1970er-Jahre hochkamen, besagen, dass die harmlos aussehende Basis der *Royal Air Force* namens Rudloe Manor in der Grafschaft Wiltshire auf einer riesigen, futuristischen unterirdischen Anlage steht; tief in ihrem Innern soll es die heiligsten aller ufologischen Entdeckungen geben: Körper von Aliens aus abgestürzten Ufos.

Die britischen Behörden haben über Jahre hinweg standhaft behauptet, diese Geschichte sei reiner Unsinn, kaum mehr wert als moderne Folklore und entstehende Mythen. Die Wahrheit hinter dieser

3 ebd.

Rudloe Manor der RAF: eine echte Untergrundwelt

scheinbar endlosen Angelegenheit zu ergründen hat sich als ebenso problematisch erwiesen, wie die Basis tief ist. Eines kann jedoch mit Sicherheit festgehalten werden: Die Basis Rudloe Manor in der Grafschaft Wiltshire steht auf Felsen aus Muschelkalkstein, der über viele Jahre hinweg abgebaut wurde. Daher stammen die riesigen unterirdischen Höhlen, Öffnungen und Tunnels, die mit Sicherheit auch unter Rudloe Manor zu finden sind, ebenso wie unter der unmittelbaren ländlichen Umgebung.

Bis 1998 hatte die Eliteeinheit der britischen Luftwaffe *Provost and Security Services (P&SS)* ihr Hauptquartier in Rudloe. Zu ihren Aufgaben zählte die Untersuchung von Straftaten sowie aller Disziplinarmaßnahmen bezüglich des *RAF*-Personals, die Überprüfung neuer Angestellter, die Ausgabe von Berechtigungsausweisen, Pässen und Genehmigungen. Wichtiger noch ist aber die Tatsache, dass Investigatoren von P&SS auch in der Spionageabwehr ausgebildet werden (C/I).

Die Ausbildung findet statt an der Polizeischule der *RAF*. Angehende Kandidaten für die Spionageabwehr sind gehalten, ganz spezielle Kurse zu solchen Themen wie Computersicherheit und Überwachung zu belegen. Ehe sie für die Arbeit im Bereich der C/I vorgemerkt werden, müssen die Kandidaten in der *RAF*-Polizei mindestens den Rang eines Unteroffiziers erworben haben. Die Investigatoren von C/I sind verantwortlich für solche Angelegenheiten, die die Sicherheit der Luftwaffe betreffen; dies kann auch den Verlust oder Diebstahl von geheimen Unterlagen einschließen, außerdem Angelegenheiten mit einem Bezug zur Spionage ebenso wie den Schutz von Mitgliedern des Königshauses oder anderer VIPs, die den Stützpunkt besuchen möchten.

Ebenfalls mit ihrem Hauptquartier beheimatet auf der Station der *P&SS* ist eine Abteilung, bekannt als *Flying Complaints Flight*, deren wichtigste Aufgabe es ist, Beschwerden über tief fliegende Militärmaschinen in Großbritanniens Luftraum nachzugehen. Am 17. Oktober 1996 stellte das Mitglied des britischen Parlaments Martin Redmond, der sich persönlich für die Ufo-Rätsel interessierte und auch von den Gerüchten über Aliens auf Rudloe gehört hatte, eine Reihe von Fragen im Parlament; diese gaben weitere Einzelheiten über die Vorgänge auf der Rudloe-Basis preis. Elf Tage danach wurde er von dem damaligen Verteidigungsminister Nicholas Soames darüber aufgeklärt, dass Rudloe Manor die Basis eines Stammtruppenteiles und fünf Unterabteilungen der *RAF* war. Dabei handelte es sich konkret um:

- Die Abordnung der Fernmeldeabteilung 1001, die auch für das britische militärische Satellitenkommunikationssystem zuständig war
- Die 1. Fernmeldeeinheit, die für die Übertragung von Gesprächen und Daten für die gesamte *RAF*, die *Royal Navy*, die Armee und das Verteidigungsministerium zuständig war
- Das Hauptquartier von *P&SS*
- Das Hauptquartier von *P&SS*/Westliche Region

- Die Einheit, die zuständig war für das *DCN*, das Sicherheits-Kommunikationsnetzwerk, eine Einheit, die für alle drei Waffengattungen und ihre weltweiten Kommunikationen verantwortlich war. *DCN* befand sich rund 40 Meter unter der Erde und war in der Lage, im Falle eines nationalen Notstandes nicht weniger als 55 000 Menschen aufzunehmen.

Soames gab sich dabei allergrößte Mühe, nicht irgendetwas zu erwähnen, das man mit Ufos in Verbindung bringen könnte. Soweit die offizielle Geschichte.

Aber was ging oder geht noch immer möglicherweise auf Rudloe vor sich? Ist die Basis *wirklich* das britische Gegenstück zur berühmten Area 51?

1987 gab der passionierte Ufo-Forscher und Autor Timothy Good bekannt, dass er sich zu Fuß nach Rudloe aufgemacht, die Basis besucht und einige Zeit mit Fotografieren in der Umgebung zugebracht hatte, nachdem man ihm gesteckt hatte, es trage sich etwas Seltsames, Unidentifiziertes und Fliegendes dort zu. Es ist keine Überraschung, dass Good später von der örtlichen Polizei festgenommen und befragt wurde, was er dort zu suchen gehabt habe und welches seine Absichten wären. Good gab einfach die Wahrheit wieder: Er habe von den Ufo-Gerüchten gehört und wollte die Tatsachen selbst untersuchen. Später wurde er von einem etwas verwirrten Polizeibeamten freigelassen, der offensichtlich keinerlei Kenntnisse über die Ufo-Sache von Rudloe besaß und ihn noch ermahnte, besondere Vorsicht walten zu lassen, wenn er in Zukunft wieder um das Gelände einer geheimen britischen Militärbasis herumschleiche.

Das war das Letzte, was Ufo-Enthusiasten lange Zeit über Rudloe hörten. 1991 enthüllte Timothy Good den Bericht eines ehemaligen Sonderinspektors von *P&SS*, der behauptete, besondere Kenntnisse über die Beziehungen zu den Ufos zu besitzen, insbesondere in Bezug auf die Einheit *Flying Complaints Flight*. Weitere Bekräftigungen kamen von einem ehemaligen Beamten der Spionageabwehr, der die

Quelle von Good darüber informierte, er habe Zugang zu beinahe jeder streng geheimen Akte dort … mit der einzigen *Ausnahme* der niedrig fliegenden Objekte. Nach seinem Verständnis, so gab er an, handele es sich dabei um Unterlagen über Ufos. Nachdem er betonte, dass er zurzeit fast hinter alles kommen könnte, fügte der Informant hinzu: »… doch nicht in dieser Abteilung. Ich erinnere mich daran, dass sie früher einen Wachmann des Luftfahrtministeriums im Zugang postiert hatten … An dem kam niemand vorbei. Wir konnten die geheimen Unterlagen des Militärpolizisten sehen, doch bis in den Bereich, der mit Ufos zu tun hatte, kam ich nicht durch.«[4]

Im Jahr 2000 wurde Rudloe Manor der *Defense Communications Service Agency* unterstellt, die später ersetzt wurde von *Information Systems and Services*, die dem Ministerium der Verteidigung und der Beschaffungsabteilung unterstand. Einige der unterirdischen Anlagen wurde inzwischen veräußert, einige andere wurden einfach geschlossen. Bemerkenswert bleibt aber die Tatsache, dass andere dieser Art von Stützpunkten, die sich erstaunlich tief unter der Erde befinden, fest in der Hand der Behörden befinden und eine verbotene Zone für praktisch jedermann darstellen.

Man hat den eindeutigen Verdacht, dass die Ufo-Geheimnisse der britischen Regierung für wichtig genug eingeschätzt werden, um sie für alle Zeiten geschlossen und verborgen zu halten … sowohl auf geheimen Anlagen wie Rudloe Manor oder eventuell auch phantastischer unterirdischer Höhlenwelten der Art, zu denen man Bill Maguire und Larry Warren im September 1952 bzw. Dezember 1980 geführt hatte. Wie in der Serie *The X-Files*, wo der *FBI*-Spezialagent Fox Mulder eifrig betonte: »Da draußen liegt die Wahrheit.« Vielleicht sollten wir diese berühmten Worte abändern: »Da unten liegt die Wahrheit.«

4 Good, »Alien Liaison«

Kapitel 3

Schürfen in Dugway

In der zweiten Hälfte des Januars 2011 führte der – so wurde verlautet – grob fahrlässige Umgang mit einem extrem tödlichen Nervenmittel zu der vorübergehenden, aber vollständigen Schließung einer strengst geheimen Anlage in der Wüste von Utah. Für eine aufregende (glücklicherweise aber kurze) Zeit berichteten die Medien des Landes über diesen geheimnisvollen Zwischenfall, bis die Entwarnung der Behörden kam, alles sei wieder in Ordnung, die Einwohner des »Bienenzüchterstaates« würden unberührt bleiben von einem alptraumartigen Cocktail, den man in einem dunklen, unterirdischen Labor gebraut habe.

Zu gegebener Zeit werden wir auf diese besonders kontroverse Geschichte zurückkommen, doch zunächst müssen wir die anbrechenden 1940er-Jahre ins Auge fassen, als genau dieselbe streng geheime Einrichtung – heute bekannt als das Dugway-Testgelände oder *DPG* (*Dugway Proving Ground*) – zum ersten Mal Entsetzen auslöste.

Rund 85 Meilen von Salt Lake City entfernt thront das riesige Gelände geradezu auf der großen Salzwüste von Utah. Es wird abgeschirmt von einer riesigen Bergkette, welche die ganze Landschaft dominiert. Die Erbauer der Einrichtung haben den Ort sorgfältig gewählt … dennoch aber noch immer nicht sorgfältig genug, um tatsächlich ein gewisses Maß an öffentlicher Aufmerksamkeit, Kontroversen oder sogar Zorn zu mehr als einer Gelegenheit zu erregen.

Die Geschichte chemischer Kriegsführung

Einer der unglücklichen Nebeneffekte der rasch voranschreitenden menschlichen Technologie besteht darin, dass wir damit die Fähigkeit erringen, uns alle gegenseitig auszulöschen. Dies betrifft auch die Entwicklung und den möglichen Einsatz extrem tödlicher chemischer Kampfstoffe, die man eventuell auch aus lebenden Organismen entwickeln kann: biologische und chemische Kriegführung. Irren Sie sich nicht. Die Geschichte der chemischen Kampfstoffe ist schon sehr alt und finster. Beispielsweise starteten deutsche Truppen während des Ersten Weltkrieges von 1914 bis 1918 einen schrecklichen Angriff mit Senfgas auf die ahnungslosen alliierten Truppen bei Ypres in Belgien. Tausende Männer erlitten einen qualvollen Tod.

Saringas hat sich als ein ebenso gemeiner Spieler in den Tragödien der chemischen Kriegführung erwiesen. 1995 wurden zahlreiche Menschen verletzt, dreizehn starben, als Saringas in den labyrinthartigen U-Bahn-Schächten von Tokio freigesetzt wurde. Es war die Tat der von der Apokalypse besessenen Aum-Shinrikyo-Sekte, und die Tat stürzte Japans Hauptstadt buchstäblich ins Chaos, als sich die Menschen fluchtartig aus den überfüllten Todestunneln ins Freie kämpften. Chemische Kriegführung also ist eine extrem gefährliche Sache.

Der Tod braucht eine neue Heimat

Kurz vor dem Beginn des Zweiten Weltkrieges war das amerikanische Militär stark angewiesen auf die Fachkenntnisse des *Aberdeen Proving Ground* in Maryland, und zwar in Bezug auf sämtliche Forschungen, Entwicklungen, Handhabungen und Kenntnisse über den Schutz vor chemischen Waffen. Das größte Problem für die Militärstrategen damals bestand darin, dass Aberdeen weder fernab gelegen war noch uneinnehmbar für theoretisch eindringende feindliche Horden. Schließlich befindet sich die nördlichste Landspitze praktisch direkt an der Chesapeake Bay.

Um also sicherzustellen, dass das amerikanische Forschungsprogramm für chemische Kriegführung ungestört an einem Ort weiterentwickelt werden konnte, der einerseits dem Personal – sowie deren tödlichen Schöpfungen – einen größtmöglichen Schutz bieten würde, aber natürlich ebenso Schutz vor feindlichen Nationen und deren Spione, wurden rasch Pläne entwickelt für die Errichtung einer neuen Anlage fernab aller neugierigen Augen.

Am 6. Februar 1942 unterschrieb Präsident Franklin D. Roosevelt folglich einen Befehl, der dem Kriegsministerium die vollständige Kontrolle über erstaunliche 126 720 Acres (entspricht 512 Quadratkilometer) ehemals offenes, öffentliches Land gewährte sowie zum Bau einer geheimnisumwitterten riesigen Anlage mit überirdischen und unterirdischen Abteilungen. So entstand das Dugway-Testgelände. In der Mitte der fünfziger Jahre wurde mehr als eine halbe Million Acres (etwa 2000 Quadratkilometer) zusätzliches Gelände den Offizieren von Dugway übergeben, wodurch sich die Größe und der Umfang dieser fernab gelegenen Einrichtung enorm vergrößerte.

Trotz einiger Namensänderungen in den folgenden Jahren blieb die Aufgabe von *DPG* weitgehend unverändert, nämlich die amerikanischen Fähigkeiten bezüglich chemischer und biologischer Kriegführung weiter voranzubringen. Bis zum heutigen Tage ist *DPG* schon auf 800 000 Acres (etwa 3200 Quadratkilometer) angewachsen, und sein Luftraum wird beständig von der Luftwaffe kontrolliert. Obwohl es zweifelsohne eine vornehme Aufgabe ist, festzustellen, wie das Land von den grauenvollen Auswirkungen chemischer Waffen geschützt werden kann, ging bei Dugway keineswegs immer alles glatt. Jedenfalls nicht auf Dauer.

Tote Schafe in Skull Valley

Stellen Sie sich, wenn Sie können, eine schockierende und unglaubliche Szene vor: Es ist früher Morgen Mitte März 1968. Sie sind ein Rancher im Skull Valley von Utah, ein Indianerreservat für den Ghoshute-Stamm, 30 Meilen vom Dugway-Testgelände entfernt. Den größten Teil Ihres Einkommens erzielen Sie mit der Zucht und dem Verkauf ihrer Schafe an ländliche Gemeinden. Ihre tägliche Routine besteht also darin, Ihre Tiere zu füttern, aufzuziehen, zu beobachten und sie artgerecht unterzubringen. Doch dieser besondere Morgen sollte sich ganz anders entwickeln als alle anderen in Ihrem ansonsten gleichförmig dahinfließenden Leben. Er sollte sich rasch zu einem absoluten Desaster entwickeln.

Während Sie mit ihrem zuverlässigen Ross dahinreiten (oder mit Ihrem Geländewagen unterwegs sind) zu den üblichen Weideplätzen Ihrer Herde, trifft Sie plötzlich ein grausiger Anblick: So weit das Auge reicht, ist der Boden des Tales bedeckt mit toten Schafen! Einige von ihnen röcheln noch. Einige schwanken dahin auf kraftlosen Beinen; ihr Schicksal scheint bereits besiegelt. Andere liegen auf der Erde, unfähig oder unwillig, sich zu bewegen, schwer verletzt von inneren Blutungen.

In den folgenden Tagen stieg die Zahl der toten Schafe auf 1000. Dann auf 2000. Schließlich waren über 6000 Tiere verendet. Für nicht eingeweihte Leser mag dies klingen wie die Anfangsszene eines aufwendigen Ökothrillers aus Hollywood. War es aber nicht. Tatsächlich handelte es sich um eine der berüchtigtsten Ereignisse in der Geschichte des Dugway-Testgeländes.

Allen Menschen, die Skull Valley, das »Tal der Totenschädel« und die weitere Umgebung als ihre Heimat bezeichneten, wurde sehr bald klar, dass sich etwas Schreckliches, gar Tödliches bei ihnen ereignet hatte. Noch ehe es irgendwelche Beweise gab, schaute man längst schon in Richtung Dugway … und *nur* in Richtung Dugway. Die Geschichte hat bewiesen, dass sie damit richtig lagen: Am 13. März 1968, also wenige Tage vor dem Zwischenfall mit den Schafen, hatten Angehörige der Basis im Freien heimlich mit einem Wirkstoff, bekannt als VX experimentiert, eine chemische Waffe, die heute offiziell als Massenvernichtungsmittel eingestuft wird und deren Verwendung demzufolge von den Vereinten Nationen verboten wurde. Weil es vollkommen geruch- und geschmacklos ist, eignet sich VX ideal als Waffe: Ehe ein Mensch überhaupt bemerkt, dass irgendetwas nicht stimmt, können er oder sie bereits weit fortgeschritten sein auf der Einbahnstraße ins Nirwana. Und das, so erfuhren die Bewohner des Skull Valley durch den Verlust ihrer Lebensgrundlage, gilt nicht nur für Menschen, sondern selbstverständlich sogar für Schafe.

Als das ganze Ausmaß der Tragödie offenbar wurde, verbreitete sich die Nachricht wie ein Buschfeuer … oder ebenso rasch wie VX. Am 16. März 1968 rief der verzweifelte Manager einer Viehzuchtstation in Skull Valley atemlos Dr. Bode an, der damals zur Universität von Utah gehörte, doch zugleich vertraglich an das Testgelände gebunden war, um ihn über die Entdeckung der vielen toten Schafe zu informieren. Dieser erkannte rasch und scharfsinnig den Zusammenhang zwischen dem toten Vieh und den Vorgängen auf dem nahegelegenen Testgelände. In den frühen Morgenstunden des 17. März rief Bode also den Chef des Büros für Umweltfragen und Epidemiologie auf dem Testgelände an, um die ersten Berichte über die toten Tiere weiterzuleiten. Als mehr und mehr solcher Meldungen in der Zentrale von Dugway eintrafen, wurde den Verantwortlichen rasch deutlich, dass ein Ereignis dieser katastrophalen Dimension kaum mehr geleugnet werden könnte.

Allerdings: Einige sahen keine Chance, die Wahrheit zu bestreiten, doch andere sahen dies eben anders. Es geriet zu einer Abscheulichkeit: Statt sich zu ihren schrecklichen Fehlern zu bekennen, besaß der Vorstand der Basis ursprünglich die Frechheit, den Viehzüchtern die Schuld zuzuschieben, weil sie angeblich Pestizide mit organischen und phosphathaltigen Anteilen auf ihren Anbauflächen versprüht hätten. Dies wurde so behauptet bis zur Autopsie einiger Schafe, die man nach dem Zufallsprinzip ausgesucht hatte. Dabei zeigte sich bei ihnen ein VX-Niveau, das hoch genug war, um den Tod aller Schafe zu erklären. Somit blieb dem Personal der Basis keine andere Möglichkeit, als dieses schreckliche Ereignis tatsächlich sorgfältig zu untersuchen.

Geheime Berichte und Studien wurden pflichtgemäß vorbereitet – einige davon blieben jahrelang, andere *jahrzehntelang* geheim –, die eindeutig und unstrittig dem *DPG* und niemand oder nichts anderes die traurige Verantwortung zuwiesen. Die Rancher des Tales wurden von der Regierung für den Verlust ihrer Herden entschädigt, doch es blieb immer noch eine Widerwilligkeit auf Seiten der *DPG*, irgendeine Art von Verantwortung für all dieses zu übernehmen.

Dies jedoch sollte nicht die einzige Gelegenheit bleiben, wo man den mysteriösen Tod von Tieren in diesem Gebiet mit den geheimen Aktivitäten auf dem *Dugway Proving Ground* in Verbindung bringen sollte. Während des Ferienwochenendes 1976 aus Anlass des Unabhängigkeitstages wurden mindestens 20 Pferde auf dem Testgelände tot aufgefunden … in einem Gebiet namens Orr Springs, wo gewisse Versuche mit Krankheitserregern für den Kriegseinsatz stattgefunden hatten. Drei Tage später waren weitere 30 Tiere tot. Scott Baranowski, ein junger Soldat, der zu der Stelle befohlen worden war, half mit, die Kadaver einiger der unglücklichen Tiere zu begraben, nachdem sie sorgfältig von Ärzten der Basis obduziert worden waren. Dann wurde auch Baranowski völlig überraschend kurzfristig krank; gemessen wurden 40 Grad Fieber verbunden mit schweren Schmerzen am ganzen Körper.

Die Armee stritt rundweg jegliche Beteiligung an irgendeiner Art von Freilandversuch mit dem Einsatz von Nervengasen ab und äußerte in zahlreichen Berichten, die man der Öffentlichkeit zuspielte, die Vermutung, die Pferde seien an nichts anderem als an Durst verendet. Die Ironie der Geschichte liegt dabei in der Tatsache, dass die meisten Kadaver in der Nähe von Wasserstellen gefunden wurden. Außerdem wiesen viele von ihnen schwere Verletzungen auf, und Wissenschaftler des *DPG* gaben Baranowski gegenüber vertraulich zu, dass man zu der Zeit eine extrem gefährliche Substanz getestet habe. Ihre wahre Natur und ihr Ursprung bleibt uns vielleicht glücklicherweise verborgen. Zusammengenommen bedeutete dies für Baranowski, dass die Todesursache Dehydration und Durst nicht einmal einem Teil der wahren Geschichte entsprach … vielleicht sogar überhaupt nicht. Und er glaubte auch nicht, dass der Lungenkrebs, den man später bei ihm feststellte, völlig losgelöst von diesen Ereignissen zu sehen sei. Bis zum heutigen Tage streiten die *DPG* und die Armee dies beharrlich ab.

Menschenversuche

Baranowski könnte nicht die einzige Person gewesen sein, die physisch schwer angegriffen wurde durch ihren Aufenthalt auf dem Dugway-Testgelände. Steve Erickson vom *Citizens Education Project* in

Salt Lake City hatte sich gründlich mit der Geschichte vom *DPG* beschäftigt. Seiner Aussage zufolge betrafen viele der Versuche auf der Basis Menschen, einige davon Militärangehörige, und könnten »nur als Menschenversuche bezeichnet werden.«[1] Er beschrieb einen Versuch, bei dem man Soldaten BZ verabreicht hatte, ein Halluzinogen, das ähnlich wie LSD auf den menschlichen Geist wirkt. Ein zweites Beispiel betraf eine Gruppe Freiwilliger der Adventisten vom Siebenten Tag, die einem Schwarm ausgehungerter Moskitos ausgesetzt wurden. Die Mitarbeiter auf Dugway hatten diese mit biologischen Kampfstoffen infiziert, um auszuprobieren, ob solche Insekten ein brauchbares Medium zur Verbreitung derartiger Mittel sein könnten.

Damit niemand solche Behauptungen als konspirativen Unsinn abtut, lohnt es sich, das folgende Zitat eines Beamten (der von seiner Verschwiegenheitsverpflichtung entbunden worden war) aus dem Bericht des *General Accounting Office* vom 28. September 1994 in Erinnerung zu rufen: »Von 1951 bis 1969 wurden auf Dugway Hunderte, vielleicht gar Tausende Freilandversuche mit Bakterien und Viren unternommen, die in Menschen wie in Tieren sowie bei Pflanzen zu Erkrankungen führen. Es ist unbekannt, wie viele Menschen in der Umgebung ebenfalls während der Freilandversuche bei Dugway potenziell schädlichen Kampfstoffen ausgesetzt worden sind.«[2]

Fünf Aliens in Utah

Einer der umstrittensten Aspekte der Geheimversuche auf dem Dugway-Testgelände sind die Möglichkeiten zu geheimen Angelegenheiten von außerirdischen Proportionen… banal gesprochen zu Ufos. Kurz vor seinem Tode im März 2010 sagte Oberst George Weinbrenner (ehemals Leiter *der Foreign Technology Division FTD* auf der *Wright-Patterson Air Force Base* in Ohio, sagenumwobenes Gebiet des legendären Hangar 18) sechs Worte zu seinem Hausmeister: »Wir

1 Erickson, »*U.S. Army*«
2 Komitee für Angelegenheiten von Veteranen, »*Is Military Research Hazardous*«

haben fünf Aliens in Utah.«[3] Mehr wollte er darüber nicht preisgeben. Zugegeben, seine kurze Aussage steht sperrangelweit offen für viele Interpretationen, doch der Forscher Anthony Bragalia schlug vor, diese Bemerkung könnte auch einen Bezug zum Dugway-Testgelände haben. Und dies war beileibe nicht das erste Mal, dass Weinbrenner außerhalb der offiziellen Kanäle über solche Angelegenheiten gesprochen hat.

Mitte der 1970er-Jahre bestätigte Weinbrenner gegenüber Robert Emenegger die Existenz von streng geheimem Filmmaterial über Ufos, das von Angehörigen amerikanischer Behörden zurückgehalten wurden. Gleichzeitig war Weinbrenner besorgt, in der Öffentlichkeit zu viel darüber auszuplaudern, was er *wirklich* über Ufos wusste. Dies könnte seinem Verdacht geschuldet sein, von jemand in der Regierung überwacht zu werden. Der Forscher Anthony Bragalia stellte fest, Weinbrenners Furcht könne auch erklären, weshalb er sich stets so zurückhaltend äußerte, wenn das Gespräch auf Ufos kam. Wenn man in die Überlegungen einschließt, dass viele der Behauptungen bezüglich Wright-Pattersons Hangar 18 eine enge Verbindung zwischen den Aktivitäten dort und denen der *Foreign Technology Division* dieser Basis offen legen (wie in einem späteren Kapitel dieses Buches noch deutlich werden wird), so ist damit bereits praktisch bewiesen, dass Weinbrenner als ehemaliger leitender Angestellte der *FTD* mindestens ein gewisses Maß an Kenntnis über geborgene Körper von Aliens und ihren weiteren Verbleib besessen haben muss. Und dies bringt uns zurück in die Gegenwart, besonders zu den Ereignissen, die Ende Januar 2011 stattfanden.

Abriegelung der Basis

Es war ungefähr um 17.30 Uhr am 27. Januar, als die Tore des Dugway-Testgeländes fest verschlossen und verriegelt wurden. Von diesem Augenblick an kam niemand hinein in diese Einrichtung, und

3 Bragalia, »*Is this where*«

keiner der geschätzten 1500 Angestellten der Basis durfte hinaus. Diese Maßnahme blieb ungefähr 12 Stunden in Kraft. Kurz nachdem der Alarm auf *DPG* ausgelöst worden war und die Gerüchte sich überschlugen, dass etwas sehr Ernstes im Schwange war, erklärte der Kommandeur der Basis Oberst William E. King IV, sämtliche Mitarbeiter täten wirklich alles, die Situation so rasch wie irgend möglich zu klären.

Die offizielle Erläuterung für die Schließung der Basis wurde von der Armee am 28. Januar in einer kurzen Verlautbarung mitgeteilt: Am vorherigen Nachmittag, während einer routinemäßigen Überprüfung eingelagerter Stoffe, kam die Vermutung auf, dass ein kleines Fläschchen des Nervengases VX – exakt dieselbe Substanz, die 1968 mehr als 6000 Schafe getötet hatte – verlorengegangen sei. In Wahrheit allerdings sei gar nichts verschwunden; die Panik sei lediglich einem Beschriftungsfehler auf dem lebensgefährlichen Fläschchen geschuldet. Vielleicht war das schon alles in dieser Angelegenheit. Doch nicht alle sind sich dessen so sicher.

Ungefähr zur Zeit der plötzlichen Schließung der Basis wurden am Himmel nahe der Basis flackernde Lichter unbekannten Ursprunges gesichtet. Sie wurden sogar Teil einer großen Berichterstattung von Utahs *ABC-4* in einem Beitrag mit dem Titel: »Seltsame Lichter erscheinen am Himmel über Utah County«. Darin berichteten die Reporter, ihre Zeugen wären sich absolut sicher, dass, was auch immer sie gesehen hätten, weder von herkömmlichen Flugzeugen noch von Helikoptern stammen konnte. Ein unidentifiziertes fliegendes Objekt schien sogar etwas auf den Boden herabgelassen zu haben. Es ist eine interessante Feststellung, dass einer der zahlreichen Zeugen, die sich von *ABC-4 News* interviewen ließen, früher gedient hatte. Was auch immer vom Himmel gefallen sein mag, sei praktisch sicher keine Leuchtbombe oder etwas ähnlich Irdisches gewesen, meinte er. Aber ist etwas schon automatisch ein Raumfahrzeug der Aliens, nur weil es sich um ein unbekanntes Flugobjekt handelt?

»Genesis«

Schon seit Jahren machten Gerüchte die Runde, dass auf dem Dugway-Testgelände nicht nur mit tödlichen Nervengasen experimentiert wurde, sondern auch mit hochtechnologischen Flugapparaten. Der Präsident der Forschergruppe *Utah Ufo-Jäger* Dave Rosenfeld ist der Ansicht, mindestens *einige* der vielen Ufo-Sichtungen beim Dugway-Gelände, die er und seine Gruppe über Jahre hinweg penibel katalogisiert hatten, seien auf die Testflüge von extrem fortgeschrittenen Flugapparaten zurückzuführen. Es hält es deshalb für möglich, dass das *DPG »die neue Area 51«* sein könnte und vielleicht sogar »der neue militärische Raumflughafen«.[4]

Rosenfeld mag gar nicht so weit danebenliegen. Am 8. September 2004 bohrte sich die Raumkapsel »*Genesis*« der *NASA* in den Wüstenboden des Dugway-Testgeländes, nachdem es Proben aus der obersten Atmosphärenschicht der Sonne eingesammelt hatte... bzw. davon, was wir als Solarwind kennen. Es war die ganze Zeit geplant gewesen, das Gefährt auf Dugway niederkommen zu lassen, doch ein großes Problem mit dem Fallschirm führte dazu, dass aus der vorgesehenen Landung eine echte Bruchlandung wurde.

Es ist keine Überraschung, dass die Kapsel schwer beschädigt wurde ... und ebenso natürlich die kostbare und einzigartige Fracht. Glücklicherweise war das Gelände hermetisch abgeriegelt worden, weil vorher giftige Substanzen aus den Batterien der *Genesis* ausgetreten waren. Einer Bergungsmannschaft gelang es, die Ampulle mit den wertvollen Partikeln sicher zu bergen und sie für eine sorgfältige Analyse der *NASA* zu übergeben. Obwohl die Proben des Sonnenwindes teilweise gelitten hatten durch den heftigen Aufprall, war die gute Nachricht, dass den Wissenschaftlern der *NASA* mit Hilfe der geretteten Proben eine ganze Anzahl von wissenschaftlichen Durchbrüchen bezüglich solcher solaren Phänomene gelang.

4 Baumann, *»Is Dugway's Expansion«*

Utahs größtes Geheimnis: das Dugway-Testgelände (wo hier gerade zwei Helikopter die Genesis bergen)

In Anbetracht der merkwürdigen Ufo-Geschichte vom 27. Januar 2011 während der Schließung der Basis und der Aussagen sowohl von Oberst George Weinbrenner wie Dave Rosenfeld, möchte ich eine nachdenklich stimmende Frage stellen: Vorausgesetzt, das Dugway-Testgelände befindet sich im Schnittpunkt geheimer Forschung bezüglich chemischer Waffen, dass es der Ort einer Reihe aufregender Ufo-Sichtungen war und ebenso der Platz, wo eines der NASA-Raumkapseln zur Erde stürzte … Ist es dann vollkommen abwegig zu glauben, dass das *DPG* die Raumfahrzeuge von jemand anders kennt?

Kapitel 4

Geheimnisse des Zweiten Weltkriegs

Der Zweite Weltkrieg war ein sechs Jahre währendes einziges Blutbad, das danach jahrzehntelange Diskussionen und Kontroversen verursachte. Ein besonderes Reizthema bezieht sich auf gewisse geheime Kriegsunternehmungen der Nazis: Nämlich die Plünderung vieler unbezahlbarer historischer Schätze durch Adolf Hitlers Horden. Damit sollten einerseits die Kriegsanstrengungen finanziert werden, und zugleich spiegelte dies die besondere Faszination, die von religiösen Kunstwerken auf Nazi-Deutschland ausging. Was hat all dies nun zu tun mit dem Thema des Buches, das Sie sich in diesem Augenblick gerade vor Augen halten, mögen Sie sich fragen? Ganz einfach: Es gibt eine riesige verfügbare Fülle von Informationen, die nahelegen, das viele von diesen geplünderten Sachen sowie gewisse einzigartige Gegenstände von buchstäblich beinahe biblischen Ausmaßen noch immer – also 70 Jahre nach Ende des Krieges! – in höchst ehrwürdigen Einrichtungen verborgen sein könnten … einschließlich und unglaublicherweise im Vatikan und in der *Smithsonian Institution.*

Ebenso wie der verrückte Hitler war eine überwiegende Anzahl hochrangiger Nazis wie zum Beispiel Richard Walther Darré, Rudolf Hess, Otto Rahn und Heinrich Himmler fast schon geradezu besessen von allen übernatürlichen und mystischen Dingen. Rahn zum Beispiel, der sein Zeichen in einer Division von Nazi-Deutschlands schrecklicher und gefürchteter SS hinterließ, widmete einen großen Teil seiner Zeit der Suche nach dem sogenannten Heiligen Gral, welcher der christlichen Lehre zufolge die Schüssel, der Teller oder die Tasse waren, die Jesus beim legendären Abendmahl benutzt hatte. Der Gral besaß angeblich unheimliche und verheerende Kräfte, und die Nazis suchten danach geradezu verzweifelt, weil sie diese Kräfte als Waffen im Krieg gegen die Alliierten einsetzen wollten. Glücklicherweise gingen diese Pläne nicht in Erfüllung, und die Alliierten wurden demzufolge nicht in den Boden gestampft von der mächtigen Faust Gottes.

Heinrich Himmler, der vielen Historikern zufolge die treibende Kraft hinter diesen Bestrebungen war, war offenbar zugleich dem Okkultismus besonders zugetan. 1935 wurde er ein Mitbegründer der Abteilung »Ahnenerbe«, die im Grund genommen eine Abteilung der SS war, die sich um das Erbe und die Ahnen der Nation kümmern sollte. Während die Arbeit der Abteilung sich weitgehend an den Visionen eines gewissen Dr. Hermann Wirth orientierte, bestand die wesentliche Aufgabe von »Ahnenerbe« darin, sich mit der religiösen Archäologie zu beschäftigen; jedoch berührten diese Arbeiten rasch auch solche Bereiche wie den Okkultismus. Ausgesprochen bedeutend war die Perspektive, ob ein besonderes Kunstwerk wie der Heilige Gral möglicherweise als Werkzeug benutzt werden könnte, um die Kriegsmaschinerie der Nazis zu stärken.

Dann gibt es auch noch Trevor Ravenscrofts Buch *The Spear of Destiny*, das sich mit einer ganz besonderen Faszination Adolf Hitlers bezüglich des sagenhaften Speeres oder der Lanze befasst, die während der Kreuzigung in Jesus Körper gestoßen worden sein soll. In Ravenscrofts Buch wird behauptet, Hitler habe den Zweiten Weltkrieg eigens mit der Absicht vom Zaun gebrochen, den Speer zu erlangen, von dem er angeblich besessen war, um ihn als Waffe gegen die Alliierten einzusetzen. So gingen die Dinge voran. Jedoch scheiterte Hitler grenzenlos. Ravenscroft hatte die Idee, dass, als sich der Konflikt von 1939/45 dem Ende näherte, der Speer in die Hände des amerikanischen Generals George Patton gefallen sein könnte. Der Legende nach bedeutete der Verlust des Speeres den Tod… eine Prophezeiung, die sich nach dem, was man vorausgesagt hatte, endgültig erfüllte, als Hitler Selbstmord beging.

Vielleicht jedoch blieb Hitler nicht jedes antike Kunstwerk ebenso unerreichbar. Einem Gerücht zufolge wurde ein Versuch der Nazis, die Überreste – oder mindestens *einige* der Überreste – der legendären Arche Noah aufzuspüren, tatsächlich von Erfolg gekrönt. Es ist eine seltsame und geheimnisvolle Geschichte, die uns von dem eiskalten Gipfel des Berges Ararat in der Türkei in die geheimen Verliese einer der hoch in Ehren gehaltenen und historischen Einrichtungen der Vereinigten Staaten führt: die in Washington, D.C. angesiedelte *Smithsonian Institution*.

Wie es heißt in der Bibel: »Gott sprach zu Noah … mache Dir einen Kasten aus Tannenholz … mache ihn also: 300 Ellen sei die Länge, 50 Ellen die Seite und 30 Ellen die Höhe.«

Eine Elle entspricht ungefähr 20 Inch, sodass die Arche gute 152 Meter lang, 25,3 Meter breit und 15 Meter hoch werden sollte. Zugleich sollte sie der katastrophalen Flut widerstehen können, die angeblich die Erde überschwemmen und 40 schreckliche Tage und Nächte währen würde. Der Legende zufolge kam die Arche auf dem Gipfel des Berges Ararat zum Liegen, als sich die Fluten endlich zurückzogen.

Warum eigentlich Hitler hinter der Arche her war, bleibt unklar, doch die Tatsache, dass er ihr dicht auf der Spur war, ist unstrittig. Geheimdienstberichte von Großbritanniens streng abgeschirmter Sektion *MI6* aus dem Jahr 1948 besagen, dass es in den letzten Zügen des Krieges Gerüchte in der Türkei gegeben habe, deutsche Militärs wären damit beschäftigt, einen hochtechnologischen Spionageballon (auf der Basis eines radikal neuen japanischen Entwurfes) über das Gebiet des Berges Ararat aufsteigen zu lassen, um das gesamte Gelände zu fotografieren. Wäre das Vorhaben von Erfolg gekrönt gewesen bei dem Versuch, die Arche zu lokalisieren, so sollte sie geborgen werden … oder was immer davon noch übrig geblieben sein mochte in Anbetracht der vielen verstrichenen Jahrtausende sowie der widrigen Witterungsumstände auf dem ständig von Schnee bedeckten Berg.

Die Japaner, die während des 2. Weltkrieges enge Verbündete Nazi-Deutschlands waren, verstanden sich ausgezeichnet auf den Bau von tüchtigen Ballons. Fraglos ist eines der bestgehüteten Geheimnisse des Krieges die sogenannte »Ballon-Bombe« oder *Fugo*, wie sie

Großbritanniens MI6, *wo geheime Unterlagen der Arche Noah vermutet werden*

allgemein bekannt wurde[1], eine geheime Waffe entworfen und eingesetzt von japanischen Militärs. Nicht weniger als 9000 solcher Gerätschaften wurden gebaut und gegen die Vereinigten Staaten eingesetzt. Aufgeblasen maßen sie mehr als zehn Meter im Durchmesser, und sie bestanden aus Papier beziehungsweise gummierter Seide und trugen eine Last kleiner Bomben, die schwere Verwüstungen verursachen konnte, wenn sie im falschen Augenblick berührt wurden.

Kurz vor Ende 1944 schickte man sie ungefähr sechs Monate lang meist von der Ostküste Honshus aus auf die Reise; insgesamt trieben sie dabei mehr als 6000 Meilen Richtung Osten über den Pazifik nach Nordamerika. Die meisten dieser *Fugos* verfehlten ihr vorgesehenes Ziel, doch amerikanischen Armeeschätzungen zufolge schafften es nicht weniger als 1000 bis nach Nordamerika. Die meisten davon landeten in den Pazifikstaaten wie Oregon, British Columbia und Wa-

1 Nach den Kugelfischen, die sich bei Gefahr ballonartig aufpumpen

shington. Nach all dem, was wir über die Fachkenntnisse der Japaner in solchen Angelegenheiten wissen, könnten sie ihren Nazikameraden sehr wohl hilfreiche Dienste geleistet haben, die Arche Noah aufzuspüren. Sie könnten ihnen eine Form von höchst fortschrittlichem Aufklärungsballon zur Verfügung gestellt haben, den man bis zum Berg Ararat fliegen lassen konnte. Die verfügbaren Unterlagen von *MI6* sind enttäuschend unvollständig – möglicherweise allzu bequem und verdächtig unvollkommen –, und sie gestatten überhaupt keine Schlussfolgerung darüber, ob die in Frage stehende Operation überhaupt in irgendeiner Weise erfolgreich war oder nicht.

Geheimnisse im Smithsonian

Zeugenaussagen legen ein ziemlich fantastisches Szenario nahe, das manche Leute allerdings als ziemlich weit hergeholt ansehen: Einige Abteilungen der *Smithsonian Institution* sind für die Allgemeinheit nicht zugänglich, angeblich wegen gewisser unbestätigter archäologischer Wunder, die sich darin befinden sollen. Tatsächlich legen gewisse allgemein zugängliche Unterlagen nahe (in einer faszinierenden Parallele zu den Schlussszenen des Indiana-Jones-Filmes von 1981 *Raiders of the Lost Ark*), dass es tief unter dem Institut geheime Gewölbe gibt, die ungewöhnliche Gegenstände der menschlichen Geschichte enthalten … möglicherweise gar die Bruchstücke dessen, was einst als Arche Noah bekannt war.

Ein Angestellter des *Smithsonian*, der besagte David Duckworth, enthüllte, dass im Herbst 1968 etliche Kisten zu dem Teil des Instituts gebracht wurden, in dem er selbst arbeitete; sie riefen ein erstaunlich heftiges Interesse seitens der Leitung des *Smithsonian* hervor. Die Kisten enthielten uralte Holzteile sowie eine Auswahl von sehr alten Gerätschaften. Vielleicht als eine Art Antwort auf die Geschichte der Nazis und der japanischen Ballons, die zum Auffinden der Arche verwendet wurden (oder auch direkt damit verbunden waren), berichtete Duckworth, dass der einzigartige Haufen von Material auch Fotografien enthielt, die angeblich von einem Ballon gemacht worden waren und ein schiffsartiges Objekt zeigten, das teilweise im Eis einer Bergregion steckte. Als er sich mit Kollegen darüber unterhielt, wurde Duckworth leise zugeflüstert, dass auf den Fotos befindliche Gelände sei der Berg Ararat und das Boot sei die Arche Noah.

Fünf Tage später änderte sich abrupt die Stimmung. Alle Gespräche und Diskussionen über die Arche wurden sofort beendet, weil man die Menschen anwies, den Mund zu halten bei diesem Thema; gleichzeitig wurden die unbezahlbaren Stücke zusammengerafft und zu einem neuen Depot geschafft. Duckworth, der den Fehler begangen hatte, mit vielen Menschen außerhalb des *Smithsonian* über die Gerüchte bezüglich der Arche zu reden, bezahlte einen hohen Preis: An seinem Arbeitsplatz wurde er von zwei Männern aufgesucht, die sich als Agenten des *FBI* auswiesen. Sie machten ihm rasch klar, dass er mit seiner Geschwätzigkeit erhebliche Wellen geschlagen habe. Er sei dort gewesen, wo er nicht hätte sein dürfen, er habe Dinge gesehen, die ihn nichts angingen. Ende der Geschichte.

Hatten die Nazis wirklich Noahs Arche entdeckt? Hat die von den Japanern unterstützte Ballonoperation tatsächlich funktioniert? Und fiel genau diese Entdeckung Jahre später irgendwie auf geheimem Wege in die Hände der amerikanischen Regierung und letztlich die des *Smithsonian*? Selbst wenn es *tatsächlich* ein geheimes Gewölbe – oder gar eine Reihe von Gewölben – im Institut geben sollte, wo solche archäologischen Kleinode aufbewahrt und untersucht werden… die Behörden schweigen oder geben keinerlei irgendwie bedeutsame Nachricht über dieses alte, hölzerne Boot heraus.

Das Nazigold

Hier ist eine weitere wichtige Frage: Wenn es solch ein ehrgeiziges Programm der Nazis gab, um alles zu bergen, was von der Arche tatsächlich noch aufzufinden war, wie wurde dieses Projekt dann finanziert? Ähnlich wie viele der erfolglosen Bemühungen der Nazis, die Alliierten zu überwältigen, so könnte auch dieses Mal die Finanzierung der Aktion mit sehr umstrittenen Mitteln ermöglicht worden sein. Während die Horden Hitlers sich mit den vereinigten Mächten Westeuropas, der Vereinigten Staaten und der Sowjetunion anlegten und dabei sicherzustellen versuchten, dass die Kriegsanstrengungen von immerwährendem Erfolg gekrönt würden, kam das kolossartige Naziregime auf eine großartige Idee: Es plünderte, stahl und konfiszierte so viel Gold, so viel Schätze und andere unbezahlbare Dinge in jenen Ländern oder deren Territorien, wie es konnte, und hinterließ überall dort seine schreckliche Signatur. Dann verschob man vorschriftsmäßig und im Verborgenen die Beutestücke zu gewissen, ihnen gegenüber freundlichen Banken (einschließlich der Schweizer Nationalbank) im Austausch gegen harte Währung. Die absolut sachlich-nüchterne Seite dieses Programms wurde detailliert dargestellt in einem Dokument der US-Regierung vom 2. Juni 1989 mit dem Titel »Die USA und ihre Kriegsalliierten und Nachkriegsbeziehungen und Verhandlungen mit Argentinien, Portugal, Spanien, Schweden und der Türkei über erbeutetes Gold und deutsche Auslandsguthaben sowie amerikanische Bedenken über die Zukunft des Kriegsschatzes der Ustascha«.

Stuart Eizenstat, der in der Carter-Administration als hochrangiger Berater für interne Angelegenheiten und unter der Clinton-Administration als Vize-Staatssekretär des Schatzministeriums und Unterstaatssekretär für wirtschaftliche und landwirtschaftliche Angelegenheiten tätig war, erklärte bei der Publikation des Berichtes: »Die Schweizer Nationalbank muss gewusst haben, dass ein Teil des Goldes, das sie von der Reichsbank erhielt, in den besetzten Ländern geraubt worden war, und zwar schon auf Grund der allgemeinen Kenntnis über die eigentlich geringen Goldreserven der Reichsbank und der wiederholten Warnungen der Alliierten.«[2]

Untersuchungen legten nahe, dass die Schweiz mehr als 400 Millionen $ in gestohlenem Gold von Nazi-Deutschland erhalten hatte. Später wurde diese Zahl nach oben korrigiert mit 440 Millionen Dol-

2 Slany und Eizenstat, *»US und Alliied«*

lar. Wie Eizenstat erläuterte: »Neue Quellen, die erst kürzlich ans Tageslicht kamen, vermittelten weitere Informationen über das berüchtigte Melmer-Konto bei der Reichsbank, das nach dem SS-Offizier Bruno Melmer benannt wurde. Er war verantwortlich dafür, dass den Insassen der Konzentrationslager und ähnlicher Einrichtungen alles Wertvolle abgenommen wurde, um dies dann auf ein SS-Konto bei der Reichsbank anzulegen.[3]

Darüber hinaus gelangte die Summe von 300 Millionen Dollar in Form von Nazigold – gleichzusetzen etwa 2,6 Milliarden Dollar an wirtschaftlichem Wert des Jahres 1997 – auf geheimen Pfaden in solche neutralen Länder wir Portugal, Spanien und Schweden. Und dies auf dem Höhepunkt der kriegerischen Auseinandersetzungen! Nicht weniger als 75 Prozent davon wurde heimlich über die Schweizer Nationalbank weitergeleitet. Dann kam eine noch wesentlich bedenklichere Geschichte ans Licht, die mit nichts anderem als der verschwiegenen Welt des Vatikan zu tun hat.

Während des Zweiten Weltkrieges errichteten die Nazis eine – worauf es letzten Ende hinauslief – Marionettenorganisation in Kroatien namens Ustascha; sie sollte sich als ebenso unbarmherzig wie unermüdlich beim Stehlen von Gold und anderen wertvollen Gegenständen von der Bevölkerung herausstellen. Ungefähr 80 Millionen Dollar wurden von der Ustascha für das Nazi-Militärprogramm bereitgestellt, und einiges davon erreichte in den letzten Stunden des Krieges ebenfalls Schweizer Banken. Schließlich trat ein sehr großes Problem zutage: Die Ustascha war von Deutschland abhängig bezüglich der finanziellen Unterstützung, aber auch bei Sicherheitsfragen und was die militärische Unterstützung anging. Mit dem irreversiblen Kollaps des Naziregimes Mitte 1945 ging es jedoch mit der Ustascha spiralförmig abwärts und endete schließlich in zahlreichen Splittergruppen und unerbittlichem Chaos. Den nahenden Untergang vor Augen, machten sich die hochrangigen Offiziere aus dem Staube

3 ebd.

Richtung Italien und wurden letztlich sogar herzlich begrüßt von Roms Bischofskollegium San Girolamo. Es wurde geleitet von einem gewissen Pater Dragonivic und hatte mit Sicherheit gewisse bedeutende finanzielle Zuwendungen von der Ustascha erhalten, vielleicht sogar mit Wissen und Zustimmung des Vatikans.

Am 21. Oktober 1946 erhielt ein gewisser Harold Glasser, Director of *Monetary Research* im Schatzministerium in Washington, eine streng geheime Nachricht von einem gewissen Emerson Bigelow, einen Vertreter des Ministeriums. Bigelow schrieb, er habe von einem ehrwürdigen italienischen Informanten erfahren von dem bedeutenden Vermögen, welches die Ustascha erworben hatte. Nicht weniger als geschätzte 200 Millionen Schweizer Franken hätten ihren Weg zum Vatikan gefunden, wo sie tief in den Verliesen aufbewahrt würden. Geheimdienstlichen Erkenntnissen zufolge, fügte Bigelow hinzu, könnte eine bedeutsame Menge davon heimlich über Verbindungen des Vatikans nach Spanien und Argentinien geschleust worden sein. Bigelow gestand jedoch gleichzeitig ein, es gäbe die nicht auszuschließende Möglichkeit, dass es sich dabei lediglich um eine sorgsam vorbereitete Story handeln könnte, während die eigentliche ungeheure Summe vielleicht niemals ihren geheimen Aufbewahrungsort verlassen hätte … in anderen Worten, das Herz des Vatikans!

Bemerkenswerterweise bestätigten die Berichte von amerikanischen Geheimdienstkreisen aus derselben Zeit, dass Bigelows Informationen bezüglich des Geldes offenbar korrekt waren und dass ungeheure 200 Millionen Schweizer Franken heimlich ihren Weg zum *Institute for Works of Religion* gefunden hatten, also zur Vatikanbank, wie sie besser bekannt ist. Keineswegs überraschend leugnen bis zum heutigen Tage sowohl die Bank wie Vertreter des Vatikans jegliche Kenntnis über derart umstrittene Transfers großer Geldsummen, die letzten Endes von Adolf Hitler in Gang gesetzt worden waren. Sieben Jahrzehnte nachdem Hitler und seine Kumpane geschlagen worden sind, liegt über dieser ganzen Geschichte so etwas wie ein schmutziger Schleier des Geheimnisses. Und dennoch: Die Behauptung, irgendwo tief in den geheimen Tunnels und Gewölben des Vatikan gäbe es noch immer ein Lager für die geraubten Nazischätze, will einfach nicht untergehen.

Ungarns Krone

Die Heilige Krone Ungarns, auch bekannt als die Krone von Sankt Stephan, besitzt eine ebenso bemerkenswerte Geschichte, um es milde auszudrücken. Man nimmt an, sie sei irgendwann im 12. Jahrhundert angefertigt worden, und sie wurde zu zahllosen Gelegenheiten geraubt und wiedererworben, etwa als Lajos Kossuth, der Rebell und spätere Reichsverweser Ungarns nach dem Zusammenbruch der Revolution von 1848 aus dem Land fliehen musste und die Krone in einem Waldgebiet in Transsylvanien vergrub. 1853 konnte man die Krone bergen und führte sie nach Budapest zurück, wo Kossuth sie ursprünglich in seinen Besitz gebracht hatte. Doch die Abenteuer

Krönung von Karl I. zum ungarischen König am 21. 11. 1916. Er trägt die Stephanskrone mit dem charakteristischen schiefen Kreuz.

dieser Königswürde waren damit längst nicht beendet: Sie sollte sogar noch nach Übersee reisen.

Als der Zweite Weltkrieg für Hitler und Co. zu einem abrupten Ende kam und die Russen in ganz Ungarn ihre Stärke demonstrierten, wurde die Krone heimlich der 86. Infanteriedivision der US-Armee übergeben, damit sie nicht in die Hände des Kremls fallen konnte. Ein sicherer und stark bewachter Ort wurde ausgesucht, um das unbezahlbare und legendäre Kunstwerk aufzubewahren: kein anderes als das amerikanische Golddepot in Kentucky, besser bekannt als Fort Knox, in dem schätzungsweise 2,5 Prozent allen Goldes lagert, das jemals in der gesamten menschlichen Geschichte veredelt worden war. Die Krone verblieb dort bis zum 6. Januar 1978, als sie, begleitet von unzähligen Fanfarenstößen und Dankbarkeitsrufen von den Vereinigten Staaten, vertreten durch Präsident Jimmy Carter, dem ungarischen Volk zurückgegeben wurde... Dankbarkeit dafür, dass so die Sowjets niemals ihre Hände an diese legendäre Krone legen konnten.

Auch dies wäre eigentlich nur eine weitere Geschichte politischer Intrige, gäbe es nicht eine sehr seltsame und bisher unbekannte Tatsache: Einigen Memoranden des Außenministeriums aus den Jahren 1956 und 1957 zufolge wurde den Soldaten in Fort Knox zunächst gesagt, die Kiste mit der Krone enthalte die Flügel und den Motor einer fliegenden Untertasse! Damit sollte die wahre Natur des Inhaltes ein dunkles Geheimnis bleiben. Später erklärte man den Wachleuten jedoch, die Kiste enthielte in Wahrheit deutsche Kunstwerke, Gold und andere Dinge von unschätzbarem historischem Wert.

Kapitel 5

Die kleinen Männchen von Hangar 18

Am 28. März 1975 schrieb der inzwischen verstorbene Barry Goldwater (ehemaliger Generalmajor der Luftwaffe, Senator für Arizona, Vorsitzender des *Senate Intelligence Committee*, also zuständig für die Geheimdienste, und Präsidentschaftskandidat der Republikaner) die folgende Notiz an den Ufo-Forscher Shlomo Arnon: »Das gesamte Thema Ufos hat mich schon sehr lange fasziniert. Vor etwa zehn oder zwölf Jahren machte ich einen Versuch herauszufinden, was sich in dem bewussten Gebäude der *Wright-Patterson Air Force Base* befindet und außerdem, wo sich die von der Luftwaffe gesammelten Informationen befinden. Mir wurde verständlicherweise die Beantwortung dieser Fragen abgeschlagen. Die Sache ist eingeordnet in die Kategorie ›Oberste Geheimhaltung‹«[1]

Nun, es kommt sicherlich nicht jeden Tag vor, dass man einen *solchen* Brief in seiner Post vorfindet… und dann noch von keinem Geringeren als einem Senator und außerdem Präsidentschaftskandidat. Das Gebäude, auf das sich Goldwater bezog, ist angeblich eine supergeheime Einrichtung, von der viele Ufo-Forscher meinen, sie würde die Überreste eines oder mehrerer Ufos beherbergen, und zwar zusätzlich zu den tiefgekühlten Überresten der verstorbenen außerirdischen Besatzungsmitglieder. Der denkwürdige Spitzname lautet *Hangar 18*.

Ob es sich dabei tatsächlich um eine Flugzeughalle oder um ein ganzes Gewirr unterirdischer Höhlen und Tunnels handelt, wird man noch sehen. Aber dass sich dies in irgendeiner Form auf Wright-Patterson befindet – zumindest vielen inzwischen im Ruhestand befindlichen Angehörigen des Militärs oder der Geheimdienste zufolge –, steht außerhalb jeden Zweifels. Und dennoch bestreitet die Luftwaffe dies entschieden. Für ihr Personal ist Hangar 18 nichts anderes (jedenfalls öffentlich) als ein lästiger Albatros, der dem gesamten Personal ständig am Hals hängt. Mein Gott, wie gern würden sie diesen ärgerlichen Störenfried endlich loswerden!

1 Goldwater, *»Letter to Shlomo Arnon«*

Das Personal des Stützpunktes leugnet kategorisch (und bisweilen genervt), dass irgendwelche Körper von Aliens oder auch außerirdische Raumfahrzeuge insgeheim auf Wright-Patterson untergebracht worden seien. Die knapp formulierte, offizielle Antwort der Pressestelle von Wright-Patterson lautet heute auf alle entsprechenden Fragen: »Von Zeit zu Zeit wird irrtümlich behauptet, die sterblichen Überreste von außerirdischen Besuchern würden sich auf der Luftwaffenbasis Wright-Patterson befinden oder hätten sich früher dort befunden. Es gibt dort jetzt keine – ebenso wenig wie zu einer früheren Zeit – außerirdischen Besucher oder deren Ausrüstung.«[2] Die Aussage der Air Force ist höflich und auf den Punkt gebracht … Man vermutet beinahe, es würde ihnen die ganze Zeit in den Fingern jucken zu schreiben: »Da habt ihr's, Ufologen! Und steckt das da hinein, wo nie die Sonne scheint!« Sei es, wie es sei … Wright-Patterson besitzt eine langwährende und unbestreitbare Verbindung zu diesem ganzen Ufo-Kram.

1947 rief General Nathan Twining (damals Leiter des *Air Material Command* auf dem Stützpunkt) das *Project Sign* ins Leben, ein offizielles Unternehmen zur Untersuchung der ins Kraut schießenden Berichte über Ufos. Sign wurde kurz darauf ersetzt durch das *Project Grudge*, welches weiterhin von Wright-Patterson aus operierte. 1952 übernahm *Project Blue Book* die Zügel von Grudge, bis die Akten schließlich 1969 gänzlich geschlossen wurden. Offiziell war niemals auch nur das Geringste entdeckt worden von den Sign-, Grudge- oder Blue-Book-Mitarbeitern, das darauf hindeutete, Berichte über Ufos seien mehr als Scherze, das Ergebnis geistiger Umnachtungen, Fehlinterpretationen natürlicher Phänomene oder schlicht konventionelle Flugapparate wie Ballons, Raketen oder Satelliten. Wieder einmal ein blaues Auge für die Ufologen… oder auch ein empörender Versuch, eine Wahrheit von außerirdischen Proportionen zu vertuschen.

2 United States Air Force, »*Unidentified*«

Besitzt die US-Regierung einen geheimen Lagerplatz, etwas wie diesen Hangar, für Alienkörper?

Stringfields Untersuchungen

Einer der beharrlichsten Spürhunde, die versucht haben, die undurchdringlichen Tore von Hangar 18 aufzustoßen, ist Leonard Stringfield. Nachdem er während des Zweiten Weltkrieges im Schattenreich der Geheimdienste tätig gewesen war, gehörte er später zu den führenden Köpfen, die sich bemühten, die verschlungenen Geheimnisse von Hangar 18 zu lüften. Schon seit den frühen 1950er-Jahren befasste er sich mit den Ufo-Rätseln, doch erst in den späten 1970er-Jahren konzentrierte er all seine Forschungen auf den Hangar 18, und zwar durchaus erfolgreich bis zu seinem Tode Ende 1994.

Unter der Vielzahl von Berichten, die Stringfield erreichten, befand sich eine wahrhaft faszinierende Geschichte eines Ufo-Forschers namens Charles Wilhelm. Sie lautete so: 1959 wurde Wilhelm, damals ein junger Bursche, von einer älteren Dame aus Price Hill in Cincinnati angeheuert für verschiedenste Gartenarbeiten. Während ihrer Gespräche über alle möglichen Dinge kam auch manchmal die

Rede auf Ufos, und die beiden grübelten darüber nach, was geschähe, wenn eines Tages plötzlich eines offen vor allen Leuten landen würde. Als dann die Frau unheilbar an Krebs erkrankte und ihr Leben am seidenen Faden hing, beschloss sie, Wilhelm eine Geschichte anzuvertrauen, bei der ihm regelrecht der Atem stockte.

Während er gebannt lauschte, berichtete die Frau, sie habe Anfang der 1950er-Jahre bei der Luftwaffe auf Wright-Patterson gearbeitet. Dabei habe sie die offizielle Berechtigung für geheime Angelegenheiten erlangt, und eines Tages habe sie dann auf dem Stützpunkt zwei Fliegende Untertassen gesehen, die sich in einer geheimen Flugzeughalle befanden. Eine davon, so erinnerte sie sich, war in gutem Zustand, während die zweite klare Zeichen eines ernsten Unfalls oder gar eines Absturzes aufwies. Wilhelms Informantin erzählte ihm in gefassten Worten weiterhin, dass es außerdem die sterblichen Überreste zweier nichtmenschlicher Wesen auf der Basis gäbe. Sie hatte sogar die Gelegenheit, die Autopsieberichte der Toten einzusehen, berichtete Wilhelm dem vollkommen aufgeregten Stringfield. Die letzten Worte der Frau zu dieser Angelegenheit erklärten knapp und präzise ihre tapfere Entscheidung, Wilhelm ins Vertrauen zu ziehen: »Uncle Sam kann mir nichts mehr anhaben, sobald ich im Grab liege.« Recht so, Lady.

Wenn Wright-Patterson tatsächlich die Heimat solcher erstaunlichen Beweise für Aliens ist, fragt man sich natürlich: Woher stammen sie, und von wann? Manche meinen, die Antwort läge bei dem ufologischen Großvater aller Großväter: Roswell, Neu Mexiko, Sommer 1947.[3]

Roswell

In der ersten Woche des Juli 1947 stürzte etwas sehr Seltsames auf das Weideland in einem abgelegenen Teil von Lincoln County in New Mexico … ungefähr anderthalb Stunden Autofahrt von dem Städt-

3 *Stringfield, Situation Red.*

chen Roswell entfernt. Dieses Ereignis versetzte das Militär in hellste Aufregung. Der Zwischenfall hat seitdem die kollektive Phantasie der Allgemeinheit sowie der Medien befruchtet und wurde zum Thema für mehr als 20 Bücher; außerdem starteten sowohl der Rechnungshof sowie eine grollende US-Luftwaffe Untersuchungen. Letzten Endes hat dieser Zwischenfall Roswell und seine Einwohner fett auf die Landkarte geschrieben und zu einem regelmäßigen Ansturm von Touristen geführt, die sich begierig alles möglicherweise Außerirdische aneignen wollen.

Der unstreitig seltsame Zwischenfall löste eine ganze Lawine von Erklärungen bei denjenigen aus, die fieberhaft versucht hatten, die Sache schlüssig zu lösen, die letztendlich aber dennoch keine wirkliche und überzeugende Lösung boten. Hier ein paar Beispiele:

- Ein Wetterballon,
- ein schwerfälliges Gebilde mehrerer Ballons zusammengekoppelt, um heimlich die ersten sowjetischen Atombombenversuche auszuspionieren,
- ein Ballonexperiment mit menschlichen Versuchskaninchen, um die Auswirkungen der oberen Atmosphäre auf sie zu testen, und
- der Absturz einer von den Deutschen erbeuteten Rakete mit einem kleinen Affen an Bord.

Zweifellos besteht eine der möglichen Erklärungen darin – und zwar überzeugender als alle anderen –, dass ein Raumfahrzeug einer anderen Welt in die Wildnis von Lincoln County gestürzt sei, wobei die uns fremde Besatzung ums Leben kam und wie rein zufällig das amerikanische Militär daran erinnerte, dass wir nicht gänzlich allein im All sind. Viele der zugänglichen Unterlagen und die Zeugenaussagen legen es eindeutig nahe anzunehmen, dass die Wrackteile von Roswell und die Toten (worum auch immer es sich bei ihnen gehandelt haben mag) heimlich nach Wright-Patterson in Ohio überführt worden waren.

Norman Richards, der in der *25. Tropic Lightning Division* der US-Armee diente, konnte seine eigene Roswell-Story erzählen. Im Sommer 1950 wurden er und etliche Kameraden zur *Lowry Air Force Base* in Colorado geflogen, wo sie anderthalb Monate lang ausgebildet wurden. Eines Tages unterrichtete ein Oberst, der zufällig auf Wright-Patterson stationiert war, Richards Gruppe über neue und experimentelle Flugzeuge. Im Laufe der Unterrichtsstunde kam plötzlich der Streit bezüglich der Ufo-Geschichte auf. Einer der Anwesenden verlangte zu erfahren, ob es Ufos gibt oder nicht. Richards erinnerte sich lebendig daran, dass der Oberst plötzlich sehr aufgeregt wurde und der Gruppe riet, sie sollten lieber daran glauben. Körper von Aliens sowie Überreste eines ihrer Schiffe, meinte der bemerkenswert redselige Oberst, seien gefunden und heimlich gesichert worden. Der Oberst, sagte Richards, erzählte dann den Soldaten, das geborgene Material werde an einem sicheren Ort auf Wright-Patterson untersucht, nachdem es insgeheim von Roswell dorthin transportiert worden war.

Der inzwischen verstorbene Brigadegeneral Arthur E. Exon, der früher Kommandierender Offizier auf Wright-Patterson war, bestätigte, dass Körper von Aliens und die Trümmer ihres Fahrzeugs insgeheim im Sommer 1947 zu der Basis transportiert worden waren, nachdem sie in Lincoln County, New Mexico, geborgen worden waren. Wenn jemand die Wahrheit weiß, dann doch sicherlich der Kommandierende Offizier einer Militärbasis. Oder?

Wright-Patterson

Als Stringfields Untersuchungen zu den abgestürzten Ufos und Hangar 18 weitergingen, sammelte er weitere Aussagen von Zeugen, die Angaben machten zu einem geheimen, abgeschirmten Hangar oder Gewölbe irgendwo auf der Wright-Patterson-Basis, wo man die wertvollen außerirdischen Beweise sehen könnte… wüsste man nur, *wo* danach zu suchen sei. Eine dieser Quellen war ein pensionierter Major, der Stringfield unter der Bedingung, dass seine wahre Identität niemals preisgegeben würde, mitteilte, er habe 1952 an einer als streng vertraulich klassifizierten Besprechung auf Wright-Patterson zum Thema Ufos teilgenommen. Danach sei ihm Zugang gewährt worden zu einer verborgenen unterirdischen Kammer auf der Basis, wo einige extraterrestrische Leichen in einer Kühlkammer gelegen hätten. Die Körper, so flüsterte der Unbekannte Stringfield zu, wirkten grau, seien ungefähr vier Fuß hoch und besäßen große Köpfe.

Es gab dann eine noch erstaunlichere (manche mögen sagen: empörendere) Geschichte. Und wenn Stringfield nicht das Opfer eines bizarren und bösen Streiches geworden war oder wenn man nicht eine sorgsam eingefädelte Intrige gegen ihn gesponnen hatte, um seine Glaubwürdigkeit und die seiner immer größer werdenden Daten-

Die Wright-Patterson Air Force Base in Ohio, der Ort des sagenhaften Hangars 18

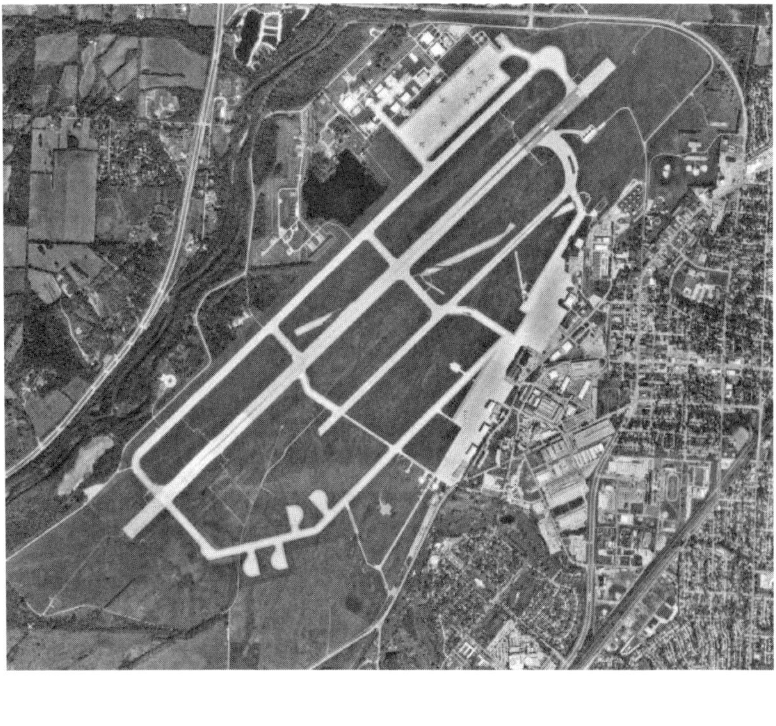

sammlung zu beschädigen, dann führt die Geschichte der Saga von Hangar 18 zu einem vollständig neuen Niveau der kosmischen Diskussionen. Sollte die Geschichte stimmen, so werden auf Wright-Patterson nicht nur einfach *tote* Aliens gelagert, sondern es schlurfen oder rennen auch *lebende* dort herum!

An einem Wochenende 1965 beschloss Stringfields Informant, bekannt lediglich als »R. M.«, das Nationalmuseum der US-Luftwaffe auf der Basis Wright-Patterson aufzusuchen. Während seine Frau damit beschäftigt war, eine erbeutete deutsche V-2-Rakete zu begutachten, streifte R. M. ziellos ein wenig umher. Plötzlich war er in der Menge der Gänge ziemlich verloren, aber er stand unvermittelt einem riesigen Tor gegenüber, auf dem zwei große, geheimnisvolle Wörter standen: »Zutritt verboten«. Vor einem solchen Schild stehend, vermute ich, würden wahrscheinlich die wenigsten von uns der Versuchung wiederstehen können, zumindest einen kurzen Blick *hinter* die Tore zu werfen.

Tatsächlich hielt das Schild R. M. nicht im Geringsten zurück, und er drückte vorsichtig die Tore auf. Auf der anderen Seite gab es einen Raum, in ihm befand sich ein kleines Geschöpf mit großen Augen und dicken Augenbrauen (definitiv anders als jegliche irdische Lebensform). Auf eine sehr komische Art und Weise schlurfte es auf R. M. zu und wies mit einem seiner Finger auf ihn. Es ist keine Überraschung, dass R. M., geradezu starr vor Entsetzen und Überraschung, lediglich auf dieses fremde Geschöpf starren konnte. Plötzlich schrillten auf dem gesamten Gelände die Alarmglocken, und R. M. stürzte kopfüber aus dem Raum … aus Angst, dass er gleich von gereizten, zigarrenqualmenden Generälen zu Hackfleisch verarbeitet werden könnte. Schließlich erreichte er noch immer zittrig seine Frau, während die Militärpolizei schon dabei war, alle Personen aus dem Gebäude zu drängen. Der Alien, der R. M. sozusagen den Finger ausgestreckt hatte, war offensichtlich zu dem Beschluss gekommen, ihm nicht zu folgen, und wurde nicht wieder gesehen.

R. M. erzählte Stringfield, seiner Meinung nach sei der Alarm dadurch ausgelöst worden, dass sich der wahrscheinliche Alien auf der Basis aus seinem Gefängnis befreit hatte und nun herumirrte, zweifellos in der Absicht, etwas wiedergutzumachen. Bemerkenswerterweise erfuhr R.M. später von einem pensionierten Air-Force-Oberst, dass auf der Wright-Patterson-Basis in den 1960er-Jahren *zwei* lebende außerirdische Geschöpfe festgehalten wurden. Den Wissenschaftlern des Militärs sei es vermutlich gelungen, eine geeignete Atmosphäre zu erzeugen, in der man das interplanetarische Paar ohne Schaden zu nehmen am Leben erhalten konnte.

Obwohl Stringfield zugab, R. M.s Geschichte sei eine unbestreitbar phantastische Sache, ergänzte er sie noch mit der Bemerkung: »Der Wright-Patterson-Komplex ist riesig, und ebenso sind seine unterirdischen Anlagen. Es ist vorstellbar, falls dort tatsächlich lebende Aliens vorhanden sind, dass einer davon möglicherweise an den Wärtern vorbeigekommen ist, hinein in einen der Durchgänge, um dann in einer der oberen Räume des Museums aufzutauchen.«[4] Das ist ohne Zweifel eine richtig verrückte Geschichte, doch für Stringfield gab es das einfach nicht, dass etwas wirklich zu viel war, wenn es Hangar 18 betraf. Und so beschloss er auch heimlich still und leise, die Geschichte nicht einfach in seinem kleinen, grauen Aktenordner abzuheften, sondern sie breit in die Öffentlichkeit zu tragen.

Und während aus den 1960er-Jahren die 1970er wurden, verbreiteten sich die Geschichten von Hangar 18 immer weiter und zogen stetig größere Kreise.

Heikle Aktivitäten

Victor Marchetti, ein ehemaliger »Executive Assistant« des Vizedirektors und »Special Assistant« des Geschäftsführenden Direktors der *CIA* erklärte in den späten 1970er-Jahren, Berichte über Ufos sei-

4 Stringfield, *»UFO Crash/Retrievals«*

en, während er bei der *CIA* tätig war, als streng geheime Unterlagen eingeordnet worden. Und noch bedeutender: Marchetti gab zu, von Zeit zu Zeit über hochrangige Quellen und Kollegen innerhalb der *CIA* in Berichte eingeweiht worden zu sein, die mit außerirdischen Körpern und mindestens einem abgestürzten Ufo zu tun hatte, und die auf der *Wright-Patterson Foreign Technology Division* gelagert worden seien. Marchettis Geschichte ist zwar deutlich weniger sensationell als jene von R. M., doch gewinnt sie durch sein Renommee und die gute Quellenlage zusätzliches Gewicht. Ebenso wie der Senator Barry Goldwater war Marchetti alles andere als ein Knalli mit einem Hut aus Silberpapier.

Hacking in Hangar 18

Am 27. Oktober 1992 widmete die *NBC*-Sendung *Dateline* einen Teil ihrer Nachrichten dem Thema des »Hackens« in IT-Systeme und fügte auch einige Q&As, also Fragen und Antworten mit Beteiligung von selbstbekennenden Hackern ein. Bei einem der Hacker, die bereitwillig über ihre Fähigkeiten berichteten, in die Computersysteme der Regierung und des Militärs eindringen zu können, schwenkte die *NBC*-Kamera über einen ganzen Stapel von Dokumentationen, die vermutlich von den Hackern aus dem Wright-Patterson-Netzwerk gewonnen worden waren. An einer Stelle stand zu lesen: »Wright-Patterson AFB/ Katalogisierte Ufo-Teileliste, eine Untergrundeinrichtung …«

Zur Enttäuschung der Zuschauer schwenkte die Kamera dann zur Seite, und der Rest des Dokumentes blieb unlesbar. Später jedoch wurde bekannt, dass zumindest ein Teil des Materials, das auf den Computern von Wright-Patterson gespeichert worden war und das der Hacker heruntergeladen hatte, einen Bezug zu streng geheimen Daten über die Obduktion von Aliens besaß. Richtig: Zur grenzenlosen Freude der Ufo-Jäger weltweit war Hangar 18 also nicht tot!

1993 brach die *NBC*-Sendung *Dateline* ihr Schweigen bezüglich dieser widersprüchlichen Angelegenheit, und Susan Adams, die genau diesen Beitrag des Programms produziert hatte, drückte ihre tiefe Verwunderung über die unglaublich heftige Reaktion aus, die die *NBC* durch die Ausstrahlung dieses Beitrages hervorgerufen hatte.

Stopp! Einen Augenblick! Schauen wir, ob wir alles richtig verstanden haben: *NBC*-Sendungen, nicht weniger als zur Hauptsendezeit, mit Material über geheime Ufo-Unterlagen und Daten über Obduktionen von Außerirdischen, unter vollständig illegalen Umständen erworben aus den nicht frei zugänglichen Computern von Wright-Patterson ... und Adams zeigt sich verwundert über die Reaktion? Was im Himmel hatten Adams und ihre Bosse erwartet? Das Produktionsteam hätte sich selbst unglaublich glücklich schätzen können, dass die sprichwörtlichen »schwarzen Männer« mit Ufo-Kenntnissen nicht zurückgekommen waren, um an die Türen von *NBC* zu trommeln oder darauf herum zu dreschen.

Adams berichtete weiter, der Hacker wolle anonym bleiben, zunächst einmal weil er das Material auf eigentlich illegalem Wege erworben hatte, indem er sich durch geheime amerikanische Regierungs- und Militärcomputer und elektronische Archive gewühlt hatte. Zum Teufel ja, er wollte anonym bleiben! Man mag sich gar nicht vorstellen, was mit ihm geschehen wäre, hätte das Sicherheitspersonal der Air Force den unbekannten Hacker in flagranti erwischt, gejagt und gefasst. Es wäre nicht gut ausgegangen für ihn, um es milde auszudrücken.

Was das wertvolle Material zum Thema Aliens angeht, behauptete Adams, so hätten Anwälte der *NBC* es vollkommen penibel überprüft und seien restlos überzeugt von der absoluten Rechtmäßigkeit des Erwerbs des Materials. Außerdem meinte sie, dass der Hacker zwar technisch ein Vergehen begangen hätte, es aber überhaupt keine Möglichkeit gäbe, seine Identität zu lüften. Überraschend für niemanden, der diese Geschichte verfolgt hatte, fügte Adams noch hinzu, obwohl sich der Hacker vollständig über das durch seine Enthüllungen geweckte Interesse an den Ufo-Daten bewusst sei, möchte er sich in keinerlei Weise irgendwie dazu äußern.

Matthew Bevan

Matthew Bevan ist ein eingestandener und einigermaßen stolzer Computerhacker aus Wales, Großbritannien, der als Teenager Mitte der 1990er-Jahre beschloss, sich in den gigantischen Computerkomplex von Wright-Patterson einzuhacken auf der Suche nach Daten über Hangar 18, abgestürzte Ufos und tote Aliens. Bevan, dessen Geschichte klingt, als wäre sie direkt aus dem Film *Wargames* von 1983 herausgewachsen, zeigte ein heftiges Interesse an Computern schon im Alter von elf Jahren, als ihm seine Eltern zu seinem Geburtstag einen ZX81 schenkten. Dieser würde natürlich heutzutage als Dinosaurier bezeichnet, und Bevan tauschte ihn später gegen einen Commodore Amiga 1200 ein ... mit dem er sich tatsächlich 1994 und 95 in die Systeme von Wright-Patterson einhacken konnte.

Wright-Patterson, so erklärte Bevan, sei ein außerordentlich einfaches Computersystem zum unbefugten Eindringen, und er genoss die Gelegenheit, sich in geheimen E-Mails zu tummeln sowie streng geheime Arbeitsunterlagen und vertrauliche Berichte über futuristische Flugzeuge zu lesen. Bevans Naivität als Teenager verführte ihn jedoch auch dazu zu glauben, er habe vollkommen unbeobachtet von den amerikanischen Behörden erfolgreich die Geheimnisse von Wright-Patterson ergründet. Also! Er hackt die Air Force, und die haben nicht einmal ein bisschen Wind davon bekommen? So traurig das für Bevan sein mag, aber *selbstverständlich* war die Sache bei der Luftwaffe ruchbar geworden. Allmählich wurden sie sogar richtiggehend wütend und wandten sich an die britischen Behörden.

Es dauerte nicht lange, und das kleine Genie wurde von *Scotland Yard's* Abteilung, zuständig für Computerkriminalität (CCU), festgenommen und beschuldigt, sich bei Wright-Patterson, der *NASA*, *Lockheed* und einigen anderen Firmen eingehackt zu haben, die zur US-Regierung gehörten oder enge Bindungen zu ihr unterhielten. »Deep shit« ist längst nicht ausreichend, um die Situation zu beschreiben, in der sich Bevan plötzlich wiederfand. Während er von

Beamten über seine Tätigkeiten ausgequetscht wurde, fragte ihn ein Kriminalbeamter namens Simon Janes von der CCU, was für ihn der Begriff Hangar 18 bedeute. Bevan, der diese ganze Geschichte offensichtlich für eine weitere aufregende Episode der Serie *The X-File* hielt, erwiderte enthusiastisch, die sei ein Lagerplatz für außerirdische Raumfahrzeuge und tote Aliens.

Während der gesamten Befragung kamen die sorgfältig ausgewählten Vertreter von *Scotland Yard* immer wieder zurück auf das Thema Hangar 18 und trommelten mit Fragen auf ihn ein wie diese: Hat er irgendetwas Ungewöhnliches auf den Computern von Wright-Patterson beobachtet? Welche Absichten hatte er bei seinen Besuchen? Die ganze Zeit erwiderte Bevan ziemlich nonchalant, er sei hart auf der Spur der US-Regierung und ihrer bestgehüteten Geheimnisse namens Ufos gewesen, und nichts weiter. Ein paar Monate später gab es eine Anhörung beim Amtsgericht in London; zu der Zeit befand sich Bevan gegen Zahlung einer Kaution auf freiem Fuße. Um die Sache für ihn allerdings noch komplizierter zu machen, behaupteten die amerikanischen Behörden nun, gewisse Sachen seien auf den Computern, in die er eingedrungen war, verändert worden, möglicherweise in böser Absicht. O Mann!

Die Frechheit zu besitzen, sich in die Computersysteme der amerikanischen Luftwaffe einzuschleichen auf der Suche nach außerirdischen Geheimnissen war eine Sache. Doch absichtlich ganze PC-Systeme zu verändern und dem Militär und der US-Regierung damit schwere Kopfschmerzen zu bereiten, das lag schon jenseits der Grenze. Uncle Sam verlangte umgehende Wiederherstellung der Gerechtigkeit. Bevans Anwalt trat sofort in Aktion und begehrte Einsicht in die Unterlagen, die belegen sollten, dass Bevan an den Systemen manipuliert hatte. Zur großen Überraschung lehnte das US-Militär prompt die Herausgabe jeglicher Beweise ab und insistierte, der Richter müsse einfach ihrer Aussage vertrauen. Dieser schien jedoch nicht überzeugt worden zu sein.

Während dieser Anhörung kam auch der US-Geheimdienstler namens Jim Hanson in den Zeugenstand; er erklärte, das Interesse der US-Regierung in der Bevan-Affäre zu vertreten. Bevans Verteidiger beharrte weiterhin auf Informationen, die die Behauptungen der amerikanischen Regierung untermauern könnten, jemand habe ihre IT-Systeme manipuliert oder verändert, doch Hanson gab keinen Zentimeter nach.

Während des weiteren Verlaufes der Anhörung fragte der Staatsanwalt Hanson, was die amerikanische Regierung für Bevans Motive bezüglich seiner Wühlarbeit in den IT-Systemen von Wright-Patterson hielte. Hier gestand Hanson ein, dass Bevans Handlungen zwar insgesamt illegal gewesen seien, dass aber niemand in den Behörden der Meinung sei, er habe mehr als Informationen über Ufos gesucht. Anders ausgedrückt hieß das, die Amerikaner hielten Bevan nicht für einen Geheimagenten auf der Gehaltsliste der Russen, der Chinesen oder Nordkoreaner … oder für irgendjemand, der seine Ufo-Untersuchungen als Deckmantel für weit schändlichere Schnüffeleien benutzen wollte.

Letztendlich erwies sich Bevan als ein sehr glücklicher junger Mann: Die US-Behörden weigerten sich weiterhin beharrlich, irgendwelche bedeutsamen Unterlagen bezüglich der Computerdaten preiszugeben, die er angeblich geöffnet und möglicherweise auch verändert hatte. Dies war vermutlich so, weil sie berechtigte Befürchtungen hegten, sie könnten damit sogar noch wesentlich unangenehmere Fragen in Bezug auf die ganze Kontroverse über Hangar 18 auslösen oder verstärken. Jedenfalls führte das Fehlen weiterer Unterlagen dazu, dass Bevan im November 1997 als freier Mann aus der Affäre hervorging.

Heute, wo er kein naiver Teenager mehr ist, liegen Bevans illegale Hackingattacken längst weit hinter ihm. Doch die amerikanischen Behörden haben gewiss noch lange nicht ihre gescheiterten Versuche verdaut, ihm eine Lektion zu erteilen, die er sicherlich niemals würde vergessen können. Und außerhalb des Protokolls: Die Behörden haben Bevan insgeheim klargemacht, dass er es sich ganz genau überlegen sollte, ob er jemals in die Vereinigten Staaten würde einreisen wollen. Unfälle können schließlich überall und jederzeit passieren, und das tun sie auch … vor allem dann, wenn es sich nicht um wirkliche Unfälle handelt.

Die Kunst der Kriegsgefangenen

Irena Scott ist eine Ufo-Forscherin mit einem besonderen Interesse an den heimlich auf der Wright-Patterson-Basis gehaltenen Körpern von Außerirdischen. Sie hat sich zu einem ganz anderen Aspekt der Diskussion geäußert. Könnte die Geschichte von Hangar 18 überhaupt noch weiter kompliziert werden? Ja, könnte sie. Scotts Geschichte ist eine faszinierende Ergänzung zu der, die uns zurück ins Zentrum des Zweiten Weltkrieges führt … aber absolut *nichts* zu tun hat mit Aliens. Von 1943 bis 1946 diente ein gewisser Teil der Basis als Kriegsgefangenenlager für mehrere Hundert deutsche Soldaten, die während der Kriegshandlungen in Nordafrika und Italien gefangen genommen worden waren.

Scott entdeckte, dass in der Messe der Gefangenen auf einer gewissen Strecke der Wand, ungefähr gute 20 Meter Fuß lang und fast sieben Meter hoch, die Soldaten ihre Zeit damit verbracht hatten, riesige Wandbilder zu malen, die mythologische Figuren aus der deutschen Volkskunde darstellten. Monströse und groteske Figuren, deren grüne Farbe, so meinte Scott, Gerüchten über die Überreste kleiner grüner Männer auf Wright-Patterson Vorschub geleistet haben könnten. Das eine wie das andere kann richtig sein, mögen manche sagen, aber es ist höchst unwahrscheinlich, diejenigen zufriedenzustellen, die in der ganzen Geschichte ein bisschen mehr sehen als ein paar künstlerische Fingerübungen von einigen gelangweilten Kriegsgefangenen vor 70 Jahren. Die merkwürdige Legende von Wright-Pattersons Hangar 18 und den dazugehörigen kleinen Männchen von den Sternen, so scheint es, wird ebenso weiterleben.

Kapitel 6

Londons Tunnel des Schreckens

Londons berühmte Untergrundbahn verbindet die Stadt und Greater London mit Teilen der umliegenden Grafschaften Essex, Hertfordshire und Buckinghamshire. Es handelt sich zugleich um das älteste Untergrundnahverkehrssystem dieser Art in der Welt. Die »Underground« wurde erstmals am 10. Januar 1863 in Betrieb genommen auf der Metropolitan Railway. Während die allgemein zugängliche Anlage natürlich keineswegs in irgendeiner Weise Geheimnisse enthält, so wurden doch etliche Sachen in der langen und buchstäblich verwunschenen Geschichte dieses dunklen Bauwerks insgeheim verborgen. Das ganze System ist also keineswegs vollkommen frei von irgendwelchen Geheimnissen der Behörden.

Auf dem Höhepunkt des Zweiten Weltkrieges, als die Nazis breit angelegte Bombardements auf London begannen, wurden die tiefen Tunnelsysteme der »Underground« als sichere Zufluchtsorte für die von Bomben bedrohten Einwohner der Stadt ausgewiesen. Zur gleichen Zeit wurde ein Teil der Hauptschlagader der Bahn heimlich in eine Flugzeugfabrik verwandelt, während die *Brompton Road Station* entscheidend umgebaut wurde zu einer Flugabwehrzentrale. Und zeitweilig benutzte niemand anderes als der damalige britische Premierminister Sir Winston Churchill die außer Betrieb befindliche Down Street Station als sicheren Bombenbunker, von dem aus man sorgfältig geplante Vergeltungsschläge gegen die breit ausschwärmenden Streitkräfte Adolf Hitlers plante. Heute besitzt die »Underground« von London nicht weniger als 268 Stationen und eine Länge von 250 Meilen. Damit ist sie das längste Untergrundverkehrssystem der ganzen Welt. Außerdem hatte bis zum Jahr 2007 mehr als eine Milliarde Passagiere das U-Bahn-System Londons seit seiner Einweihung 1863 benutzt.

Einige Leute meinen jedoch, die Londoner Untergrundbahn beherberge wesentlich mehr als bloß Züge, Gleise und unzählige Fahrgäste. Tief drin in diesem unterirdischen Irrgarten finsterer und alter Tunnels sollen fremde und schreckliche Sachen auf Lauer liegen. Und die britische Regierung, die nicht gerade die Kontrolle besitzt über diese düstere, unbeherrschbare Welt, die sich unterhalb der uralten historischen Altstadt erstreckt, scheint durchaus entschlossen, die Geheimnisse dieser erschreckenden Unterwelt von den Augen und Ohren der Allgemeinheit und der Medien zu verbergen.

Geschichten über geheimnisvolle Kreaturen, Geister und Monster in den düsteren Tiefen der Londoner »Underground« machen seit Jahren die Runde. In der Kunst wurde diese finstere Szenerie schon

In den düsteren Tunnels der Londoner U-Bahn lauert etwas Monströses …

1981 in dem Film *An American Werewolf in London* dargestellt, in dem sich der haarige Wolfsmensch des Titels über einen unglücklichen nächtlichen Reisenden hermacht. Und in dem Film *Reign of Fire*, ein Werk aus dem Jahr 2002 mit Matthew McConaughey und Christian Bale in den Hauptrollen, stiegen feuerspeiende Drachen aus den alten Tunnels und verwüsteten erst die britischen Inseln und schließlich den Rest des Planeten.

»Todeslinie«

Einige der älteren Geschichten über monströse Gestalten, welche die düsteren Wege unter der britischen Hauptstadt unsicher machen, flossen auch 1972 in einen Film ein mit dem Titel *Death Line*, und zwar mit Schauspielern, die geradezu bekannt sind für ihre Horrorfilme, wie Christopher Lee (*Dracula*) und Donald Pleasance (*Halloween*). Der sehr unterhaltsame Film erzählt die Geschichte, wie gegen Ende des 19. Jahrhunderts eine gerade am Russell Square gebaute Haltestelle in sich zusammenstürzt. Während des schrecklichen Unfalls werden leider einige irische Arbeiter verschüttet und dann für tot gehalten. Die zuständige Baufirma geht Bankrott, und niemand kann für die Kosten aufkommen, um die vermuteten Toten aus ihrem unterirdischen Verlies zu befreien.

Wie der Leser vielleicht schon geschlussfolgert haben mag, wurden die Arbeiter jedoch nicht wirklich durch Berge von Geröll und Schutt zu Tode gequetscht oder sind unter der Erde schlicht verhungert … Tatsächlich gelang es ihnen zu überleben, und sie fristeten ihr Dasein tief unter der Erde und vermehrten sich vielleicht sogar. Dann schließlich, 80 Jahre später, versuchten die letzten überlebenden Nachkommen – die tief im Herzen dieser Myriaden von Tunnels hausen – mit letzter verzweifelter Anstrengung an irgendeine zusätzliche Art von Nahrung auf dem Bahnsteig von Russel Square zu gelangen. »Nahrung« ist hier natürlich gleichzusetzen mit »Reisenden«. Und in der Werbekampagne, die den Streifen *Deathline* (oder *Raw Meat*, wie er in den Vereinigten Staaten genannt wurde), begleitete, hieß es: »Tief unter dem pulsierenden Leben Londons haust in den verseuchten Tunnels ein Stamm ehemaliger menschlicher Wesen … weder Mann noch Frau, waren sie nicht einmal Tiere … Sie waren das rohe Fleisch der menschlichen Rasse«.

Untergrundmorde

Tatsächlich ist sich nicht jedermann so sicher, dass die Berichte von kannibalischen Untermenschen, die sich in den alten Tunnels der Londoner U-Bahn herumtreiben, nichts anderem als der bloßen Phantasie entspringen. Jedenfalls hat mindestens eine Person erklärt, wirklich *zu wissen*, dass solche Geschichten auf mehr als reiner Fiktion beruhen. Seine Story ist ebenso unfassbar, wie sie zugleich mit ihrer Krankhaftigkeit fasziniert. Vor seinem Tod 2007 hatte Frank Wiley, früher angestellt bei der britischen Polizei, eine verblüffende Geschichte zu erzählen über seine Investigationen bezüglich einer ganzen Serie von unheimlichen Tötungsdelikten in der Londoner »Underground«, stets begangen zu nächtlicher Stunde während einer präzise definierten Zeitspanne über die Jahre von 1967 bis 1969. Die Morde, so Wiley, ereigneten sich auf mindestens drei U-Bahnstationen und wurden von der Polizei rasch vertuscht, indem man sie als übliche Raubüberfälle des Nachts abtat.

Ganz im Gegenteil, behauptete Wiley, seien die »Raubüberfälle« alles andere als das gewesen. Da habe es wesentlich schrecklichere Aspekte gegeben. Wie er sich erinnerte, gab es zu der Zeit, als er der Untersuchungskommission zugeordnet war, insgesamt sieben Todesfälle. Dabei sei die Vorgehensweise des Täters stets vollkommen identisch gewesen: Die Körper der Opfer – einige von ihnen Pendler, die anderen Tippelbrüder auf der Suche nach einem Schlafplatz während der Kälte der Nacht – wurden alle etwa gegen 22 Uhr entdeckt, und zwar einigermaßen tief in den Tunnels. Arme und/oder Beine waren gewaltsam entfernt worden … möglicherweise *abgefressen*. Die Mägen waren aufgerissen, Innereien herausgezogen und die Kehlen brutal aufgeschlitzt worden. Es war klar, dass ein Menschenfresser – oder noch schlimmer, eine ganze Gruppe von Menschenfressern – sich offenbar in einer der dunkelsten Ecken Londons und seiner Unterwelt nach Sonnenuntergang herumtrieb. Er oder sie hatte oder hatten offensichtlich nur ein Ziel: sich neues und frisches Fleisch zu suchen, um ihre ewig hungrigen Bäuche zu füllen.

Könnte man es für möglich halten, dass diese grausamen Tötungen das Werk eines Tieres (oder mehrerer?) seien, etwa eines aus einem örtlichen Zoo oder einer privaten Menagerie entsprungenen, das nun tief unter der britischen Hauptstadt herumirrte und dort sein Unwesen trieb? Oder könnten diese Toten die Überreste von verzweifelten, lebensmüden Personen sein, die sich vor die heranstürmenden Züge geworfen hatten, sodass ihre Überreste durch den Aufprall gewaltsam weit in die Tunnel hineingeschleudert wurden und schließlich von den stählernen Rädern der dahinstürmenden Züge zerfetzt worden waren? Wiley war fest davon überzeugt, dass diese Szenarios *nicht* der vollen Wahrheit entsprachen.

Dann gab es noch einen weiteren guten Grund, weshalb die Todesfälle nicht wilden Raubtieren zugeschrieben oder als Selbstmorde abgetan werden konnten: die Beobachtung einer schrecklichen Gestalt, die 1968 von zwei Arbeitern entdeckt wurde während ihrer Reparaturarbeiten auf einer besonderen Strecke der Trasse der Bakerloo Line (ein 14 Meilen langer Abschnitt der Londoner U-Bahn, der 1906 erbaut worden war). Die grauenvolle Gestalt war nach Wileys Aussagen ein bärtiger Mann mit wildem Haarschopf, eingepackt in zerrissenen und dreckigen Kleidungsstücken. Als einer der Arbeiter die unheimliche Figur mit einer großen Ratsche herausforderte, kam der Mann auf eine seltsame, wankende und stolpernde Art auf sie zu. Zum Entsetzen der beiden streckte er ihnen die Arme entgegen und entblößte einen Mund voller verfaulter Zähne, wobei er tiefe, gutturale Knurrlaute ausstieß. Diese befremdliche Gestalt duckte sich dann ein paar Schritte rückwärts, drehte sich um und rannte tief hinein in den Tunnel, bis sie schließlich und für immer verschwunden war. Es ist überhaupt nicht überraschend, dass die Arbeiter nicht die geringste Lust verspürten, ihr hinterherzulaufen, sondern stattdessen zur nächsten Bahnstation flüchteten und die Polizei benachrichtigten. Die völlig verstörten Männer wurden sogleich intensiv befragt. Wiley fügte später noch hinzu, dass während dessen den mit diesem Fall betrauten Ermittlern gewisse heimliche Anordnungen zugespielt worden waren – offenbar vom britischen Innenministerium, das sich natürlich auch um viele Fälle bezüglich der nationalen Sicherheit zu kümmern hat –, man solle alles abwickeln, damit die Angelegenheit rasch und ohne Aufsehen abgeschlossen würde, und das möglichst sofort.

Wiley beharrte darauf, über eine geheime Verbindung zu Mitarbeitern des Innenministeriums sei bekannt geworden, dass es unbestätigte Gerüchte gäbe bezüglich viel tieferer, uralter und sehr primitiv gebauter Tunnel, die angeblich schon vor Jahrhunderten gegraben worden waren… lange, lange vor der Erfindung von Zügen und Bahnen, und erst recht tief unter der U-Bahn. Es gab sogar Spekulationen, sie könnten schon zur Zeit der römischen Invasion Englands gegraben worden sein, die 43 n. Chr. begann. Wer genau diese älteren Tunnel errichtet hatte und wer aus ihnen in den 1960er-Jahren hervorgekommen sein mochte, um im U-Bahn-System Londons sein Unwesen zu treiben, wurde Wiley und seinem kleinen Team nie offenbart. Er selbst meinte: »Vermutlich wusste es sowieso niemand. Nur dass jemand wie der von den Arbeitern beobachtete Typ von irgendwoher auftauchte, tötete, Teile der Körper nahm… und schon waren alle wieder verschwunden.«[1] Wiley fügte noch hinzu: »All das wurde unter den Teppich gekehrt, weil das Innenministerium es so wollte. Und als der letzte Mord, an dem ich dran war, er geschah 1969, hörte ich danach fast nichts mehr darüber… nur Gerüchte, es könnte in den 1970ern und später noch mehr gegeben haben. Ich weiß es einfach nicht.«[2]

1 Redfern, Interview mit Frank Wiley
2 ebd.

Wileys letzte Worte zu dieser grauslichen Geschichte 2004 waren: »Es gibt noch mehr zu sagen zu dem Film [*Death Line*], als die Menschen wissen. Schon damals habe ich gedacht, und denke das noch immer, dass jemand den Film gedreht hat, der die Geschichte gehört hat … [und] von den Toten, die wir untersucht haben. Es musste so sein: Der Film war viel zu nahe an der Wirklichkeit. Und ich meine auch, dass wir überhaupt nicht wussten, was in den Tunnels vor sich geht, und dass jemand irgendwo da oben in der Regierung Bescheid wusste. Vielleicht geht das alles noch immer so weiter. Vielleicht sollte man einmal darüber nachdenken.«[3]

Es wäre tatsächlich wert, darüber nachzudenken. Ein sehr ernüchternder, gleichzeitig aber beunruhigender Gedanke.

Ein gefährlicher Patient

Vielleicht ist für die sensationelle Geschichte von Frank Wiley die ebenso seltsame Story von Jonathan Downes von Bedeutung, dem Direktor des britischen *Center for Fortean Zoology*, das sich der Untersuchung mysteriöser Lebewesen wie Bigfoot, dem Grässlichen Schneemenschen, der Chupacabra und dem Monster von Loch Ness widmete. Zwischen 1982 und 1985 arbeitete Downes als Krankenpfleger im *Royal Counties Hospital* nahe der englischen Stadt Exeter in Devonshire. Während seiner Anstellung in dem Krankenhaus hörte er mehrere Erzählungen darüber, wie in den 1940er-Jahren sich zu mehr als einer Gelegenheit höchst aufregende Dinge in diesem Krankenhaus zugetragen haben sollen, die möglicherweise in einem direkten Bezug standen zu den Berichten über die befremdlichen Geschehnisse tief unterhalb der Londoner U-Bahn.

Einem gewissen Doktor zufolge, den Downes in den frühen 1980er-Jahren befragen konnte, begannen diese Ereignisse und Erscheinungen mit einer Serie von nächtlichen Telefonanrufen im Krankenhaus durch den Vertreter der Krone, dem Graf von Devon,

3 ebd.

sowie Polizeibeamten von Devonshire. Sie alle wollten den leitenden Angestellten des Krankenhauses vertraulich mitteilen, dass in der nächsten Stunde ein außerordentlich gefährlicher Patient eingeliefert werden würde, der eine besondere Behandlung in einem isolierten und abgeschlossenen Bereich erhalten müsse. Der Doktor erzählte Downes, etwa 45 Minuten später würde ein Polizeifahrzeug am *Starcross Hospital* eintreffen, mit kreischenden Reifen an einem Seiteneingang stoppen, während mehrere Polizeibeamte aus der Hecktür herausspringen und einen, wie der Doktor das beschrieben hatte, dreckverschmierten und über und über behaarten Höhlenmenschen festzuhalten versuchten.

Das menschliche Ungeheuer sah angeblich jung aus, vielleicht in den frühen Zwanzigern, etwa sechs Fuß groß, vollständig nackt, es besaß dicke Augenbrauen, eine breite Nase, sehr muskulöse Arme und Beine. Drei Tage lang wurde das Geschöpf sicher im Krankenhaus verwahrt, so berichtete man Downes, ehe es zu einer unbekannten Örtlichkeit der Regierung gebracht wurde, und zwar irgendwo in den unbekannten Verzweigungen und geheimen Orten der Londoner »Underground«. Sein Schicksal ist bis heute unbekannt. Es sei denn, dass er aus den unterirdischen Verliesen ausbrechen und ungezähmt in dem riesigen Gewirr der Tunnels Unterschlupf finden konnte… um sich von gewissen unglücklichen Seelen zu ernähren, die in der Londoner »Underground« des Nachts unterwegs waren und vielleicht durch einen tragischen Zufall zur falschen Stunde am falschen Bahnsteig warteten. Vielleicht war einer von Frank Wileys Kannibalen tatsächlich Jonathan Downes wilder Mensch.

Gespenstischer Angriff

Auf eine gewisse Art und Weise weist diese Geschichte unheimliche Parallelen zu der eines Mannes namens Colin Campbell auf, der steif und fest behauptete, während er in der Londoner U-Bahn in den 1960er-Jahren nach Hause unterwegs gewesen sei, eine alptraumartige Begegnung mit einem sehr ähnlichen Ungeheuer erlebt zu haben.

Campbell zufolge war es bereits spät in der Nacht, und er war weit und breit der einzige Mensch, der auf dem Bahnsteig der regulären Station der Northern Line ausstieg. Während sich der Zug von dem ungewöhnlich verlassenen Bahnsteig entfernte und Campbell sich auf den Weg zum Ausgang machte, habe er plötzlich hinter sich ein schreckliches Knurren gehört. Er wirbelte herum und war entsetzt zu sehen, wie ein großes, haariges, affenartiges Tier schwerfällig über den Bahnsteig in Richtung der Gleise schlurfte.

Besonders fremd an diesem Wesen war jedoch, dass es vollkommen gespenstisch wirkte, statt aus Fleisch und Blut. Tatsächlich erschienen drei Viertel des Körpers oberhalb des Bahnsteigs, während die Beine seltsam durchsichtig wirkten und *durch den Bahnsteig* zu scheinen schienen. Campbell behauptete weiterhin, während er vollständig entsetzt wie eine Salzsäule dagestanden hätte, unfähig sich zu bewegen, sei das Biest weiter durch die Mauer direkt auf die Bahngleise und dann geradewegs durch die Wand direkt hinter dem Tunnel marschiert. War dies vielleicht die gespenstische Form des behaarten wilden Mannes vom *Starcross Hospital*, oder handelte es sich um die spektrale Version einer weiteren solchen Kreatur, die auf ähnliche Weise vor Jahren entdeckt worden war? Heute, nach vielen Jahrzehnten, werden wir dies wahrscheinlich niemals mehr enträtseln können. Aber die Sichtungen von unheimlichen Kreaturen in der Londoner »Underground« beschränken sich nicht ausschließlich auf herumwütende Zwitter von Mensch und Ungeheuer.

Riesenkatzen

Vierzig Jahre lang oder länger wimmelte es nur so von Geschichten – die mittlerweile einen beinahe schon lächerlichen, krankhaften Grad erreicht haben – über Sichtungen sogenannter Riesenkatzen, die praktisch frei über die gesamten ländlichen Regionen der Britischen Inseln herumstreunen. Worum es sich dabei genau handelt, woher sie stammen könnten und warum es niemandem gelungen ist, jemals eines dieser Biester erfolgreich einzufangen oder zu töten, ist

Gegenstand zahlloser hitziger Streitgespräche und Debatten. Doch schon ehe die heutige Kontroverse ihren Anfang nahm, könnten diese scheuen Geschöpfe durchaus den Untergrund Londons zur Heimat gehabt haben.

Eine der Zeuginnen hieß Maureen Abbott, eine Frau in den späten Zwanzigern. Ihre Beobachtung beschrieb sie als einen großen, schwarzen Panther, der die Schienen entlangspurtete, während sie an einem späten Winterabend 1954 oder 1955 auf einen Zug der Bakerloo-Line wartete. Das Tier sei extrem schnell gewesen, und als es an ihr vorbeilief, schaute es kurz zu ihr herüber mit einem beunruhigend drohenden Blick, um dann in der Dunkelheit der Tunnel zu verschwinden. Obwohl Abbott das Tier nicht wieder gesehen hat, konnte sie niemals ihr kurzes und erschreckendes Zusammentreffen mit dem Unbekannten tief unter der City von London vergessen.

Zwei Tage später wurde Abbott zu Hause von einem Regierungsbeamten aufgesucht, der ihr während einer Tasse Tee sehr entspannt den Ratschlag gab, bei keinem Menschen über ihr Erlebnis ein Wort zu verlieren. Dieser Aspekt von Abbotts Geschichte beschwört natürlich sofort das Bild der »Men in Black« herauf. Sollte das stimmen, so liegt es damit nahe, Teile der britischen Regierung würden gern die Tatsache herunterspielen, dass wilde Biester frei in den alten Tunnels unter Londons Herz herumtoben.

Station Britisches Museum

Die echten, physischen Kreaturen einmal beiseite gelassen, so gibt es auch Begegnungen mit nicht-stofflichen Geschöpfen in der Londoner Unterwelt … und zwar schon seit Jahrzehnten, zu unzähligen Gelegenheiten und in vielen Tunnels. Auch bei diesen Fällen gab es wieder Versuche der verschiedenen Ämter, die Zeugen zur Verschwiegenheit zu verdonnern.

Viele Jahre vor der Schließung der Station am Britischen Museum am 25. September 1933 machte ein Gerücht die Runde, der Geist eines altertümlichen Ägypters hätte die Station heimgesucht. Bekleidet mit Lendenschurz und Kopfschmuck steige diese Figur spät in der Nacht in das Labyrinth der alten Tunnel. Die Zahl der Gerüchte schwoll derart an, dass eine Londoner Zeitung sogar einen beträchtlichen Geldbetrag für denjenigen auslobte, der den Mut besaß, an diesem Ort die Nacht zu verbringen. Es war ein wenig überraschend, dass nicht eine einzige einsame Seele die großzügige Herausforderung der Zeitung aufgegriffen hat.

Doch nach der Schließung der Haltestelle gewann die Geschichte noch einen wesentlich anderen Gesichtspunkt hinzu. Der »Comedy-Thriller« *Bulldog Jack*, der 1935 in die Kinos kam, enthielt eine Passage über einen geheimen Tunnel, der von der Haltestelle *British Museum* direkt zur Ägyptischen Abteilung des *British Museum* führte. Die Bahnstation im Film ist eine vollständig erfundene namens Bloomsbury, doch das Szenario dargestellt im Film beruhte auf der Legende des Gespenstes der »British Museum Station«.

Merkwürdig genug: Genau in jener Nacht, als der Film in den britischen Kinos Premiere hatte, verschwanden zwei Frauen vom Bahnsteig von Holborn, die Station direkt hinter der des Britischen Museums auf derselben Linie. Seltsame Zeichen wurden später an den Wänden der geschlossenen Station »British Museum« entdeckt, und es gab weitere Berichte von Leuten, die den Geist bemerkt haben wollten, ebenso wie fremdartige, stöhnend klingende Geräusche, die aus den Wänden der Tunnels zu kommen schienen. Es ist überhaupt nicht überraschend, dass schon bald Gerüchte die Runde machten, die Polizei habe ein düsteres und schreckliches Geheimnis bezüglich eines paranormalen Killers auf den Gleisen aufgedeckt, was jedoch vor der Öffentlichkeit, koste es, was es wolle, verborgen bleiben müsse. Mit anderen Worten: Hier handelte es sich um einen befremdlichen, jedoch unheimlichen Vorgänger von Frank Wileys Erinnerungen aus dem Jahr 1960.

Für eine ziemlich lange Zeit waren die Vertreter der Londoner U-Bahn-Gesellschaft gezwungen, die Geschichte zu leugnen, und es gab immer wieder regelrechte Verneinungen der Existenz irgendeines geheimes Tunnels zwischen der Station »British Museum« und der Ägyptischen Abteilung des Museums. Wie dem auch sei, die Story lebte in Keith Lowes Roman aus dem Jahre 2001 *Tunnel Vision* wieder auf. Darin erklärt eine der Hauptfiguren, während er seine Freundin zugleich beeindrucken und auch erschrecken möchte: »Wenn Du genau hinhörst, während Du auf dem Plafond von Holborn stehst, kannst Du manchmal – nur manchmal! – das Heulen ägyptischer Stimmen hören, wie sie durch den Tunnel auf Dich zu treiben.«[4]

Die Station Britisches Museum ist angeblich auch die Heimat einer gespenstischen Figur, die bekleidet mit einem langen Mantel, spitzem Hut und Handschuhen die Tunnel unsicher macht. Vermutlich stammt der Geist von einem gewissen William Terriss, einem Schauspieler, der im Dezember 1897 in der Nähe des Adelphi-Theaters erstochen worden war.

Bank Station

Und außerdem gibt es auch noch das Gespenst von Bank Station. Während der Baumaßnahmen dieser Haltestelle, so sagt man, hätten die Arbeiter den Geist einer Frau namens Sarah auferweckt. Sie ist besser bekannt als die »Schwarze Nonne«, deren Bruder Philip angeblich ein Bankangestellter war, der wegen Fälschungen hingerichtet worden war. Seine Arbeitsstelle soll dicht neben der Bahnstation gelegen haben. Der Legende zufolge schweift Sarahs Geist noch immer über die Bahnsteige und Tunnel auf der Suche nach ihrem längst verblichenen Bruder.

4 Lowe, »*Tunnel Vision*«

Ufo-Lager

Ufos spielen ebenfalls eine Rolle in der umstrittenen Geschichte der Londoner Untergrundbahn. Tatsächlich deuten die vielen Geschichten die Existenz von nicht weniger als einer echten Hangar-18-Einrichtung tief unter London an. Einer ganz beharrlichen Geschichte zufolge, die absolut nicht totzukriegen ist, fiel in den Jahren 1944/45 einer Abordnung der britischen 8. Armee ein teilweise noch intaktes Ufo und seine Mannschaft in der Heidemoorlandschaft an der englisch-schottischen Grenze in die Hände. Kluge und allgemein angesehene Quellen behaupten, Einzelheiten dieses Zwischenfalles hätten damals sehr schnell hochrangige Abteilungen des Militärs erreicht.

Um die Tatsachen richtig auswerten zu können, müssen wir ins Jahr 1955 zurückgehen und zu einer Zeitungsmeldung von damals, verfasst von einer amerikanischen Journalistin namens Dorothy Kilgallen (zufällig auch die letzte Journalistin, die Jack Ruby interviewen konnte, der Mann nämlich, der auf Lee Harvey Oswald in Dallas, Texas, im November 1963 geschossen und ihn getötet hatte): »Nach der Untersuchung des Wracks eines der mysteriösen fliegenden Schiffe sind britische Wissenschaftler und Piloten überzeugt, dass diese seltsamen Flugobjekte weder optische Illusionen noch sowjetische Erfindungen sind. Vielmehr handelt es sich offenbar um fliegende Untertassen, die von einem anderen Planeten stammen. Die Quelle meiner Informationen ist ein britischer Amtsträger im Kabinett, der es vorzieht, unbekannt zu bleiben. ›Auf der Basis unserer bisherigen Untersuchungen glauben wir, dass die Untertassen geflogen wurden von kleinen Personen – vielleicht weniger als vier Fuß groß. Es ist erschreckend, doch es lässt sich nicht leugnen, dass diese fliegenden Untertassen von einem anderen Planeten stammten.‹«[5]

Ein ähnlicher Bericht stammt von Stan Beech, dessen Vater in den späten Tagen des Zweiten Weltkrieges in einem Büro der *Royal Air Force* angestellt war. Beech zufolge war sein Vater 1944 bis 1945 mit

5 Kilgallen, »Flying Saucer«

der Auswertung von Luftaufnahmen der *Royal Air Force* beschäftigt, insbesondere solche von Nazi-Flughäfen, Munitionsdepots und Fabriken. Während einer besonderen Gelegenheit jedoch, während er gerade mit verantwortlichen Persönlichkeiten der Operation zu tun hatte, stieß er auf etliche Fotos, aufgenommen zu ebener Erde, auf denen der Absturz eines keilförmigen Objektes auf einen Hügel irgendwo im Norden Englands Anfang 1940 zu sehen war. Beech führte weiterhin aus, dass um dieses seltsame Gefährt herum mehrere Körper mit großen, kahlen Köpfen gelegen hätten, alle gekleidet in graue, einteilige Pilotenanzügen.

Wie Beech selbst eingestand, habe sein Vater niemals erfahren, woher das Objekt und seine seltsame Besatzung stammten. Ebenso wenig war ihm bekannt, ob *irgendwelche* Schlussfolgerungen gezogen worden waren von denjenigen, die schließlich sorgfältig alle Spuren untersucht hatten. Dem Vater von Beech wurde jedoch gesagt, die britischen Behörden seien über das Objekt sehr besorgt, und das gesamte Material – die Körper, das Fluggerät und alle Fotografien – würde noch immer in einem verschlossenen Raum irgendwo in den geheimen Gewölben der Londoner Untergrundbahn aufbewahrt.

Mit den Geschichten von haarigen, menschlichen Ungeheuern, toten Aliens und abgestürzten Ufos, animalischen Kannibalen, geheimnisvollen Riesenkatzen und einer verwirrenden Vielzahl von Gespenstern, die sich in den Tiefen des Londoner Untergrundes herumtreiben (und nicht zu vergessen natürlich die ganze Geheimhaltungssorge der Regierung bezüglich all dieser besonders problematischen Geschichten), können wir vollkommen folgerichtig die Frage stellen: Was treibt sich *noch* in den düsteren Kavernen unter der britischen Hauptstadt herum? Vielleicht werden diese geheimnisvollen Tunnel ebenso wie die Regierung, die sie so lange sorgsam beobachtet hat, irgendwann endlich ihre bizarren und erschreckenden Geheimnisse preisgeben!? Bis dahin jedoch gilt: Sollten Sie spät des Nachts einmal allein in der Londoner Underground unterwegs sein, so geben Sie Obacht. *Sie* könnten in alle ihren verschiedensten und grässlichsten Gestalt Sie bereits beobachten und nur auf den richtigen Augenblick warten, um zuzuschlagen und Beute zu machen …

Kapitel 7

Bunker des Weltuntergangs von 2012

Rückblick auf die ausgebliebene Katastrophe

Die meisten Menschen werden sich noch daran erinnern, wie während der tragischen Ereignisse vom 11. September 2001 der amerikanische Vizepräsident Richard »Dick« Cheney heimlich weggeschafft wurde zu einem, wie der berühmte Ausspruch lautete, »unbekannten Ort«. Seit diesem schicksalsreichen Tag haben die Medien weltweit gewaltige Anstrengungen in Bezug auf Zeit und Recherche unternommen, um den geheimen Ort zu entdecken, zu dem Cheney und sein Aufgebot geflüchtet waren. Mit Sicherheit gibt es keinen Mangel an möglichen Zufluchtsorten.

Während eines formellen Dinners im Gridiron Club in Washington D.C. im Mai 2009 beging der damalige Joe Biden, wenigstens in den Augen von Cheney, Dubya und Condoleezza einen absoluten Kardinalfehler, als er in Gegenwart all dieser Leute zugab, von der Existenz eines unterirdischen Bunkers unter dem alten Marine-Observatorium zu wissen, das heute die Residenz des Vizepräsidenten ist. Wie man sich erzählt, wurde Biden, nachdem er selbst zum Vize geworden war, von einem jungen Marineoffizier über das ganze Gelände geführt. Diese Tour schloss auch den geheimen unterirdischen Bereich ein, der von einer riesigen Stahltür gesichert wurde. Während Bidens Besichtigungstour erzählte ihm derselbe junge Offizier leise von dem geheimnisvollen Verschwinden von Cheney am 11. September, und genau aus dem Inneren dieser unterirdischen Anlage habe Cheneys Mitarbeiterstab die Untersuchungen bezüglich der in New York entstandenen Schäden geleitet.

Als diese besondere Geschichte aus Anlass von Bidens dummem Versprecher den Medien ruchbar wurde, hatten die Angestellten des Weißen Hauses, beziehungsweise die Sicherheitsfachleute nichts Eiligeres zu tun, als die Wahrhaftigkeit dieser Aussage zu bestreiten. Die Gehilfen des Präsidenten erklärten mit ernsten Minen (das heißt so viel wie, sie bellten das geradezu heraus), und zwar allen, die es wissen wollten, es handele sich um einen einzigen großen Fehler. Ehrlich, das war es! Worüber Biden *in Wahrheit* sprechen wollte, war keine geheime unterirdische Welt, sondern tatsächlich ein Raum oben im Gebäude, wo die regelmäßige und tägliche Arbeit des Vizepräsidenten routinemäßig erledigt wird. Die Story war eine *non-story*, und das war das letzte, was man aus dem Oval Office hörte. Aber nicht jedermann kaufte den Offiziellen diese Geschichte ab, die nur alles bemänteln sollte. Bedauerlicherweise für Biden und den neuen »Präsi«, der bereits genug Sorgen auf dem Tisch hatte, kaufte ihnen praktisch *niemand* diese Geschichte ab.

In den letzten Monaten des Jahres 2002 zum Beispiel wurden Einwohner in der Nähe des Observatoriums praktisch Tag und Nacht belästigt durch die unterirdischen Baumaßnahmen in ihrer unmittelbaren Nachbarschaft.

Denselben Einwohnern wurden pflichtgemäß vom Direktor der Gesamtanlage Briefe zugeschickt, in denen sie über die politisch sensitiven und geheimen Maßnahmen des Bauprojektes informiert wur-

Das US Naval Observatory. Berichten zufolge wurde Vizepräsident Cheney am 11. September heimlich hierher gebracht.

Das Haus des US-Vizepräsidenten

den. Nicht nur das. Die Vollendung des Projektes zum frühestmöglichen Zeitpunkt wurde allgemein als sowohl wichtig wie gleichzeitig als eine Angelegenheit der nationalen Sicherheit angesehen. Wenn man Menschen so etwas offen mitteilt, ist das fast schon eine Garantie dafür, dass die Gerüchte wie ein Buschfeuer über diese gepflegten weißen Gartenzäune springen … und genau so kam es. Es scheint so, als hätten die Leute genauer auf Bidens Worte hören sollen, statt auf die der Angestellten des Weißen Hauses. Allerdings war das *Naval Observatory* nicht der einzige Ort, der als möglicher Zufluchtsort für Cheney im Gespräch war.

Es wurde auch auf das Ausweichquartier des gemeinsamen Kommunikationszentrums in den Raven Rock Mountains von Pennsylvania verwiesen, das sich nur sieben Meilen entfernt von Camp David befindet, dem Erholungsort des Präsidenten in den Bergen. Die Einrichtung wurde in den frühen 1950er-Jahren errichtet; sie wird oft nur als »Raven Rock« und als »Site-R« bezeichnet, und sie soll wenigstens ein Minimum an Regierungstätigkeit erlauben im Falle eines nuklearen Angriffes auf die Hauptstadt der Nation. Ob allerdings Raven Rock selbst einen direkten Atomschlag überstehen würde ist unbekannt. Jedenfalls wird die Anlage als äußerst beeindruckend und futuristisch bezeichnet. Tief in den Berg hinein gebaut, kann sie sehr komfortabel mindestens 3000 Menschen für eine ziemlich lange Zeit Unterschlupf gewähren, da sie offensichtlich über erhebliche Vorräte an Lebensmitten, Frischwasser und sauberer Atemluft verfügt. Nicht schlecht, sofern man sich *innen* anstatt *außen* befindet, sobald ein gigantischer Pilz über dem Gelände aufblüht. Es wäre der perfekte Ort, an dem man Vizepräsident Cheney heimlich untergebracht haben könnte.

Am 25. Mai 2007 schrieb das »Federal Register« (das offizielle Mitteilungsblatt der Regierung) in einem Dokument des Verteidigungsministeriums zu dem Thema Raven Rock Mountains unter dem Titel »Vorgehensweise im Pentagon-Gebiet«: »Die Verwendung von Kameras oder anderen visuellen Aufnahmegeräten auf dem Pentagon-Gebiet ist untersagt … es ist verboten, irgendwelche Fotografien, Skizzen, Bilder, Zeichnungen, Karten oder grafische Darstellungen des Pentagon-Geländes anzufertigen ohne vorherige Erlaubnis des Pentagon-Sicherheitsdienstes, des Kommandeurs der Einrichtung oder des Chefs der Öffentlichkeitsabteilung beim Verteidigungsministerium.«[1]

In unbürokratischer Sprechweise bedeutete dies, solange du nicht irgendeinen verqueren, masochistischen Drang verspürst, den Zorn so ziemlich jeder Abteilung der Regierung auf dich zu lenken, um dir damit den Tag zu versauen, dann solltest du dich zum Teufel noch mal weiträumig von Raven Rock fern halten.

Phänomene 2012

Es gibt noch einen wesentlich beunruhigenderen Aspekt bezüglich der Existenz oder des noch immer weitergehenden Ausbaus unterirdischer Komplexe, die im nationalen Notfall Regierungsvertreter aufnehmen sollen.

1 Department of Defense, *»Conduct«*

Schon etliche Jahre vor 2012 machten Gerüchte die Runde, Regierungen auf der ganzen Welt seien heimlich dabei, riesige unterirdische Reiche zu errichten oder auf Vordermann zu bringen für die Unterbringung wichtiger Regierungsvertreter und gesellschaftlicher Elemente, die eine weltweite, quasi planetarische Erhebung fürchten, die am 21. 12. 2012 zu gewaltigen Verwüstungen hätte führen können … was den Behauptungen vieler Menschen zufolge vor Jahrhunderten bereits von den Maya vorausgesagt worden war. Klingt das zu bizarr, um wahr zu sein? Immerhin waren diese paranoiden Seelen fest von einer bald eintretenden Katastrophe überzeugt. Sehen wir uns einfach einmal an, was wir wissen, was wir zu wissen glauben und was *sie* uns vielleicht nicht berichten oder worauf sie uns vorbereiten wollen.

Vieles von dem, was gesagt wird, geschrieben steht oder worüber Vorträge gehalten werden … Selbst wenn es zum Phänomen 2012 gekommen wäre, so war das meiste davon glatter Unsinn, der die geheimsten Ängste und Befürchtungen leichtgläubiger und schlecht informierter Leute mit weit aufgerissenen Augen geradezu aufgewirbelt hat. Viele dieser Befürchtungen und Sorgen rührten aus tiefem Missverständnis darüber, was die Maya tatsächlich vor 2000 Jahren gesagt oder *nicht* gesagt haben. Und noch etwas kommt zweifellos hinzu. In unserer Zivilisation mit Tsunamis, Erdbeben, Terrorangriffen, den Konflikten im Nahen Osten, der Vogelgrippe, katastrophalen Ölverpestungen, dem Klimawandel und schmelzenden Eiskappen sehen viele Menschen *tatsächlich* den letzten Tag nahen.

Hollywood hat es auch nicht besser gemacht. Straßenfeger wie *Children of Men, 28 Days Later, I am Legend, Knowing, Dawn of the Dead* und natürlich *2012* bereiten viel Spaß beim Anschauen, doch sie haben solchen Themen wie »das Ende der Welt« endlos viel Publicity bereitet, und sie haben während des vergangenen Jahrzehnts ganze Berge von Stoff für depressive Gedanken geliefert. Alles in allem halfen diese Filme mit, den Glauben an eine Apokalypse so zu fördern, als lauere unser Ende bereits hinter der nächsten Ecke. Aber waren diese Befürchtungen motiviert?

Die Maya waren eine ziemlich seltsame Bande, das stimmt, und die Art und Weise, wie man festgelegt hat, etwas schrecklich Dramatisches – gut, böse oder irgendetwas dazwischen – könnte sich am 21. Dezember 2012 ereignen, ist äußerst kompliziert. Dies alles stammt von dem sogenannten langjährigen Mayakalender, der nahelegt, ein besonderer Erdzyklus würde am 21. Dezember 2012 enden, 5125 Jahre nach dem Beginn dieses Zyklus. Viele Menschen kamen deshalb zu der Annahme, etwas sehr Dramatisches müsse sich eben an diesem Tage ereignen. Doch eine sorgfältige und unvoreingenommene Untersuchung des Wissens der Maya legt bloß, dass in Wahrheit die Vermutung, die Welt würde buchstäblich einem schrecklichen Ende entgegengehen oder die Zivilisation würde aus den Fugen geraten, aus offenbar finsteren Quellen stammt, die nur sehr schwer auszuloten sind. Beispielsweise gibt es in den Legenden der Maya *nirgendwo* Behauptungen über einen zusammenstürzenden Himmel oder über Ozeane, die das Land überrollen oder darüber, dass der ganze Planet von gewaltigen Feuermassen heimgesucht wird. Anders gesagt: Das Ende eines Zyklus bedeutet keineswegs das Ende aller Dinge. Stattdessen liegt es an dem Wort *Zyklus* und der damit verbundenen potenziellen Emotion, dass die ganze Sache so offen für jede mögliche Interpretation ist.

Die Maya glaubten, das Leben auf der Erde bewege sich in gewissen Zyklen voran. Demzufolge würden wir heute im vierten Zyklus leben; die vorangegangenen waren vermutlich fehlgeschlagene Versuche der Götter, die perfekte Umgebung für unsere kleine Welt zu erschaffen. Doch was würde der nächste, der fünfte Zyklus bringen, der am 21. Dezember 2012 begonnen hat? Nun, das ist die große Frage, auf die wir alle gespannt blicken und für die wir eine Antwort erhoffen (zumindest einige von uns).

Für einige Anhänger der Theorie von der Zeitenwende 2012 bedeutet dieses Datum die Rückkehr von Nibiru – oder des Planeten X –, einer Welt, die angeblich Teil unseres eigenen Sonnensystems ist, deren Umlaufbahn um die Sonne jedoch so außerordentlich exzentrisch verläuft, dass sie uns nur nach jeweils sehr langer Zeit wieder nahekommt. Einige meinten, dies würde eben genau im Dezember 2012 geschehen. Und nun raten Sie, was sich ereignen sollte: Seine Umlaufbahn wird den Planeten so dicht an der Erde vorbeiführen, dass weltweit verheerende Unglücke beinahe unausweichlich sind. Einmal ganz abgesehen davon, dass ein solches Planetenungeheuer in unseren fortschrittlichen Teleskopen längst sichtbar gewesen wäre, wenn es auf dem Weg zur Erde wäre … und einmal ganz abgesehen davon, dass die ganze Nibiru-Hypothese vor 1995 vollkommen unbekannt war, weil erst damals eine Frau namens Nancy Lieder angeblich mit Aliens in einem entfernten Sonnensystem namens Zeta Reticuli in Verbindung trat und von ihnen von der Rückkehr Nibirus erfuhr, dessen gigantisches Gravitationsfeld unsere Welt durchschütteln und das Magnetfeld durcheinanderbringen würde, sodass unsägliches Chaos und Tod in unbeschreiblichen Ausmaßen über die Erde kämen. Mal außer Acht gelassen, dass Lieder ursprünglich behauptete, das Datum dieses Unheils sei 2003, nun, jetzt hieß es 2012, na ja.

Andere waren der Ansicht, das Ende würde eintreten durch:

- den mächtigen Zorn eines hypothetischen Gottes
- einen zerberstenden Kometen
- ein planetenverschlingendes Schwarzes Loch
- eine nukleare Konfrontation im Mittleren Osten, die sich im Handumdrehen zu einem weltweiten Atomkrieg ausdehnte
- ein unerbittliches und nicht behandelbares Virus
- feindliche Aliens

Es gibt auch die Ansicht, das Einzige, was sich jemals ändern könnte, wäre das Bewusstsein der menschlichen Rasse. In einem besonders positiven Szenario finden wir uns demnach auf dem Pfad zum weltweiten Frieden, zur Erleuchtung und einem erneuerten Respekt für unsere Welt und für uns alle. O ja, ich weiß, das klingt etwas langweilig und ist auch nicht der Stoff, aus dem millionenschwere Hollywood-Filme gemacht werden. Doch es wurde *tatsächlich* präsentiert als eine durchaus logische Option.

Andererseits sind wir alle auch ganz friedlich am 22. Dezember und den folgenden Tagen aufgewacht um festzustellen, dass sich nichts auch nur im Geringsten geändert hat. Und wir freuten uns auf die Weihnachtspäckchen, die wir zwei Tage später ohne Angst vor einem Armageddon würden öffnen dürfen. Schließlich gibt es keine einzige Prophezeiung in der Geschichte dieses Planeten, die sich jemals zu 100 Prozent als korrekt erwiesen hätte. Und bei all der Angst vor 2012 ging es keinen Deut anders aus. Das ist eine ziemlich vernünftige Erkenntnis. Aber leider hat die Aussage »nichts wird geschehen« keinen Jubel beim größten Teil der Medien, der Bevölkerung oder den Online-Spielern ausgelöst. Ganz anders die Aussage »eine weltweite Katastrophe droht in wenigen Monaten«! Und all dies bringt uns zu einem kritischen Punkt: das Ausmaß, bis zu dem solche Endzeit-Ängste – ob begründet oder unbegründet – vielleicht schon die Regierungen der ganzen Welt infiziert haben könnten.

Norwegen

Im Jahre 2010 wurde eine höchst umstrittene Botschaft, angeblich geschrieben und verschickt von einem ungenannten norwegischen Politiker, breit im Internet publiziert; sie erregte rasch aufgeregtes Interesse. Von vielen Lesern wurde sie als nichts anderes als eine geschmacklose Falschmeldung abgetan, was sie durchaus auch hätte sein können. Dennoch enthält sie einige kleine und höchst bestechende Körnchen nachprüfbarer Wahrheit, die dazu führten, dass die Kontroverse am Leben gehalten wurde. Sie lautete folgendermaßen:

Ich bin ein norwegischer Politiker. Ich möchte zum Ausdruck bringen, dass in den Jahren 2008 bis 2012 schwierige Sachen auf uns zukommen werden. Die norwegische Regierung baut mehr und mehr unterirdische Stützpunkte und Bunker. Wenn man nachfragt, lautet die Antwort immer, dies geschehe zum Schutz der norwegischen Bevölkerung. Frage ich nach, wann sie fertiggestellt sein werden, lautet die Antwort stets: vor 2011. Auch Israel tut das Gleiche und ebenso viele andere Länder. Der Beweis für die Richtigkeit meiner Aussage besteht in den Fotografien, die ich von mir und all den Premierministern verschickt habe, die ich ziemlich regelmäßig treffe und die mir gut bekannt sind. Sie wissen von all dem hier, doch sie möchten ihre Bevölkerung nicht beunruhigen und möglicherweise Massenpaniken hervorrufen. Der Planet X kommt auf uns zu, und Norwegen hat angefangen, Lebensmittel und Saatgüter in der Svalbard Region und im arktischen Norden und mithilfe der USA und der EU [Europäische Union] auch überall in Norwegen zu lagern. Sie sollen lediglich denjenigen zugute kommen, die zur Elite der Macht gehören oder das Land wiederaufbauen können: Ärzte, Wissenschaftler usw. Was mich angeht, ich weiß, dass ich bereits vor 2012 abreisen und mich in die Region Mosjoen begeben werde, in der eine tiefe, unterirdische Militäranlage existiert. Dort werden wir in bestimmte Sektoren eingeteilt, rot, blau und grün. Die Zeichen des norwegischen Militärs sind ihnen bereits übergeben worden, und die Camps wurden schon vor langer Zeit errichtet. Die Menschen, die an der Oberfläche zurückbleiben und sterben werden mit all den anderen, werden von nirgendwo Hilfe zu erwarten haben. Der Planung zufolge werden zwei Millionen Norweger in Sicherheit sein, und der Rest wird sterben.[2]

Eine Zeitungsente, ein Scherz, eine Verzerrung der Realität oder ein ernsthafter und ehrlicher Versuch, die schockierende Wahrheit eines dunklen Schicksals zu entlarven, das uns in der allernächsten Zukunft erwartet? Wir wünschten alle gern, die Wahrheit zu erfahren. Eins jedoch ist sicher: Die norwegische Regierung bereitete sich auf die Möglichkeit eines künftigen hypothetischen und katastrophenartigen Ereignisses vor … das sich nicht notwendigerweise auf 2012 bezieht. Doch es kreist um irgendetwas genannt *Svalbard Global Seed Vault* (etwa: Globaler Saatgut-Bunker von Svalbard), der sich auf der

2 Ryan und Kerry, »*A Letter*«

norwegischen Insel Spitzbergen befinden soll. Der *SGSV* dient als sicherer Aufbewahrungsort für zahllose Pflanzen und Saatgüter, und zwar teilweise für den Fall, dass irgendeine Art von oberirdischer Katastrophe mithilfe eines unterirdischen Lagers teilweise wieder ausgeglichen werden kann, um die norwegische Landschaft und Bevölkerung zu unterstützen. Interessanterweise gibt es in Ufo-Forschungskreisen schon lange Gerüchte über eine fliegende Untertasse, die sich in den frühen 1950er-Jahren in die Erde von Spitzbergen gebohrt haben soll, wobei ihre Besatzung bei dem Aufprall sofort ums Leben kam. Doch ich schweife ab … Ein weltweites Unglück gleich um die Ecke ist natürlich wesentlich wichtiger, als dies ein 60 Jahre zurückliegender Ufo-Absturz jemals sein könnte. (Es sei denn, Sie wären zufällig einer der unglücklichen Piloten des Ufos gewesen.)

Schon seit dem Jahre 1984 hat Norwegens *Nordische Gen-Bank* heimlich Samen und Saatgüter gesammelt und sie in den Tiefen einer alten Kohlegrube auf Spitzbergen eingelagert. Über ein Vierteljahrhundert später wurde die Angelegenheit auf ein gänzlich neues Niveau angehoben … und ich meine *tatsächlich und wirklich* ein ganz neues Niveau: Mit seinen Abmessungen von beinahe 130 Meter in den Berg hinein und unter der Oberfläche der Insel und unter der Kontrolle des *Nordic Genetic Resource Centers* ist der *SGSV* ein unglaublich beeindruckender Komplex, der auch die Erbauer des Hangar 18 vor Neid erblassen lassen könnte.

Nach beinahe zwei Jahren Bauzeit wurde diese Anlage im Februar 2008 stolz eingeweiht, und zwar unter Bekanntgabe der erstaunlichen Tatsache, dass *bereits jetzt* mehr als 1,5 Millionen ausgewählte Samentypen dort auf Vorrat lägen. Und trotz der zahllosen Sicherheitseinrichtungen, um das kostbare Gut (möglicherweise gar für Tausende von Jahren) zu schützen, erweckte diese ortsfeste Arche Noah der Pflanzen rasch die Aufmerksamkeit der weltweiten Medien, umso mehr, als bekannt wurde, dass sich an dem Bau und an der Unterhaltung der Anlage zahlreiche Länder finanziell beteiligten, wie zum Beispiel Australien, das Vereinigte Königreich, die Schweiz und Schweden. Sogar die Rockefeller-Stiftung und Bill Gates beteiligten sich mit Millionenbeträgen. Weiß Bill vielleicht etwas, das dem Rest von uns verborgen geblieben ist? Würde er eine kurze Reise nach Spitzbergen unternehmen, sagen wir zum Beispiel am 18. oder 19. Dezember 2012? Vielleicht würde er klug genug sein, ein oder zwei Wochen vorher dorthin zu fliegen, nur für alle Fälle. Er tat es nicht.

Wie auch immer die Wahrheit lauten mag … Die norwegische Regierung zieht es vor, sich stärker auf die wissenschaftliche Bedeutung des Projektes einzulassen, statt ständig seltsame Fragen beantworten zu müssen, zum Beispiel bezüglich der Überlebenschancen nach 2012. Tatsächlich *könnte* der *SGSV* in einer Notsituation einigen Überlebensschutz für eine recht bedeutende Anzahl von Menschen bieten. Vorausgesetzt, Sie sind ein Norweger. Doch was, wenn Sie – wie der größte Teil der Weltbevölkerung – eben nicht dazu gehören? Das Wort *Mist* könnte jetzt vielen in den Sinn kommen.

China

Auch von China wird in den vergangenen Jahren gern behauptet, es habe seine Pläne zur Errichtung von geheimen Schutzbunkern, entweder unterirdisch oder einfach in Hügelketten hineingetrieben, als Reaktion auf Gerüchte und Prophezeiungen der bevorstehenden Apokalypse stark ausgeweitet. Die sichtbarste dieser Anlagen liegt auf der südlichsten Spitze der Insel Hainan im Südchinesischen Meer; bekannt wurde sie als Sanya Base. Obwohl viele westliche Militärexperten annehmen, bei dieser Anlage handele es sich um einen Hafen für die Konstruktion, den Unterhalt und den Ankerplatz einer ständig wachsenden Armada chinesischer Atom-U-Boote, so sind sich beileibe nicht alle darüber einig, dass es damit bereits erledigt ist. Riesige Tunnel von mehr als 20 Meter Höhe wurden innerhalb und außerhalb der Basis fotografiert, und man vermutet weiterführende riesige Kavernen, die sich bis tief unter die grünen Hügel erstrecken. Vielleicht ist dieses tatsächlich Chinas Versuch, seine U-Boot-Flotte durch die rasche Konstruktion von zahllosen neuen Unterwasserbooten aufzufrischen. Aber die riesige Konstruktion von Sanya wird noch immer weiter gebaut, sodass sich mehr als nur ein Experte bezüglich 2012 ernsthaft gefragt hat, ob es da vielleicht doch irgendeine Verbindung zu den alten Vorhersagen der Maya gegeben haben könnte.

Russland

Es gibt Gerüchte darüber, dass auch Russland alle Hebel in Gang setzte, um die Vollendung einer Vielzahl von unterirdischen Überlebensbunkern abzuschließen (ehe 2012 uns träfe), vor allem in den weit abgelegenen Gebieten des Landes. Zwei solcher Stützpunkte befinden sich tief in den Yamantau- und Kosvinsky-Bergen im Ural. Und klar gesagt: Diese Einrichtungen sind vollständig real. Rudimentäre Konstruktionen auf den beiden Geländen bestätigten sich in den späten 1970er-Jahren mithilfe von Spionagesatelliten des amerikanischen *National Reconnaissance Office* (*NRO*). Bis heute ist bereits ein erheblicher Fortschritt beim Bau dieser Anlagen erzielt worden, und neuesten Daten zufolge, ebenfalls von US-Satelliten gewonnen, legen den Verdacht nahe, dass der weitere Ausbau der beiden Anlagen in den fünf Jahren vor 2012 sehr intensiv und extensiv vorangetrieben wurde. Die Kosvinsky-Anlage zum Beispiel wird nun von etwa 330 Meter langen Granitwänden gesichert. Es handelt sich um ein sich selbst versorgendes Zentrum mit der Kapazität, so die Gerüchte, ganz leicht mehr als 50000 Menschen aufnehmen zu können. Was die Yamantau-Basis angeht … nun, eine amerikanische Geheimdienstquelle meinte, es handele sich um dieselbe Größe wie die von Washington, D.C. innerhalb des Autobahnringes.

Und dann gibt es noch Kapustin Yar, eine im russischen Astrachan-Oblast 1946 errichtete geheime Fluchtburg zwischen Wolgograd und Astrachan, wo man sich besonders der Entwicklung, Forschung und dem Einsatz von raketenbasierter Technologie verschrieben hat. Gerüchte aus Russland selbst und von den *NRO*-Spionagesatelliten gewonnene Daten deuten auf noch immer weitergehende unterirdische

Baumaßnahmen bei Kapustin Yar hin. Wieso? Um die russische Raketentechnologie weiter voranzutreiben? Oder um einen Zufluchtsort auszugraben, sobald der befürchtete große Sturm beginnen sollte?

Zhitkur, besser bekannt als die russische Area 51, ist eine streng geheime und unglaublich stark geschützte Einrichtung errichtet unterhalb einer vollständig harmlos wirkenden Kleinstadt im Gebiet von Wolgograd Oblast. In ziemlich genau derselben Art und Weise, wie immer wieder Gerüchte und Plauderer von Geheimnissen vermuten lassen, geborgene Alien-Raumfahrzeuge würden auf der Area 51 in Nevada studiert, zur Probe auch geflogen, so ranken sich ähnliche Gerüchte ebenfalls um Zhitkur. Den Erzählungen ehemaliger Angestellten der Basis zufolge wird unter strengsten Sicherheitsauflagen ein abgestürztes Ufo untersucht. Düsterere Aussagen behaupten, die Russen würden hektisch einen tödlichen Supervirus in Zhitkur heranziehen wollen, der die Fähigkeit besitzt, bestimmte Rassen oder Gruppen von Menschen zu töten, während andere von solchen Infektionen verschont bleiben würden. All diese Gerüchte werden von Berichten überschattet, die etwa von Kapustin Yar stammen, dass nämlich Tunnelarbeiten auf Zhitkur absoluten Vorrang hätten. Und die Zeit, so besagen die hartnäckigen Gerüchte, läuft allen davon.

Einstmals sangen die Menschen Lieder wie: »Die Russen kommen! Die Russen kommen!«

Vielleicht war dies vor ein paar Jahren ganz anders, und die Russen sangen: »2012 kommt! 2012 kommt!«

Die Vereinigten Staaten

Nachdem wir über Norwegen, Russland und China gesprochen haben, nun, was ist mit den Vereinigten Staaten? Skeptiker der Weltuntergangstheorien, die sich um das Jahr 2012 ranken, vertraten in ihrer Mehrzahl eine recht einfache Meinung: Würde eine solche globale Katastrophe unausweichlich auf uns zukommen, würden die Vereinigten Staaten längst damit beschäftigt sein, ein riesiges Programm aufzulegen und über das ganze Land verteilt gewaltige Bunker errichten zum Schutz der Menschen, sodass man dieses Projekt unmöglich vor der Öffentlichkeit und den Medien verbergen könnte. Allerdings entging den Skeptikern auch, dass die Vereinigten Staaten, wie dieses Buch es darlegt, *schon damals* übersät war mit einer beeindruckenden Zahl von riesigen, armierten unterirdischen Bunkern.

Die US-Regierung brauchte überhaupt keine weiteren unterirdischen Bunker zu errichten, um ihre Elite in dem Falle zu schützen, dass die Maya mit ihren Voraussagen doch recht haben sollten: *Die hatten sie bereits seit Jahrzehnten.* Schon seit der ersten Kernspaltung in den späten 1940er-Jahren wurden alle Vorbereitungen getroffen, den Spitzen der Regierung und des Militärs in Falle einer nationalen Katastrophe von apokalyptischen Ausmaßen einen sicheren Schutz zu gewähren. Solange die Welt nicht mit einem schrecklichen Ereignis konfrontiert ist, das sogar die grauenvollsten Zerstörungen eines Atomkrieges übersteigen würde, würden sichere Unterkünfte wie Raven Rock genauso viel Schutz gewähren gegen die möglichen Auswirkungen der Prophezeiungen der Mayas wie gegen die atomaren Zerstörungen vieler Megatonnen von chinesischen Atomwaffen.

Eine Variante der Theorie, dass die US-Regierung ausreichend viele unterirdische sichere Unterkünfte zur Verfügung gehabt hat, wo die höchsten und wichtigsten Vertreter des Landes ein gewisses Maß an Schutz erfahren können, hätte der 21. Dezember 2012 »wirklich zugeschlagen«, bietet gleichzeitig die Vermutung an, die Behörden würden insgeheim viele der natürlichen Höhlen und von Menschen geschaffenen Bergwerke, die man überall auf dem Gebiet der Vereinigten Staaten finden kann, als Zufluchtsorte vor allen bösen Sachen benutzen, die sich im Laufe dieses schrecklichen Dezembertages [und danach] ereignen könnten. Diese Theorie rief unendliche Debatten im Internet hervor, als am 26. März 2009 der amerikanische *Fish and Wildlife Service* (*FWS*) eine breit gestreute Pressemitteilung herausgab mit der Empfehlung, Höhlenforscher sowie überhaupt alle Einwohner der Vereinigten Staaten sollten bis auf weiteres tiefe Höhlen, Kavernen und Bergwerke meiden. Unweigerlich führte dies zu unausrottbaren Gerüchten, die Regierung würde diese Warnung nur deshalb herausgeben, um langsam und ganz subtil die Kontrolle und Befehlsgewalt über solche untergründigen Zufluchtsorte übernehmen zu können, also allen zugleich den öffentlichen Zugang zu entziehen rechtzeitig vor diesem schrecklichen Datum.

Die offizielle Version der Ereignisse klingt jedoch gänzlich anders. Dem *FWS* zufolge bestand der Grund dafür, der amerikanischen Bevölkerung vom Betreten solcher Orte abzuraten in der Befürchtung, dass man die weitere Ausbreitung von bestimmten Pilzen verhindern wollte, die eine Gefahr für die Fledermauspopulation darstellten – nämlich das » Weiße-Nasen-Syndrom«. In den Worten des *FWS*: »Die bisher gesammelten Beweise legen Vermutungen nahe, menschliche Aktivitäten in den Höhlen und Bergwerken könnte zur Ausbreitung des *WNS* maßgeblich beigetragen haben. Der Pilz entwickelt sich am besten in den kühlen und feuchten Lebensbedingungen, die sowohl typisch für Höhlen wie verlassene Bergwerke sind, und unabsichtlich von einem Ort zum anderen über Stiefel und Wetterjacken der Höhlenbesucher weitergetragen werden können. Es wird allgemein empfohlen, dass Höhlenforscher alle Höhlen und Bergwerke zurzeit meiden sollten, in denen Fledermäuse leben, und zwar auch in den Staaten, in denen *WNS* bislang noch nicht aufgetreten ist.«[3] Und der *FWS* fügte noch hinzu: »Wissenschaftliche Untersuchungen, die das Betreten von Höhlen oder Minen erfordern, in denen Fledermäuse hausen, sollten zunächst und vorher auf die Frage untersucht werden, ob diese Aktivitäten möglicherweise das weitere Ausbreiten von WNS befördern könnten … Diese Empfehlungen bleiben solange bestehen, bis der Mechanismus hinter der Ausbreitung von *WNS* vollkommen verstanden wird und/oder Mittel und Wege entwickelt

3 US Fish and Wildlife, »*White-Nose*«

worden sind, die weitere von Menschen verursachte Ausbreitung einzudämmen.«[4]

Handelte es sich dabei um eine geniale Titelgeschichte, herausgegeben vom amerikanischen *Fish and Wildlife Service*, oder war die ganze Aktion schlicht und einfach nur bekloppt? Irgendwann wird die Zeit uns Antwort geben. Und nachdem sich die Mutmaßungen über 2012 allesamt in Wohlgefallen aufgelöst haben, so könnte sich die allergrößte Verschwörung überhaupt in der folgenden Frage verbergen: Weshalb wurden angesichts der großen Befürchtungen keine riesigen unterirdischen Rückzugsgebiete vorbereitet – entweder natürlichen Ursprungs oder von Menschen errichtet –, die für uns andere eine Hoffnung hätten bieten können, die wir *nicht* den Luxus eines angesehenen Regierungspostens vorweisen können?

Vielleicht finden wir eine Antwort in den letzten Szenen des düsteren Comic-Films von 1964 *Dr. Strangelove* (Dr. Seltsam). Sobald der US-Präsident, seine gesamte Mannschaft und das befehlshabende Militärpersonal erkennen, dass sich die menschliche Zivilisation rasch ihrem Ende nähert, entwerfen sie hastig einen Plan: Während alle anderen in einem weltweiten radioaktiven Albtraum geröstet werden, soll sich eine kleine Gruppe ausgewählter Regierungsvertreter mit ausreichenden Vorräten an Lebensmitteln und heiratsfähigen jungen »Hühnern« tief in den Untergrund flüchten, um später die dezimierte menschliche Rasse wieder auffrischen zu können … ehe man eines Tages zurückkehrt an die Oberfläche und alles wieder aufs Neue beginnt. *Dr. Seltsam* ist eine quälende, albtraumartige Geschichte, aber eben Geschichte. Es blieb nur zu hoffen, dass nach dem 21. Dezember 2012 die ganze Aufregung sich ebenfalls als reine Fiktion darstellen würde und – heute wissen wir, dass es so ist.

4 US Fish and Wildlife, »*White-Nose*«

Kapitel 8

Der Albtraum von Dulce

Die wilde Sage der notorischen unterirdischen Basis von Dulce, Rio Arriba County in Neu Mexiko, ist ebenso phantastisch wie erschreckend. Es ist eine Geschichte voller schwer entwirrbarer Gerüchte, ungeheuerlicher Betrügereien der Regierung und Desinformationen, feindseliger extraterrestrischer Wesen aus Regierungen weit außerhalb unseres Sonnensystems und dunkle Geheimnisse über Außerirdische, die aus den schwarzen Herzen von mysteriösen unterirdischen Kavernen stammen. (Es ist keine Übertreibung zu behaupten, dies sei eine Saga, die schon allein für sich genommen eine gesamte Serie von *The X-Files* (Akte X) mit Stoff versehen könnte, ganz abgesehen von einer einzigen Folge.) Wenn man vorsichtig all die Übertreibungen, Mythen und Lügen entfernt, die sich um diese eigentliche Geschichte gerankt haben, so ist das, was übrig bleibt, eine albtraumartige Realität von außerirdischen Proportionen.

Eine ganze Armee von bösartigen außerirdischen Eindringlingen habe über Jahrzehnte hinweg eine riesige, futuristische Untergrundwelt tief unter Archuleta Mesa errichtet, einem riesigen Gebirgskegel, der sich im Gebiet von Rio Arriba rund 3.000 Meter über dem Meeresspiegel erhebt. Und besonders bedenklich scheint die Tatsache, dass die bereits zu erwartende Warnung *Zutritt verboten!* sich nicht nur auf die allgemeine Öffentlichkeit und die Ufo-Spürnasen mit Adleraugen bezieht, sondern tatsächlich auf die gesamte amerikanische Regierung. Ganz recht: Die Aliens üben die vollständige Kontrolle über die gesamte Basis aus, und jeder, der es wagt, in ihre dunkle Zufluchtsstätte einzudringen (und zwar jeder vom Präsidenten abwärts), ist einer sofortigen und tödlichen Justiz ausgesetzt … und man könnte sogar Opfer von unaussprechlichen genetischen Experimenten werden.

Zumindest ist dies die unglaubliche Legende, die inzwischen von ganzen Divisionen von Ufo-Forschern geglaubt wird. Doch die Fakten von der Fiktion in dieser unendlich verworrenen und verschlungenen Angelegenheit zu trennen, ist keine leichte Aufgabe.

Die Fakten

Die Saga von der Dulce-Basis nahm ihren Anfang in den späten 1970er-Jahren durch einen Physiker namens Paul Bennewitz, der durch seine Durchforstung von geheimen Projekten der Air Force und der *National Security Agency* (*NSA*) auf der Kirtland Air Force Base in Neu Mexiko zu der Schlussfolgerung kam, dass diese Projekte irgendwie mit den Aktivitäten von unheimlichen Außerirdischen und mit Ufos zu tun haben könnten. Es wurde Bennewitz geradezu leicht gemacht, seine Aufmerksamkeit auf solche Operationen zu lenken: Es fügte sich als ein glücklicher Umstand – aber durchaus zum Bedauern der Air Force –, dass seine Firma *Thunder Scientific Labs* direkt an das Gelände von Kirtland angrenzte.

Es scheint jedoch so, als sei Bennewitz tatsächlich in eine großes Nest voller geheimer Projekte getappt, die zu tun hatten mit a) *NSA*-Kommunikationssystemen, b) Testflügen und vielleicht sogar Abstürzen von frühen Prototypen des Stealth-Bombers und c) Luftwaffentechnologien, entwickelt, um die Erdumlaufbahnen von Spionagesatelliten aufzuspüren, die von der ehemaligen Sowjetunion gestartet worden waren.

Es ist keineswegs überraschend, dass die gesamte Gemeinschaft der amerikanischen Geheimdienste viel weniger besorgt waren über Bennewitz Glauben an Ufos, als über die Möglichkeit, dass er sich in ihre aktuellen geheimen Programme einmischen könnte. Es gab einen absolut realen Grund zur Besorgnis von Seiten der Behörden, dass Bennewitz im Zuge seiner Suche nach Ufo-Beweisen und der damit verbundenen Anstrengung, geheime Operationen auf Kirtland aufzudecken, unweigerlich auch den Russen geheime Informationen und Fakten über Technologien zugänglich machen würde, die, koste es, was es wolle, geheim bleiben mussten … selbst wenn diese Kosten letzten Endes auch die Gesundheit und den Geisteszustand von Paul Bennewitz selbst betreffen würden.

Also brachen Mitglieder der Luftwaffe in Bennewitz' Haus ein, während er unterwegs war, und sie untersuchten seine Computerdateien und all seine Notizen. Dabei erfuhren sie viel über den Kern all seiner Theorien: Dass Aliens Kühe als ein Teil eines verrückten medizinischen Experimentes verstümmelten, dass Aliens amerikanische Bürger entführten und ihnen bizarre Apparate für beunruhigende Zwecke implantierten, dass Aliens in einem sicheren Bollwerk tief unterhalb von Dulce lebten, dass die gesamte menschliche Rasse schon sehr bald in größten Schwierigkeiten stecken würde als Ergebnis einer realen intergalaktischen Bedrohung. Und dann lieferte die Air Force Bennewitz präzise das, wonach er gesucht hatte: die auf verschlungenem Wege erreichte Bestätigung, dass all seine Mutmaßungen auf erschreckende Art und Weise der Wahrheit entsprechen.

In der Folge wurde Bennewitz geradezu bombardiert mit endlosen Falschinformationen über Aliens, mit gefälschten offiziellen Dokumenten, erfundenen Geschichten über kosmische Schreckgespenster, mit Gerüchten von albtraumhaften unterirdischen Anlagen und regelrechten Lügengeschichten. Im Grunde genommen handelte es sich dabei um eine sorgfältig geplante List. Das Ziel bestand darin, Bennewitz mit so viel blödsinnigen Ufo-Sachen zu überschütten, dass er dabei von den konventionellen und streng geheimen militärischen Projekten ohne jegliche Ufo-Beziehung abgelenkt würde, die er nämlich auf der Kirtland Air Force Basis aufgespürt hatte. Und das Ganze funktionierte. Es funktionierte sogar *allzu* gut und führte letztlich zu einer katastrophalen mentalen, psychischen und physischen Erschöpfung des Physikers.

Als Bennewitz die Bestätigung erhielt (jedoch sorgsam kontrolliert und vollständig erfunden), dass er über die schreckliche Wahrheit gestolpert sei, und dass es *wirklich* eine Basis der Außerirdischen tief unter Dulce gibt, wo gefangene Menschen für schreckliche Versuche gefühlloser Aliens herhalten müssen, wurde er zunehmend veängstigt, instabil und schließlich beinahe paranoid. Er richtete sein Augenmerk *fort* von Kirtland (dem Herzstück der militärischen Geheimnisse, die um jeden Preis sicher verwahrt werden mussten) und *hinüber* auf die Umgebung von Dulce, wo all seine Handlungen, Untersuchungen und aufgestellten Theorien sorgfältig und mit vollständiger Gefühllosigkeit von Regierungsagenten überwacht werden konnten.

Der Forscher Greg Bishop, der die Kontroverse Bennewitz/Dulce ausführlich untersucht hat, legte großen Wert auf die Betonung eines wichtigen Sachverhaltes in dieser Angelegenheit: Die erschütternden Manipulationen der Luftwaffe bezüglich Bennewitz schließen nicht notwendigerweise die Möglichkeit einer *tatsächlichen* unterirdischen Einrichtung aus, irgendwo in der Region von Dulce. Das alles bedeutet lediglich, wir sollten extrem vorsichtig sein bezüglich der Art und Weise, wie wir die Geschichte analysieren und interpretieren, und ebenso viele der Kontroversen in deren Umfeld. Die Geschichte über eine Untergrundbasis bei Dulce ist mit Sicherheit eine von dieser Art, die in der Ufo-Gemeinde gern gehört wird … schließlich ist sie voller aufregender Momente, voll von dem Kitzel möglicher Außerirdischer und scheußlicher, vielleicht sogar dokumentierter illegaler Tricks der Regierung. Doch ist damit bereits die gesamte Geschichte einer unterirdischen Alien-Basis bei Dulce schon gleichzusetzen mit einem riesigen Schwindel? Wären die Geschichten über solch eine Installation lediglich der fruchtbaren Phantasie von Regierungs-Agenten entsprungen, und zwar als Mittel, um Paul Bennewitz zu destabilisieren und tief im Mark zu erschüttern, um ihn zur Aufgabe zu bewegen, vor allem seiner Untersuchungen bezüglich Kirtland? Viele glauben, dies sei nicht so. Und einer der Hauptgründe für diese Annahme ist ziemlich einfach: Über Jahrzehnte hinweg waren Dulce und die unmittelbare Umgebung ein Ort vieler äußerst seltsamer Vorkommnisse.

Am 10. Dezember 1967 ließ die *Atomic Energy Commission* (*AEC*) eine 29 Kilotonnen große Atombombe 1300 Meter unter der Erde zünden. Dieses war unter anderem ein Versuch, mögliche Lagerstätten unterirdischen Gases freizusetzen, um dieses Naturgas später nutzbringend fördern zu können. So weit zur Entstehungsgeschichte von Gasbuggy, Teil eines weitaus umfassenderen Projektes bekannt unter dem Namen *Operation Plowshare*, das angeblich auch zur Erforschung der friedlichen Nutzung von Atomenergie dienen sollte. Bemerkenswerterweise war der Ort des Gasbuggy-Testes ein Gebiet von ungefähr 640 acres (2,6 Millionen m^2) und gehörte zu Neumexikos »Carson National Forest«, der wie rein zufällig nur etwa zwölf Meilen von der Stadt Dulce entfernt ist.

Neun Jahre lang wurden dort Versuche zur Erdgasgewinnung sowie allgemeine Auswertungen des Projektes fortgeführt; die Atombehörde beendete schließlich ihre Arbeit und schloss die ganze Anlage 1978. Die gesamten Ausrüstungsgegenstände und Gebäudeteile, die während der Operation errichtet und benutzt worden waren, wurden folgerichtig dekontaminiert, abgebaut und auf das ultrageheime

Operation Pflugschar: Ein Programm zur Erforschung der friedlichen Nutzung von Atomenergie

Department of Energy's (DoE) Nevada Test Site geschafft, die heute besser bekannt ist als *Nevada National Security Site*. In der Zwischenzeit wurden radioaktive Abfälle in flüssiger Form in eine große Höhle geschüttet, die von der nuklearen Explosion erzeugt worden war, und Testbohrungen wurden einfach verschlossen. Bis zum Jahre 2002 wurden in periodischen Abständen sorgfältig Erdproben des unmittelbaren Testgeländes sowie der Umgebung von Angehörigen des *Department of Energy* entnommen.

Außerdem hat die Umweltschutzbehörde seit 1972 jährlich die Wasservorräte der gesamten Gegend untersucht, insbesondere um sicherzustellen, dass es keine Kontaminierung der lokalen Grundwasservorräte gegeben hat … was nach allen vorliegenden und vertrauenerweckenden Unterlagen auch niemals geschehen ist.

Interessanterweise gibt es etliche strenge gesetzliche Auflagen in der Nähe der Gasbuggy-Explosion, die ausdrücklich vor umfassenderen unterirdischen Grabungen warnen. Eine Tafel auf dem Gelände verbietet unmissverständlich jegliche Grabungen wie auch immer in einem Radius von 200 Metern bis in eine Tiefe von 450 bis 1300 Meter ohne ausdrückliche Sondergenehmigung der amerikanischen Regierung. Unweigerlich – und vielleicht auch sogar verständlicherweise – hat dies zu dem Verdacht verführt, der *wahre* Grund, weshalb die Welt der Behörden verhindern möchte, dass Menschen in der ganzen Gegend herumgraben, darin bestehe, sie könnten bei dieser Gelegenheit über irgendeine Art von Beweis bezüglich einer unterirdischen Basis der Aliens stoßen … oder sogar auf Hinweise zu deren Eingang.

Missbildungen von Kühen

Lassen wir unterirdische Detonationen und Gerüchte über geheime Stützpunkte der Außerirdischen einmal beiseite, so ist Dulce noch aus einem anderen Grund bekannt geworden. Und diesmal wegen einer eindeutigen und geradezu schauerlichen Geschichte. In den Jahren zwischen 1975 und 1987 wurde das Städtchen geradezu berühmtberüchtigt als Zentrum von schrecklichen Missbildungen bei Kühen. Das Problem hatte Nordamerika schon über vier Jahrzehnte hinweg in Atem gehalten: Ein unwillkommener, nicht eingeladener Gast streift des Nachts heimlich über das Land und verübte dabei grauenvolle Akte von Verstümmelungen an Rindern. Organe, das Blut und Drüsen werden den Tieren auf eine Art und Weise entnommen, dass man bei dem Täter auf eine weit überlegene technologische Vorgehensweise schließen könnte. Bei vielen solcher Verstümmelungen wurden zugleich merkwürdige Leuchterscheinungen am Himmel beobachtet, das alles in einem gewissen begrenzten Umfeld, sodass die Vermutung sehr naheliegt, die beiden Ereignisse hätten irgendwie miteinander zu tun.

Schwarze Militärhubschrauber ohne Kennzeichnung wurden auch häufig in der Nähe der Orte gesichtet, wo sich diese Verstümmelungen ereignet hatten. Und es gibt unzählige Geschichten von Zeugen, die angeblich von dunklen Gestalten der Regierung zum Schweigen verurteilt worden sind. Wer oder was für diese schrecklichen Metzeleien verantwortlich ist, bleibt nach wie vor ein Thema intensiver und langwährender Debatten. Wilddiebe, Teufelskulte, Aliens oder auch geheime biologische Versuche der Kriegsführung seitens geheimer Regierungsvertreter wurden alle bereits genannt als mutmaßliche Verursacher der Schlächtereien. Und währenddessen geht die makabre Geschichte unentwegt weiter. Und die grausamen Verstümmler fahren fort mit ihrem makabren Werk.

Die Männer und Frauen des *FBI*, die zur Aufklärung der Rinderverstümmelungen in der Gegend von Dulce in den 1970er-Jahren eingesetzt wurden, studierten zunächst einmal die Akten des Polizeibeamten Gabe Valdez in der nahegelegenen Stadt Española. In der Zeit von August 1975 bis zum Sommer 1978 wurden von Valdez fast 30 Fälle solcher Verstümmelungen in der Rio-Arriba-Gegend aufgenommen; in vielen dieser Fälle drängte sich der Verdacht auf, die Übergriffe seien verübt worden von gut ausgerüsteten und hoch intelligenten Individuen. Einer der Berichte von Valdez, und zwar vom Juni 1976, sticht ganz besonders hervor. Um 20:00 Uhr des 13. Juni wurde Valdez von einem Ranger namens Manuel Gomez kontaktiert, der davon berichtete, eine drei Jahre alte Kuh seiner Ranch sei gefunden worden mit all den inzwischen fast schon klassischen Zeichen dieser Verstümmelungen. Valdez hörte aufmerksam zu, wie Gomez berichtete, das linke Ohr der Kuh, ihre Zunge, ihr Euter und ihr Rektum seien ganz offensichtlich mit einem sehr scharfen Instrument entfernt worden. Doch es gäbe keinen einzigen Bluttropfen in der direkten Umgebung der Kuh noch irgendwelche verdächtigen Fußabdrücke. Jedoch seien ganz seltsame Spuren zu sehen gewesen … Abdrücke, die eindeutig den Eindruck vermittelten, dass irgendeine Art von Flugapparat oder so etwas Ähnliches dort gelandet war und sich auf grauenvolle Weise über das unglückliche Tier hergemacht hätte.

Um 5:00 Uhr des folgenden Tages machte sich Valdez gemeinsam mit Paul Riley vom Veterinäramt des Staates Neu Mexiko auf den Weg zur Gomez-Range. Bei ihrer Ankunft fanden der Polizist Valdez und Riley ein regelrechtes Blutbad vor. Genau wie Gomez es beschrieben hatte, lag die Kuh auf ihrer rechten Seite und wesentliche Teile ihres Körpers waren mit größter Präzision entfernt worden. Doch damit nicht genug. Es gab außerdem noch seltsame Abdrücke auf dem Boden, als wäre dort etwas gelandet. Valdez hielt diese Einzelheiten in einem zweiseitigen Bericht fest, den er gleich darauf verfasste und der inzwischen vom *FBI* freigegeben wurde.

Das Dokument hätte sich wie ein Auszug aus einem Science-Fiction-Roman lesen können, doch von Fiktion hätte es gar nicht weit genug entfernt sein können. Die Untersuchungen vor Ort, angeführt von Valdez, bewiesen eindeutig, dass eine Art von Flugzeug mindestens zweimal gelandet sein musste, wobei es jedes Mal drei Abdrücke in Form eines Dreiecks hinterlassen hatte. Genaue Spurensuche zeigte dann, dass diese Abdrücke der Kuh auf einer Strecke von ungefähr 200 Metern gefolgt waren. Weitere Spuren zeigten, dass das Gras an den Stellen, wo das dreibeinige Ding gelandet war, auf eine sehr merkwürdige, aber klar erkennbare Art verbrannt wirkte. Außerdem fand man eine gelbliche ölige Substanz an zwei Stellen bei diesen Abdrücken. Bezüglich dieses letzten Punktes schrieb Valdez in seinem Bericht, er habe diese Substanz zu einem gerichtsmedizinischen Labor bei der New Mexico State Police geschickt. Das Ergebnis? Das Personal konnte keinerlei sinnvolle Erklärung bezüglich der Natur dieser Substanz liefern.

Drei Tage später wandte sich Valdez an Dr. Howard Burgess, ein pensionierter Wissenschaftler der *Sandia Laboratories*, und bat ihn, einen Strahlentest an dem Ort des Geschehens durchzuführen. Die Ergebnisse waren verblüffend. An allen Stellen, wo die jeweiligen drei Abdrücke hinterlassen worden waren, zeigte das Gerät eine doppelte Strahlenmenge an. Valdez kam gleich mit einer bestechenden Hypothese zu dieser Entdeckung: Seiner Meinung nach habe jemand absichtlich die Spuren von Strahlung hinterlassen als Teil eines Planes, diejenigen zu behindern und zu verwirren, die an der Aufklärung der Verstümmelungen der Rinder mitarbeiten wollten.

Und noch etwas entdeckte Valdez. In den Tagen zwischen seinem ersten und seinem zweiten Besuch auf der Gomez-Ranch mit Dr. Howard Burgess war das mysteriöse Flugobjekt offenbar zurückgekehrt. Dies führte zu einer bedrückenden Entdeckung: »Es gab auch Beweise dafür, dass die Drei-Fuß-Markierungen zurückgekommen waren und dabei auch das linke Ohr der Kuh entfernt hatten. Diese dreibeinigen Abdrücke waren auf die Reifenspuren von Mr. Gomez erstem Besuch aufgedrückt worden! Das linke Ohr war noch intakt, als Mr. Gomez ursprünglich die Kuh entdeckt hatte. Die Kuh besaß ein drei Monate altes Kalb, das seit dem bewussten Zwischenfall verschwunden war. Auch dies war eine seltsame Sache, denn ein kleines Kalb bleibt eigentlich immer in der Nähe seiner Mutter, selbst wenn diese inzwischen tot sein sollte.«[1] Valdez merkte in seinem Bericht

1 Federal Bureau, »*Animal*«

an, dieser Zwischenfall sei typisch für all jene, die er in den letzten 16 Monaten gesehen hatte. Vielleicht am zweckdienlichsten für die Untersuchungen in dieser Angelegenheit war die Tatsache, dass Valdez in wenigstens einem Fall feststellen konnte, dass dieses Tier eine hohe Dosis eines ganz besonderen Beruhigungsmittels in seinem Blut hatte. Valdez war außerdem einigermaßen besorgt, dass die den Behörden nahestehenden Laboratorien nicht unbedingt alle ihre Entdeckungen bezüglich dieser Angelegenheit offenlegten. Aus diesem Grund stellte Valdez immer sicher, dass Proben von den geschlachteten Kühen für eine Gegenprobe in unabhängigen und privaten Labors genommen wurden. Valdez war sich der Tatsache vollständig bewusst, dass es Theorien gab, die Verstümmelungen seien entweder das Werk eines Satanskultes oder natürlicher Raubtiere, doch all dies wies er von sich. »Beide Theorien wurden abgewiesen aufgrund der Expertisen und der Präzision, die man bei den Kühen angewandt hatte, und außerdem wegen der hohen Kosten, um solch eine aufwendige und geheime Tat durchzuführen. Es ist außerdem wichtig festzuhalten, dass im Frühjahr 1974 eine außerordentlich große Anzahl von Rindern durch die heftigen Schneefälle verloren gingen; die Kadaver waren von Raubtieren gefressen oder verstümmelt worden. Diese Kadaver ähnelten später in keinster Weise den verstümmelten Kühen, mit denen wir es hier zu tun hatten.«[2] Ein anderes Dokument des *FBI* vom Mai 1978, dessen Inhalt sich ebenfalls auf die Ermittlungen von Valdez stützt, verweist auf einen zweiten Fall, bei dem man ungewöhnlich hohe Spuren von Radioaktivität entdeckt hatte: »Vermutlich ist diese Art von Strahlung für Menschen harmlos, obwohl etwa sieben Leute, welche die Orte der Verstümmelungen besucht hatten, später über Kopfschmerzen und Übelkeit klagten. Der Autor dieser Zeilen jedoch verspürte keinerlei solche Symptome, nachdem er schätzungsweise elf Verstümmelungen während der letzten vier Monate besichtigt hatte. Identische Verstümmelungen wurden aus

2 Federal Bureau, *»Animal«*

dem ganzen Südwesten des Landes gemeldet. Es ist äußerst seltsam, dass es niemals Augenzeugen und auch keine Unfälle gegeben hat. Man muss zugeben, dass derjenige, der für diese Taten verantwortlich ist, anscheinend sehr gut ausgerüstet ist und über offenbar unbegrenzte Finanzmittel verfügt und äußerst konspirativ vorgeht.«[3]

Seltsame Fahrwerk-Abdrücke, erhöhte Radioaktivität und Beruhigungsmittel … Worüber war der Polizeibeamte Valdez eigentlich gestolpert? Handelte es sich um eine höchst geheime, von der Regierung oder dem Militär gewollte Operation, vielleicht im Zuge von Versuchen mit biologischen Kampfstoffen oder etwas noch wesentlich Verrückteres? *FBI*-Unterlagen, die als direktes Ergebnis der Polizeiberichte von Valdez entstanden, zeigen, dass man dort die Beweise und die offiziellen Zeugenaufnahmen sehr ernst nahm, die der Polizeioffizier zusammengetragen hatte: »Der Polizeibeamte Valdez sagte aus, dass sich die meisten Verstümmelungen wahrscheinlich im Staate Colorado ereignet hatten und dass über die letzten vier Jahre hinweg ungefähr dreißig solcher Vorfälle in Neumexiko stattgefunden hatten. Von diesen dreißig hätten sich fünfzehn in Indianerreservaten ereignet. Aber er gab auch zu Protokoll, viele derartige Verstümmelungen in den Indianergebieten seien wahrscheinlich gar nicht gemeldet worden. Der Grund dafür sei, dass viele Indianer, vor allem die in den Pueblos wohnenden, extrem abergläubisch seien und nicht einmal Polizeibeamte auf ihr Gebiet lassen, um das eine oder andere zu untersuchen. Der Beamte Valdez gab zu Protokoll, seit dem Beginn dieser Verstümmelungen seien etwa 8000 Tiere betroffen gewesen, sodass sich der gesamte Verlust auf ungefähr eine Million Dollar summiert.«[4]

Ausgerüstet mit einem Budget von 50 000 Dollar machte sich eine Mannschaft aus drei Personen an die Untersuchungen, angeführt von

3 Federal Bureau, »*Animal*«
4 Federal Bureau, »*Animal*«

Direktor Kenneth M. Rommel jr., der insgesamt 28 Jahre *FBI*-Mitglied war. Es war für niemanden eine Überraschung, dass Rommel so gut wie nichts entdeckt haben wollte, das irgendwie außerhalb der Normalität lag. Schließlich hatte man von der Untersuchung auch kaum mehr erwartet als Beschönigungen. Mehr noch: Er fand *absolut nichts*. Im Sommer 1980 überreichte er einen endgültigen, umfangreichen und gebundenen Bericht betitelt »Operation Tierverstümmelungen«, der in etlichen Kopien beim *FBI* zirkulierte. Der letzte Eintrag in den *FBI*-Unterlagen zu diesem Thema fasst Rommels Schlussfolgerungen zusammen: »Eine sorgfältige Durchsicht dieses Berichtes lässt bereits erkennen, dass er nichts Neues bezüglich weiterer Untersuchungen durch das *FBI* in Albuquerque zum Thema vorgeblicher Verstümmelungen an Rindern auf Indianerland in Neumexiko hinzufügen kann.«[5] Die Tür bezüglich der Schlächtereien an Rindern bei Dulce wurde leise, aber entschieden geschlossen. Wenigstens sagt man das.

Waren die Tötungen der Rinder wirklich dem Raubverhalten von normalen wilden Tieren zuzuschreiben? Waren sie das Ergebnis von seltsamen Experimenten mit biologischer Kriegsführung seitens der Militärs oder könnten sie auch von böswilligen Aliens verursacht worden sein, die heimlich nach Sonnenuntergang von ihrem höhlenartigen unterirdischen Versteck bei Dulce zur Erdoberfläche aufbrachen mit dem Ziel, eine ziemlich große Menge albtraumartiger genetischer Experimente auszuführen? War es wirklich nur ein Zufall, dass die Energiebehörde im Rahmen ihres Gasbuggy-Programms in den 1960er-Jahren gewaltige unterirdische Versuche unternahm, und zwar in dem gleichen Gebiet, wo in den 1970ern angeblich Außerirdische sich versteckt hielten? War die wirkliche Absicht hinter den Ereignissen von Gasbuggy möglicherweise eine gänzlich andere, als was man sonst verlautbart hatte? Unglaublich, aber: Könnte es wirklich ein streng geheimer Versuch einer vollkommen in Panik gerate-

5 Federal Bureau, *»Animal«*

nen amerikanischer Regierung gewesen sein, die Untergrundbasis von Aliens mit einem mächtigen Gerät zu pulverisieren, ehe die Eindringlinge von den Sternen mit ihrer apokalyptischen Agenda nicht mehr zu stoppen wären?

Es sind genau diese Fragen, die mehr als 30 Jahre nachdem Paul Bennewitz seine ganze Aufmerksamkeit auf Dulce richtete, die Diskussionen über die angeblichen Einrichtungen von Aliens unterhalb des kleinen Städtchens in Neumexiko am Leben erhalten haben. Die Kontroverse scheint zudem noch lange nicht beigelegt zu sein. Tatsächlich haben die Geschichten über den Albtraum von Dulce im Laufe der Zeit sogar noch an Schärfe und bisweilen auch an Exotik gewonnen. Seit Mitte der 1980er-Jahre – als die finsteren Machenschaften der Regierung Paul Bennewitz bereits zu einem Schatten seiner selbst gemacht hatten –, sind unglaublich viele unerhörte Dinge aufgetaucht, die alle anzudeuten scheinen, dass die wahre Natur der unterirdischen Alienbasis bei Dulce weit schrecklicher ist, als man früher glaubte oder sich gar vorstellen konnte.

Die Albtraumhalle

Ein Autor mit dem Pseudonym »Branton« schrieb über eine schillernde Figur namens Thomas Castello; dieser behauptete, Zugang zu dieser Basis von Dulce gehabt zu haben sowie zu Insider-Informationen bezüglich diabolischer Experimente, die von Aliens sowohl an Menschen als auch an gefangenen Tieren vorgenommen worden waren. Brantons Quelle meinte, dass sich tief unten etwas befinde, das angeblich bekannt war als die Halle des Albtraums, vermutlich nur ein Teil eines riesigen, mehrere Stockwerke umfassenden Bereiches unter dem Berg Archuleta Peak: »Experimente [werden] ausgeführt an Fischen, Robben, Vögeln und Mäusen, deren Körper man vollständig verändert. Es gibt dort auch Menschen mit vielen Armen und vielen Beinen, und in mehreren Käfigen werden fledermausartige Kreaturen mit einer Größe bis zu zwei Metern gehalten … Ich habe oft Menschen in Käfigen gesehen, die meisten von ihnen benommen oder unter Drogen stehend, und manchmal riefen sie auch um Hilfe.«[6]

Ganz sicherlich ist dieses wildes und kontroverses Zeug; doch die Aussage stammt von einem Autor unter Pseudonym, der die Informationen seinerseits aus einer Quelle bezogen hatte, die eindeutig keinen Beweis für ihre Aussagen vorweisen konnte … was die ganze Geschichte natürlich nutzlos macht, wenn wir auf der Suche sind nach klaren Beweisen dafür, das die Basis bei Dulce tatsächlich existiert.

Alienbesetzung

Als die 1980er-Jahre vergingen und die 1990er ins Land kamen, wurden die Geschichten immer wilder. Vermutungen, dass kleinwüchsige Aliens mit großen, kahlen Köpfen und schwarzen Augen – die sogenannten »Grauen« der Ufo-Kunde und Populärwissenschaft – gemeinsam mit boshaften, zweibeinigen, reptilienartigen Wesen die ganze Anlage kommandierten, und zwar mit tödlicher, eiserner Hand, wurde schließlich in der ganzen Ufo-Gemeinde als Tatsache angenommen. Ebenso weit verbreitete Geschichten wie jene, dass 1979 eine echte US-Militäreinheit mit Spezialausbildung die Basis stürmte, und zwar mit dem Ziel, diese Horden von Aliens ein für alle Mal auszurotten. Der Geschichte nach endete diese Operation mit einer einzigen katastrophalen Niederlage; die Überlebenden dieser besonderen Sturmeinheit begaben sich auf einen hastigen Rückzug, nachdem sie verheerend geschlagen worden waren und viele Gefallene zu beklagen hatten. Seitdem gibt es beharrlich Gerüchte mit der Aussage, die Regierung müsse sich wohl oder übel in einer gewissen Entfernung halten, während sie jedoch weiterhin im Verborgenen nach Mitteln und Wegen sucht, die Erde von dieser Alienbedrohung zu befreien und deren Höhlen tief unter der Erde von Neumexiko zu zerstören.

6 Hamilton, »*Cosmic*«

Bis zu welchem Punkte diese zugegebenermaßen aufwühlenden Behauptungen und Geschichten der Wahrheit entsprechen, kann man nur raten. Sie könnten vielleicht auch nur das Ende einer Serie von Lügen und Halbwahrheiten sein, die von den Geheimdiensten gestreut wurden, ähnlich wie man in den späten 1970er-Jahren psychologisch auf Paul Bennewitz eingetrommelt hatte. Wie auch immer, das Gespenst von Dulce steht auch im 21. Jahrhundert drohend und groß da wie der Archuleta Mesa selbst.

Am 29. März 2009 fand in der Gegend die »Underground Base Conference« statt, die für einen prallgefüllten Saal sorgte, weil alle die ganze Geschichte darüber erfahren wollten, was tief unter ihren Füßen vor sich geht. Im Januar 2010 schließlich sprach der Forscher Anthony Sanchez mit einem pensionierten US-Luftwaffenangehörigen, der die Existenz der Anlage bei Dulce bestätigte. Doch das war noch nicht alles: Sanchez Quelle teilte ihm mit, dass es statt nur *einer* geheimen Basis tatsächlich *drei* unterirdische Anlagen in diesem Teil des Landes gäbe: Die eine – wie von vielen Gerüchten schon lange vorhergesagt – unter Archuleta Mesa mit dem angeblichen Decknamen TA-D1; ein zweiter zweistöckiger Komplex benannt TA-D2 ganz in der Nähe zur Grenze zu Colorado und eine dritte Basis mit dem Decknahmen TA-D3 im Leandro Canyon, der interessanterweise sehr dicht an dem Gasbuggy-Testgelände von 1967 liegt. Man erzählte Sanchez, die Abkürzung »T.A.« bedeutet »Technical Area«.

Es ist beachtenswert, dass Sanchez (wie zu erwarten war) ungenannter Oberst bekräftigte, niemand namens Thomas Castello sei jemals angestellt und in irgendeiner Beziehung zu den Dulce-Anlagen gewesen; die Geschichten von böswilligen, reptilienartigen Aliens, die sich in der Tiefe von Neumexiko tummelten, seien absoluter Blödsinn. Dennoch ist es ziemlich interessant festzuhalten, dass der Oberst *tatsächlich* verheerende Auseinandersetzungen 1979 zwischen Einheiten des amerikanischen Militärs und dem bestätigte, was er dann vage als »gewisse andere Bewohner der Dulce-Basis« bezeichnete. Im Grunde genommen ist dies genau der Punkt, wo alles bis heute stehen geblieben ist. Obwohl viele Leute in der Ufo-Forschergemeinde über das spotten, was wie ein Skript für einen Mega-Horrorfilm klingt, so weigert sich die Geschichte selbst doch offenbar beharrlich, sich einfach nur auf die Seite zu drehen und dahinzusiechen. Was also geht wirklich vor sich unter Dulce in Neumexiko?

Beobachtung aus der Ferne

Es könnte sein, dass die Stadt Dulce gar nicht auf sich allein gestellt ist, wenn es um die Kontroverse über Aliens in den Vereinigten Staaten geht. Die Details sind leider sehr dürftig, aber eine etwas ähnliche Geschichte – ebenfalls aus den 1970er-Jahren – stammt von dem verstorbenen Pat Price, der vor seinem allzu frühen und unerwarteten Tod 1974 einer der erfolgreichsten Parapsychologen der Regierung war. In den frühen 1970ern hatten sich viele Geheimdienstler, einschließlich die der *CIA*, der US-Armee und der Spionageabwehr mit solch kontroversen Themen beschäftigt wie außersinnliche Wahrnehmung und psychische Phänomene … unter dem speziellen Blickwinkel, ob man möglicherweise solche mentalen Kräfte einsetzen könnte, um die frühere Sowjetunion auszuspionieren. Die Ergebnisse waren keineswegs eindeutig, doch Price erwies sich als ein höchst erfolgreicher »Remote-Viewer«, wie solche Spione genannt wurden.

Eine der äußerst beunruhigenden Dinge, die Price angeblich aufgedeckt hat mit rein psychischen Methoden, war die Existenz einer riesigen Basis von Außerirdischen tief innerhalb von Alaskas Mount Hayes, dem höchsten Berg in der östlichen Gebirgskette. Prices Entdeckung zufolge wirkten die Aliens sehr menschlich, wenn man von gewissen Unterschieden des Herzens, der Lunge, des Blutes und der Augen absieht. Beunruhigender war noch viel mehr die Tatsache, dass die E.T.s angeblich starke psychische Kräfte besaßen, um gewisse Mitglieder der Bevölkerung in ihre Macht zu bringen … für unbekannte Zwecke, die aber eindeutig finster in ihrer Natur und ihrer Absicht waren. Dieses wirft natürlich sofort eine wichtige Frage: Wie viele *weitere* geheime Basen von Aliens nach der Art von Dulce könnte es auf unserem Planeten noch geben, sorgfältig versteckt vor neugierigen menschlichen Augen und vielleicht gar unzugänglich für besorgte Regierungen, die vollständig hilflos sind bei dem Versuch, sich einer rasch ausbreitenden extraterrestrischen Heimsuchung zu erwehren?

Kapitel 9

Ein Land »Down Under«

Anders als die Vereinigten Staaten, Russland und China ist Australien – ein Land mit einer Fläche von nahezu 7,5 Millionen Quadratkilometern – bemerkenswert erfrischend frei von offiziellen Flugverbotszonen. Mit einer Ausnahme. Nein, dabei handelt es sich nicht um den Luftraum über Canberra, der Hauptstadt des Landes. Und es ist auch nicht, wie man vielleicht vermuten könnte, der Himmel direkt über der Residenz des australischen Premierministers. Stattdessen soll die in Frage stehende Flugverbotszone das Personal und die Arbeit einer höchst geheimen Einrichtung schützen, die früher als *Joint Defense Space Research Facility* bekannt war und die jetzt den offiziellen Namen *Joint Defense Facility Pine Gap* trägt. Für Australier aber ist dies ganz einfach *Pine Gap*.

Direkt im Zentrum Australiens gelegen, etwa elf Meilen von Alice Springs, ist *Pine Gap* ein Gebiet, das sich vor allem auszeichnet durch seine Trockenheit, das dürre Grasland und Temperaturen, die im Sommer fast regelmäßig die 40-Grad-Marke erreichen. In ganz vorsichtigen Worten wird es von der australischen Regierung als Satellitenbeobachtungsstation beschrieben … was tatsächlich der Wahrheit entspricht, obwohl die Anlage noch weit, weit mehr ist als dieses. Es handelt sich um einen Ort, der selbst George Orwell Albträume verursacht hätte. Richtig: Einspielungen von Spionagekameras in Überseeländern und solchen in ihrem eigenen Land finden ihren Weg in das Herz von *Pine Gap*. Geheime Überwachungen weltweiter Ziele sowie von Teilen der australischen Bevölkerung, die als interessante Ziele ausgewählt wurden, die in der Welt von heute sowohl echte einheimische Terroristen sein können, aber möglicherweise ebenso ganz normale Bürger, die über die ständig zunehmende Zahl von modernsten Überwachungskameras meckern, die in den Städten des Landes an jeder Ecke emporsprießen.

Die Gründung der Anlage lässt sich bis ins Jahr 1966 zurückverfolgen, das Jahr, in dem die Regierungen Australiens und der Vereinigten Staaten von Amerika heimlich einen Vertrag unterzeichneten, der später bekannt wurde als »*Pine Gap* Treaty«. Einfach ausgedrückt wurde darin die Einrichtung einer streng geheimen Abhöranlage auf australischem Boden genehmigt, die während der meisten Zeit von amerikanischem Personal der *NSA* und der *CIA* betrieben werden sollte. Und genau dies geschah auch: Anfang der 1970er-Jahre machten sich Hunderte von Amerikanern, die zur geheimen Welt der Informationssammler und der Spione gehörten, still und heimlich auf den Weg nach Australien in eine brandneue Anlage ausgerüstet mit den allermodernsten Überwachungssystemen und Technologien.

Heute dominieren riesige Radarkuppeln, welche die sensiblen Antennen schützen sollen, die ganze Basis und verleihen ihr eine geradezu außerirdische Anmutung. Die Zahl der dort beschäftigten Mitarbeiter beträgt Gerüchten zufolge fast eintausend. Streng geheime Operationen mit Spionagesatelliten, Telefon- und Internetüberwachung und hochmoderne, heimliche Arten des Abhörens sowohl von ausländischen wie inländischen Personen und Institutionen sind die Regel. In einer beinahe surrealen Situation (weil die Anlage sich auf australischem Boden befindet), sind alle australischen Angestellten von *Pine Gap* per Anordnung daran gehindert, einen bestimmten Teil der Einrichtung bekannt als »National Cryptographic Room« zu betreten, der sich allein unter amerikanischer Hoheit befindet. Und umgekehrt sind amerikanische Angestellte nicht in der Lage, den »Australian Cryptographic Room« zu betreten. Und dennoch gibt es das Gerücht, dass jede Seite sich dennoch bemüht, die andere heimlich auszuspähen.

Ein großer Teil der Arbeit, die auf *Pine Gap* geleistet wird, gehört zweifellos zu dem legitimen Bereich der nationalen Sicherheit und konzentriert sich auf solche Gebiete wie Terrordrohungen, die Untersuchung bezüglich der Frage, ob fremde Nationen sich an das Waffenkontrollgesetz halten und allgemeiner Informationsgewinnung. Aber während das Zeitalter des Terrors weitergeht, wachsen zugleich die Besorgnisse, ein großer Teil der Arbeit von *Pine Gap* könnte inzwischen auf Australiens gesetzestreue Bürger gerichtet sein anstatt ausschließlich auf die überseeischen Individuen und Gruppen, die möglicherweise dieser Nation und seiner Menschen Schaden zufügen möchten. Beispielsweise enthüllte im Jahr 2010 ein »whistleblower« auf *Pine Gap*, dass die Basis heimlich die Telefone und E-Mail-Aktivitäten australischer Bürger überwacht, die sich für Tierschutzrechte eingesetzt hatten oder für die Aktion gegen die Erderwärmung oder für die Bewegung »Die Wahrheit des 11. Septembers«. Es ist überhaupt keine Überraschung, dass Themen wie diese nicht nur wenige Menschen dazu gebracht zu haben, ihren Zorn zu demonstrieren. Einer der wichtigsten Aspekte dieser Beschwerden über die Arbeit von *Pine Gap* lautet, dass es sich nicht einmal nur um die Arbeit von Menschen aus Überseenationen handelt. Man war besonders erzürnt darüber, dass gewisse Aktivitäten der eigenen australischen Mitbürger intensiv beobachtet wurden, die sich als höchst engagiert gezeigt hatten, wenn es darauf ankam, ein Schlaglicht zu werfen auf dubiose Vorgänge hinter den schwer bewachten Türen dieser geheimen Basis … und notfalls auch offen dagegen zu demonstrieren.

Als *Pine Gap* 1986 sein 20-jähriges Bestehen feierte, gab es weder eine Party noch Geburtstagskuchen oder Kerzen. Stattdessen sah sich das Personal über 300 demonstrierenden Frauen gegenüber, die gleich darauf das Gelände stürmten und natürlich umgehend festgenommen wurden. Um diese Angelegenheit möglichst herunterzuspielen, ließen die Behörden sehr rasch und stillschweigend alle Anschuldigungen fallen. Im Jahr 2002 gab es ein sehr ähnliches Bild, als nicht weniger als 500 Menschen lautstark am Rande der Anlage gegen die wachsende Verwicklung in den Antiterrorkrieg protestierten … und ebenso gegen das Ausmaß, zu dem Australien in die umstrittenen Feindseligkeiten hineingezogen wurde, die sich im gesamten Mittleren Osten ausbreiteten. In ihrer überwältigenden Mehrheit brachten die Demonstranten ihre Ansicht zum Ausdruck und machten sich dann auf den Heimweg. Doch als die Auseinandersetzungen im Irak und in Afghanistan immer größere Ausmaße annahmen, wurden plötzlich gewaltsame Taktiken angewendet.

Es gab eine Gelegenheit, die stärker als viele andere die Vorgänge auf *Pine Gap* in der Öffentlichkeit bekannt machte. Das alles datiert zurück auf den Dezember des Jahres 2005, als vier Mitglieder einer Gruppe, die sich bezeichnete als »Christen gegen Terrorismus«, nämlich Adele Goldie, Jim Dowling, Donna Mulhearn und Bryan Law sich einen Weg in die Basis gebahnt hatten. Eigentlich war es ein wirklich einzigartiges Szenario, denn die vier hatten öffentlich *vorher* angekündigt, es wäre ihre Absicht, jetzt in die Basis einzudringen und zu überprüfen, bis zu welchem Grad die Mitarbeiter auf *Pine Gap* bei der Zielfokussierung für die Bombardierungen des Irak und Afghanistans eingesetzten Raketen mithelfen würden. Es ist überhaupt nicht überraschend, dass alle vier schon festgenommen wurden, eher sie noch einmal tief durchatmen konnten. Jedoch machte man dieses Mal überhaupt keine Anstalten, die Protestierer einfach freizulassen und die ganze Angelegenheit unter

Radarschirme von demselben Typ, der bei Pine Gap in Australien benutzt wird.

den dicken Teppich der Diplomatie zu kehren. Dieses Mal meinte es die australische Regierung ernst.

Unter Einsatz seiner politischen Autorität zog Justizminister Phillip Ruddock ein selten genutztes Gesetz zu Rate, um alle vier unter Strafe stellen zu können: den Verteidigungsakt von 1952. Wären die vier Übeltäter aufgrund dieses Gesetzes verurteilt worden, hätten sie 14 Jahre Haft erwartet … und zwar sieben Jahre für unbefugtes Betreten fremden Eigentums und weitere sieben Jahre für das unerlaubte Fotografieren dieser Einrichtung. Und da hat vielleicht sogar jemand gemeint, die Sicherheitsregeln an der Area 51 seien schon streng! Doch vielleicht noch wesentlich ernster ist die Sache, dass das Gesetz aus dem Jahre 1952 der Regierung auch beinahe unbegrenzte Vollmachten in die Hand gibt, sollte sie sich genötigt sehen, die Interessen des Commonwealth zu verteidigen. Dies bedeutete mit anderen Worten nichts anderes als: Sollte die australische Regierung erfolgreich sein mit der Behauptung, ihre Maßnahmen seien allesamt lediglich im Interesse der Verteidigung der Nation, so könnte sie ziemlich alles unternehmen, was sie unternehmen möchte.

Die Rechtsberater der vier Leute brachten schließlich noch ein Argument hervor, das viele Beobachter als ziemlich logisch und folgerichtig ansahen, als der Fall schließlich im Jahre 2007 vor Gericht kam. Der sogenannte »Defense Act« handelt von Angelegenheiten, wie der Name bereits sagt, die von einer *defensiven* Natur sind. Die Verteidigung der vier Angeklagten stellte in den Vordergrund ihrer Argumentation, dass alle Aktionen auf *Pine Gap* von den Mitgliedern der Gruppe »Christen gegen Terrorismus« keineswegs als defensiv angesehen würden. Stattdessen, so lautete das Argument, sei *Pine Gap* durchaus an *offensiven* Aktionen beteiligt, nämlich durch die Zulieferung von Spionagedaten, welche die Militärs in die Lage versetzten, mögliche überseeische Ziele im Irak und Afghanistan anzugreifen.

Richterin Sally Thomas jedoch wollte davon nichts wissen. Hätte sie das Argument aufgegriffen, wäre dies aus der Perspektive der Regierung zu einem gefährlichen Präzedenzfall geraten: Ein großer Teil der Tätigkeiten auf *Pine Gap* befasst sich damit, fremde Länder auszuspionieren, und man hätte auch in künftigen Fällen argumentieren können, dass bereits aufgrund der Definition das Ausspionieren des Feindes in Übersee schon rein technisch keineswegs defensiver Natur sein könne. Die Gesetzgebung von 1952 heranzuziehen, sei deshalb nicht nur verfehlt, es wäre sogar illegal. Obwohl der Regierung bewusst war, dass die Argumentation der Verteidigung nicht gänzlich unzulässig war, war die Sache damit noch längst nicht entschieden. Tatsächlich wurden Goldie, Dowling, Mulhearn und Law erfolgreich bestraft mit der vollen Härte des Gesetzes, wie dies es zuließ.

Obwohl die Anklage sich bemühte – insgeheim von der Regierung auch so erwünscht –, wurden die vier Personen aber nicht tatsächlich zu einer Gefängnisstrafe verurteilt. Gemeinsam erhielten sie Geldstrafen von insgesamt 3500 Dollar, die sie allerdings nicht bereit waren zu bezahlen. Eine unglaublich zornige australische Regierung versuchte alles, um das Urteil und die Strafe zu revidieren, um letzten Endes alle vier Personen zum nächstmöglichen Zeitpunkt hinter Gitter zu bringen … das heißt so viel wie *sofort*. Nun, auch das funktionierte nicht wirklich. Was *tatsächlich* geschah war, dass die Verteidigung von Goldie, Dowling, Mulhearn und Law rasch in Berufung ging und bemerkenswerterweise Erfolg hatte bei dem Versuch, die gesamte Verurteilung für null und nichtig erklären zu lassen. Das dabei eingesetzte Argument lautete schlicht, es sei zu bezweifeln, ob der Akt von 1952 tatsächlich vollständig der Verfassung gemäß erlassen, eingeführt, interpretiert und gegen die vier Angeklagten rechtmäßig angewendet worden sei. Während die vier ihre Freiheit feierten, schäumte die Regierung vor Wut. Die geheime Arbeit auf *Pine Gap* ging weiter hinter verschlossenen Türen.

Unbekannte Flugobjekte

Pine Gap wurde jedoch noch mit Dingen einer sehr viel fremderen Natur in Verbindung gebracht, als nur das heimliche Sammeln von

Spionagematerial. Aus diesem Gebiet stammen mehr als nur ein paar Ufoberichte. Seit den frühen bis mittleren 1970er-Jahren haben Augenzeugen von seltsamen leuchtenden Lichtkugeln über der Basis berichtet; leuchtende, untertassenähnliche Flugapparate sollen über die Umgebung hinweg geflogen sein, und einem australischen Universitätsprofessor namens J. D. Frodsham zufolge habe während einer gewissen Nacht im Jahr 1989 eine Jagdgesellschaft in dieser Gegend beobachtet, wie sich auf dem Gelände von *Pine Gap* plötzlich ein paar getarnte Türen geöffnet hätten; daraus habe sich ein metallisches, kreisförmiges Vehikel senkrecht erhoben, um dann plötzlich im nächtlichen Himmel zu verschwinden.

In Verbindung mit der Tatsache, dass *Pine Gap* früher *Joint Defense Space Research Facility* genannt wurde, haben unglaubliche Geschichten wie diese unweigerlich der Vermutung Vorschub geleistet, eine geheime Basis der Aliens – möglicherweise nicht unähnlich der angeblich unter der Stadt Dulce in Neumexiko befindlichen – existiere auch unter *Pine Gap*. Allerdings, in Anbetracht des gegenwärtigen extrem hohen technologischen Standards, der zu *Pine Gap* gehört, könnte man mit gleichem Recht vermuten, die angeblichen Ufos seien in Wahrheit geheime Flugapparate einer äußerst terrestrischen Natur: Möglicherweise könnten sie tatsächlich Überwachungsflugzeuge ähnlich der ferngesteuerten Flugapparate (RPV) oder unbemannte Flugapparate (UAV) sein, die zur Zeit am Himmel des Nahen Ostens eingesetzt werden. Wenn es so sein sollte, wie auch im Gebiet von Area 51, so könnte das Personal von *Pine Gap* möglicherweise sogar einen Vorteil darin erblicken und die Leute bewusst glauben lassen wollen, solche Flugapparate seien außerirdischen Ursprunges. Wie dem auch sei, aus der Tiefe der Nevada-Wüste bis zum Herzen Australiens passen offensichtlich geheime Stützpunkte und Ufos welchen Ursprungs auch immer zusammen wie eine Hand und der Handschuh.

Kapitel 10

Geschöpfe der Höhlen

Zu einer der vielen facettenreichen Theorien, die ventiliert wurden, um zu erklären, was sich hinter dem Ufo-Puzzle verbergen könnte, gehört auch eine höchst kontroverse: Es könne sich möglicherweise nicht um Eindringlinge aus weit entfernten Sonnensystemen handeln, sondern die vermuteten Aliens seien in Wahrheit die letzten Überreste einer uralten, aber sehr irdischen Rasse von weit fortgeschrittenem Können, die direkt hier von der Erde stammen. Sie seien eventuell entweder freiwillig aus der menschlicher Art ausgeschert oder dazu gezwungen worden, und würden in riesigen, höhlenartigen Welten unterhalb der Oberfläche unseres Planeten hausen.

Dieser Theorie zufolge sind unsere vermeintlichen Aliens auf einem genetischen Level dem homo sapiens eng verwandt, sodass ihre physische Ähnlichkeit es ihnen gestattet, sich mit Leichtigkeit unter uns zu bewegen … wenn auch mit Hilfe einiger vorsichtig angebrachter Requisiten, die ihr wahres Aussehen etwas verschleiern, wie beispielsweise große Sonnenbrillen, Perücken, große Hüte, hochgeschlagene Kragen sowie extensiv aufgetragenes Make-up. Unsere Führungsschicht soll angeblich von dieser uralten Rasse wissen. Sie wissen, dass diese merkwürdigen Gestalten früher die Herren unserer Welt waren, die wir nun unsere eigene nennen, die wir mehr und mehr verseuchen, ausplündern und zerstören. Und die Behörden sind sich völlig im Klaren darüber, dass nichts und niemand diese Wesen davon abhalten kann, sich in unser Leben einzumischen, um es zu manipulieren, damit es zu ihren eigenen potenziellen finsteren Absichten und Vorhaben passt.

Solch ein Szenario ist zweifelsohne ein sehr unheilvolles. Man stelle sich vor: Spät in der Nacht geht man nach Hause. Die Luft ist unheimlich still und es herrscht Vollmond. Als Sie vor Ihrer Haustür stehen, spüren Sie plötzlich einen deutlichen Luftzug, und sie sehen einen komischen kleinen Kerl, der Sie von der anderen Straßenseite aus beobachtet. Und um die ganze Szenerie noch befremdlicher zu machen, sehen Sie im Schein der Straßenlaterne den altmodischen

Filzhut und den langen schwarzen Mantel. Und außerdem sieht er auch noch totenbleich aus. Also beinahe so drohend wie ein Zombie. Vielleicht ist er das gar nicht, wie Ihr Verstand es sowieso schon angenommen hatte, sondern vielleicht einfach ein verrückter Typ, der einen mitternächtlichen Spaziergang macht. Oder ein regelrechter Straßenräuber. Vielleicht handelt es sich aber auch um das Mitglied einer echten Armee von Unterwelteindringlingen, die sich ihren verborgenen Weg in unsere Städte gebahnt haben und im Schutze der Dunkelheit und des Schattens Pläne schmieden, um die einstmals ihnen gehörende Welt zurückzuerobern. Ist dieses Szenario wirklich zu verrückt, um es ausschließen zu können? Hoffen Sie nur, dass es so ist, sonst könnten Sie eines Tages in schrecklichen Schwierigkeiten stecken.

Die tiefen Höhlen unserer Welt werden angeblich von fremden, unirdischen Kreaturen bevölkert (wie dieses Modell eines Monsters).

Close Encounters

Eher wir zu der Frage kommen, was unsere Elite möglicherweise über diese versteckte Gesellschaft und ihre Geheimnisse in dieser Unterwelt weiß, sollte man zuerst einmal feststellen, dass Begegnungen mit ungewöhnlichen Gestalten aus der Welt unter unseren Füßen überraschend häufig vorkommen. Einer der makabersten Berichte, der zu dieser Kategorie gehört, bezieht sich auf einen Zwischenfall im Jahre 1942 in einem Bergwerk von Arizona, in dem es angeblich spuken sollte. Der Parapsychologe Brad Steiger sagt zu diesen Berichten: »Den Legenden aus der Gegend zufolge wurde dieses Bergwerk verlassen, als die Bergarbeiter auf eine Art von Höhle stießen. Von diesem Augenblick an verfolgte die Bergarbeiter nur noch Unglück. Teile des Tunnels stürzten ein und begruben mehrere Männer unter sich. Einige Investoren der Mine starben als Ergebnis seltsamer Unfälle, und einige der Bergarbeiter verschwanden einfach spurlos.«[1]

Die Vorstellung, in einem Bergwerk zu arbeiten, in dem es spukt, kann möglicherweise abergläubische Arbeiter in Schach halten, doch für zwei halbwüchsige Jungs, die von diesen Erzählungen gehört hatten, war die Verlockung des Abenteuers in diesem unterirdischen Gewirr von Tunnels geradezu unwiderstehlich. Also beschlossen diese unerschrockenen Burschen im Sommer 1942, die tiefsten und schwärzesten Höhlen persönlich zu untersuchen. Es war ein Unterfangen, das sich in jeder Beziehung als kostspielig erwies, wie Brad Steiger berichtet: »Sie passierten die verlassenen Gebäude des Bergarbeiterlagers und kletterten über einen großen Haufen von Schutt, der auf der einen Seite des Eingangs zum Bergwerk lag. Der Schutt lag da, als würde er geradezu den Eingang verschließen wollen, und in diesem Augenblick erblickten die Jungs dieses groteske Ungeheuer. Knapp einen Meter dreißig groß, von sehr massiger Gestalt … das

1 Steiger, »*Monsters*«

Wesen stieß einen unwirklichen Schrei aus und rannte um die Ecke herum auf die Jungs zu.«[2]

Sie flüchteten Hals über Kopf vor Entsetzen. Seltsam, aber Jahre später erzählte einer der Jungs (inzwischen ein Erwachsener), dass er nach seiner Flucht aus dem Bergwerk in einem Kino in der Nähe Zuflucht gesucht hatte, wo er erschreckt wurde von dunklen und seltsamen Figuren, welche die nur schwach beleuchteten Gänge hoch und runter gingen, offensichtlich auf der Suche nach ihm. Doch das war längst nicht alles: Als er nachts zu Bett ging, fühlte sich der Junge plötzlich von dem Blick einer dunklen und schrecklichen Figur fixiert, die auf einem hohen Ast eines Baumes nahe des Hauses hockte und finster in seine Richtung starrte. Sollte die Anwesenheit dieses ominösen Wesens vielleicht eine Warnung für den Jungen sein, sich von der alten Mine und ihren Geheimnissen im Untergrund künftig fernzuhalten? Wahrscheinlich werden wir dieses niemals erfahren.

Shavers Geheimnis

Im Verlaufe der 1940er-Jahre wuchs auch die Zahl der verblüffenden Geschichten, oder um es noch besser auf den Punkt zu bringen, die Zahl der »furchtbaren Stories«. Ray Palmer, Herausgeber des geradezu legendären Magazins *Amazing Stories* von 1938 bis 1949, hatte eine verdammt schwierige Kindheit. Im Alter von sieben Jahren wurde er in einen brutalen Unfall mit einem Lastwagen verwickelt, der sein Rückgrat zerschmetterte, sodass davon nicht nur sein Wachstum beeinträchtigt wurde, sondern er sogar zeit seines Lebens eine endlose Zahl von Gesundheitsproblemen hatte. Keiner von uns, der persönlich kein solch traumatisches Erlebnis hatte, kann sich auch nur ansatzweise vorstellen, wie er in den Jahren reagieren würde, die ihn gerade als heranwachsenden Menschen zu formen beginnen.

Möglicherweise würden wir gerade das tun, was der junge Palmer tat: Wegen der oft grausamen Verhöhnungen der Kinder und der oft

2 Steiger, »*Monsters*«

dummen Reaktionen der Erwachsenen wurde er irgendwie ein bisschen eigenbrötlerisch. In der Einsamkeit seines Schlafzimmers steckte Palmer seinen Kopf tief hinein in die Seiten von Science-Fiction-Magazinen der 1920er- und 1930er-Jahre. Wenn schon die reale Welt zu viel war für den körperlich angeschlagenen Palmer, so sollte wenigstens die futuristische Phantasie ihren Platz einnehmen. In den späten Jahren seiner Teenagerzeit begann Palmer damit, als Co-Herausgeber eines eigenen Magazins namens *Comet* tätig zu werden, das geradezu enthusiastisch willkommen geheißen wurde von der rasch wachsenden Science-Fiction-Gemeinde jener Zeit. Doch die größte Zeit in Palmers Leben kam 1938. Es war so, wie ein Wirklichkeit gewordener Traum.

Ziff-Davis, der Herausgeber des Magazins *Amazing Stories*, hatte gerade das Zentrum aller Aktivitäten von Big Apple nach Windy City verlegt und in diesem gesamten Umwandlungsprozess auch den Redaktionsleiter T. O´Connor-Sloane abserviert. Da Palmer gar nicht so weit entfernt wohnte – nämlich im Herzen von Milwaukee – und Ziff-Davis von der *Comet*-Publikation wusste, wurde Palmer ein Angebot gemacht, das er gar nicht ablehnen konnte: ein Vollzeitengagement als Herausgeber der *Amazing Stories*.

Heute erinnert man sich an Palmers Position als Boss der Zeitschrift *Amazing Stories* vor allem aus zwei spezifischen Gründen:

- Er kaufte und veröffentlichte Isaac Asimovs allererste SciFi-Story *Marooned off Vesta*.
- Er wurde zur Leitfigur einer ganz entschieden schrägen Geschichte, die bekannt wurde als »Shaver Mystery«.

Ob es sich bei der »Shaver-Saga« um Science-Fiction handelt oder um Wissenschaft, darüber rätseln viele Menschen noch bis heute. Die »Shaver Mystery« hatte ihren Ursprung zum Höhepunkt des Zweiten Weltkrieges. Es war ein relativ normaler Tag im Jahr 1943, als Palmer seine tägliche Post öffnete, die sich für gewöhnlich in das Büro von *Amazing Stories* ergoss, und dabei über einen besonderen Brief stolperte, der von einem gewissen Richard Shaver aufgegeben worden war. »Verrückt« ist kaum genug, um das zu beschreiben. Shaver schrieb, er selbst habe ein sensationelles und erschreckendes Geheimnis entdeckt: In einer fernen Vergangenheit lebte eine Rasse von uralten, hoch entwickelten Wesen direkt unter unseren eigenen Füßen. Gewaltige Kavernen, riesige Höhlen und endlose Tunnel seien der dunkle, feuchte Platz, den sie ihre Heimat nannten.

Das heißt, das war alles so, ehe sie beschlossen, die Erde zu verlassen und zu einer neuen Welt auf der anderen Seite der Galaxie zu reisen. Als diese Wesen unserem Planeten endgültig einen letzten Gruß schickten, hinterließen sie etwas tatsächlich Ernstes und Abscheuliches: ihre kranken, geistig verwirrten Nachkommen, die man als Deros bezeichnete. Die menschliche Rasse zu verhöhnen, stetig neue Möglichkeiten zu suchen, um unser Leben zu erschweren und unseren Geist zu belästigen, und noch schlimmer, uns als Nahrung zu betrachten … dies waren nur einige ihrer grauenvollen Eigenschaften. Ja, Shaver zufolge wurden die Menschen geradezu systematisch gekidnappt und von den grotesken Höhlenbewohnern verschlungen.

Palmer erschien dieses albtraumhafte Szenario wie ein Spaß; als der scharfsinnige Herausgeber der *Amazing Stories* erkannte er zugleich die Bedeutung und die potenzielle enorme Auswirkung der Geschichte, die ihm da quasi in den Schoß gefallen war. Er wusste, dass sie seine Leser in höchstem Maße unterhalten würde und dass sie gleichzeitig der Auflage seines Magazins keinen Schaden tun würde. Die Geschichte hat Palmer in diesen Sachen Recht gegeben.

Doch ehe er in dieser Angelegenheit weitermachen konnte, so wurde Palmer schon früh bewusst, brauchte er von Shaver noch sehr viel mehr. Wichtige Fragen mussten zunächst beantwortet werden: War Shaver in dieser schrecklichen Unterwelt persönlich gewesen? War er vielleicht sogar selbst auf diese tödlichen und psychotischen Deros gestoßen? Falls nicht, woher hatte Shaver dann seine Informationen bekommen? An diesem Punkte wurden die Sachen immer verwickelter. Shaver schrieb geradezu besessen all die Antworten auf diese Fragen an Palmer, doch ich vermute ganz stark, dass dies nicht wirklich all das war, was dieser tatsächlich erwartet hatte.

Shaver schrieb, er sei 1932 als Schweißer in einer Automobilfabrik angestellt gewesen, in der fast alle Tage nach reiner Routine abliefen. Doch ein Tag war ganz sicher anders: Bei dieser Gelegenheit, so schrieb Shaver, hätte plötzlich sein Schweißapparat begonnen, mit ihm zu sprechen. Dies sei so geschehen, so meinte Shaver, »durch eine seltsame Fehlschaltung in den Wicklungen des Apparates.«[3] Danach wurden auf telepathischem Wege Geschichten von schrecklicher Natur in Shavers Gehirn gestrahlt, die sich alle irgendwie mit den Deros befassten, ihrer Neigung zum Verzehr menschlichen Fleisches und ihrer unterirdischen Städte. Shaver war so zufrieden über Palmers rasche Antwort auf sein ursprüngliches Schreiben, dass er umgehend eine 10 000-Wörter-Geschichte verfasste, die sich mit den herausragenden Punkten der Affäre befasste, einschließlich der unerhörten Behauptung, er, Shaver, sei für einige Jahre sogar der Gefangene eines Deros gewesen, bevor es ihm endlich gelungen sei, zu entfliehen.

Dies war absolut großartig für Palmer, der bis spät in die Nacht hinein arbeitete und Shavers Geschichte redaktionell bearbeitete, damit sie schließlich im März 1945 in den *Amazing Stories* in einem Feature genannt »Ich gedenke Lemuria« erscheinen konnte. Die Verkäufe dieser besonderen Ausgabe durchbrach geradezu das Dach und stieg weit hinauf in die Stratosphäre, und sowohl der Herausgeber wie der Autor waren geradezu entzückt. Doch weder der eine noch der andere waren im Geringsten vorbereitet auf die Tausende von Briefen, die die Redaktion *Amazing Stories* von der unendlichen Zahl der Leser erreichte, die von Richard Shavers Berichten vollkommen fasziniert waren. *Wir wollen mehr* – so lautete im Grunde die Reaktion der riesigen Leserschaft, und Palmer wollte sie nicht enttäuschen. Die Sha-

3 Oaks »Paranormal«

ver-Angelegenheit zog sich über Jahrzehnte hin, weil sie immer wieder von anderen Personen angeheizt wurde, die behaupteten, ebenfalls Kenntnis von den Deros und ihrer unterirdischen Welt zu besitzen. Heute wird die gesamte Geschichte von der Mehrheit der Ufo-Forscher als nichts mehr denn ein böser Scherz angesehen, der von Shaver ausgelöst und später von Palmer noch angeheizt wurde, der kaum weniger im Sinn hatte, als die Leserschaft seines geliebten Magazins zu vergrößern, gleichgültig mit welchen Methoden.

Allerdings haben auch andere ähnliche, aber glaubwürdigere Geschichten solcher Untergrund-Kreaturen erzählt.

Mac Tonnies

Bis zum Augenblick seines tragischen Todes im Oktober 2009 im Alter von 34 Jahren war der Autor Mac Tonnies dicht auf der Spur dieser antiken, unterirdischen Hominiden, die er als Kryptoterrestrische bezeichnete. Nur wenige Monate vor seinem Tode erzählte mir Tonnies noch: »Nachdem ich unzählige Bücher über die Ufo-Kontroverse und alles Paranormale geradezu verschlungen hatte, wurde mir langsam klar, dass die Hypothese von irgendwelchen extraterrestrischen Wesen unter einigen unerträglichen Mängeln litt. Kurz gefasst, erschienen die ›Aliens‹ viel eher wie surreale Karikaturen unseres eigenen Selbst, statt wie Lebewesen, die im Besitze von gottgleichen Technologien sind, wie man sie verständlicherweise von interstellaren Besuchern erwarten könnte. Ich kam zu der Erkenntnis, dass die extraterrestrische Hypothese gar nicht fremdartig genug ist, um die Gesamtheit all dieser Fälle auch nur ansatzweise zu erfassen.«[4]

Wenn also E.T. noch nicht seltsam genug war für Tonnies, wer sonst? Die da unten, na also. »Wenn wir es mit hominiden Wesen zu tun haben, die hier von der Erde stammen«, meinte Tonnies, »dann werden etliche der Probleme einfach verschwinden. Ich stelle mir die Kryptoterrestrischen vor in einem Zustand der Ausflucht, bei dem sie

4 Redfern, Interview mit Mac Tonnies

unser eigenes Glaubensgefüge zu ihrem eigenen Zwecke hinbiegen wollen. Und ich bin der Meinung, dass dieses in der einen oder anderen Form seit sehr, sehr langer Zeit schon geschehen ist. Ich glaube, dass ein Großteil folkloristischer und mythologischer Beweise in diese Richtung weist, und ich finde es höchst interessant, dass so viele Beschreibungen angeblicher ›Aliens‹ geradezu gestellten Szenen entsprechen, mit dem Ziel, die Aussagen von Zeugen zu verwirren und ebenso ihre Sinneseindrücke.«[5]

Das Wissen der Behörden

Wir haben inzwischen von vielen Berichten von Einzelpersonen gehört, doch was weiß man eigentlich auf der offiziellen Ebene über diese angeblichen uralten Wesen und ihre unterirdischen Behausungen? Das bereits früher erwähnte ehemalige Mitglied des US-Luftwaffen-Geheimdienstes Walter Bosley lieferte einen höchst wertvollen Beitrag zur Beantwortung dieser Frage. Bosleys Vater diente in der US-Luftwaffe in den späten 1950er-Jahren und hatte auch mit Angelegenheiten des amerikanischen Raumfahrtprogramms zu tun. Bemerkenswerterweise erhielt Bosley senior während seiner Anstellung beim Militär auf der Wright-Patterson Air Force Base in Ohio – möglicherweise sogar innerhalb des legendären Gebietes von Hangar 18 – eine geheime Unterrichtung bezüglich des Ufo-Absturzes nahe Roswell, Neumexiko, im Sommer 1947.

Bosley erklärte, dass zur Zeit der Unterrichtung seines Vaters die Luftwaffe bereits zu einer äußerst verblüffenden Schlussfolgerung gekommen sei. Weder die befremdlichen Flugapparate noch die in der Wüste außerhalb von Roswell zu der in Frage stehenden Zeit gefundenen Körper seien von Außerirdischen abstammend. Sein Vater habe ihm berichtet, diese Wesen und ihr Fahrzeug kämen von *innerhalb* unseres Planeten. Ihre Zivilisation würde vermutlich in einem riesigen Untergrundsystem von Höhlen und Tunnels unter dem Süd-

5 Redfern, Interview mit Mac Tonnies

westen der Vereinigten Staaten residieren. Bosley wurde auch noch von seinem Vater gesagt, »sie sind menschlich in ihrer Erscheinung, und zwar so weit, dass sie sich mit Leichtigkeit und ohne die geringste Anstrengung unter uns bewegen können. Wenn du ihnen allerdings ganz nahe kommst und sie anschaust, würdest du etwas Merkwürdiges beobachten, jedoch nicht, wenn dieselbe Person nur an dir auf der Straße vorüberginge.«[6]

Wir sind außerdem noch im Besitz der erleuchtenden Erzählungen von Nick Pope, der über drei Jahre hinweg – von 1991 bis 1994 – ganz offiziell Ufo-Meldungen für das britische Verteidigungsministerium (*MoD*) untersuchte. Im Jahr 1999 schrieb Pope einen SciFi-Roman mit dem Titel *Operation Thunder Child*, in dem aus der Perspektive des Verteidigungsministeriums und der britischen Regierung über eine Alien-Invasion der Erde erzählt wird. Bemerkenswerterweise sagt in diesem Roman die amerikanische Regierung den britischen Behörden, die Aliens seien nichts weiter als die Nachfahren des Neandertalers, der ziemlich wörtlich vor Jahrtausenden in den Untergrund gegangen sei, um seine eigenen komplizierten und komplexen sozialen Strukturen und Technologien zu entwickeln.«[7] An einer Stelle von Popes Buch gesteht der amerikanische Präsident dem britischen Premierminister, diese uralten Menschen »hätten unsere Entwicklung sehr genau beobachtet, vor allem seit der industriellen Revolution … Doch es ist unser Fortschritt während der letzten 100 Jahre, der sie vor allem stark beunruhigt hat.«[8] Im Laufe der Geschichte von Popes Buch lernen wir jedoch, die Wahrheit ein klein wenig anders zu sehen: Der uralte menschliche Gesichtspunkt, wie er britischen Behörden dargestellt wurde, ist nur eine List der amerikanischen Behörden, um eine tatsächliche extraterrestrische Anwesenheit in unserer Welt zu maskieren.

6 Guest, »*The Other*«
7 Pope, »*Operation*«
8 Pope, »*Operation*«

Höhlen der Verschwörung und der Albträume

Dies lässt uns zurück mit einer ganzen Anzahl von nachdenklich stimmenden Fragen: Hat Nick Pope, der ehemalige Ufo-Forscher für das Verteidigungsministerium, von Einflüsterungen und Gerüchten seiner amerikanischen Freunde und Kollegen in der Welt der Behörden von der Theorie gehört, unsere außerirdischen Besucher könnten eventuell gar nicht aus weit entfernten Sonnensystemen stammen? Sollte dies so sein, hat er dann absichtlich gewisse Aspekte in seine Erzählung von 1999 buchstäblich hineingewebt? Die Geschichte der angeblichen unterirdischen Bewohner unseres Planeten, so scheint es, ist ebenso facettenreich und schattengleich wie die Tunnels und Höhlen, in denen sie angeblich hausen.

Kapitel 11

Städte auf dem Mond

Bisher können alle streng geheimen Wirklichkeiten, welche in diesem Buch beschrieben wurden, genau hier auf unserer Erde gefunden werden … genau so, wie wir es vielleicht erwarten würden! Doch was ist mit dem sehr umstrittenen Thema strengst geheimer Anlagen außerhalb unseres Planeten? Ist es wirklich vorstellbar, unser eigener Mond zum Beispiel sei ein sicherer Zufluchtsort für eine oder mehr hochgradig entwickelte und gesicherte Basis der US-Regierung und/oder ihres Militärs? Oder könnte es, so unglaublich das klingen mag, der Ort von außerirdischen Einrichtungen sein, deren Existenz die Bürokratie unter allen Umständen geheim halten möchte, aus Angst vor öffentlicher Panik oder Hysterie? Die zur Zeit verfügbaren Angaben und Zeugenaussagen legen eine erstaunliche Antwort nahe, nämlich es könnten *beide* Szenarios zutreffen.

Versteckte Mondbasen

1965 wurde Karl Wolfe, ein Angestellter der US-Luftwaffe, abkommandiert zu einem Projekt der Langley Air Force Base in Virginia, das indirekt auch mit dem Mond-Umkreisungsprojekt der *NASA* zu tun hatte. Während eines besonders bemerkenswerten Augenblicks, als Wolfe sich gerade mit einem Kollegen unterhielt, wurde er von der *NASA* unterrichtet, man habe etwas sehr Erstaunliches entdeckt, als man die Fotografien der Mondoberfläche studiert hatte: eine riesige Installation unbekannten Ursprunges auf der erdabgewandten Mondoberfläche. Die Fotografien, so erklärte man Wolfe, zeigten deutlich erkennbare Gebäude und Strukturen, die alles zusammengenommen eine gigantische Anlage – gebaut von beunruhigend unbekannten Kräften – darstellten.

Wolfe begriff blitzschnell, dass ihm gerade die Details einer Angelegenheit mitgeteilt wurden, die ohne Zweifel wesentliche Auswirkungen auf die nationale Sicherheit haben könnte. Er brachte das Gespräch zu einem abrupten Ende, obwohl es seiner eigenen Empfindung nach aufregend und faszinierend war. Viele Leute haben die Schlussfolgerung gezogen, Karl Wolfes Enthüllungen seien ein starker Hinweis darauf, dass Aliens bereits heimlich unseren Mond als den ihren in Beschlag genommen haben; mithilfe der Konstruktion einer versteckten Basis haben sie die ersten, heimlichen Schritte zur Kolonisierung unternommen. Ungeheuerlich? Gewiss! Unmöglich? Vielleicht nicht. Es gibt nämlich möglicherweise eine viel einfachere Erklärung für die Existenz dieser seltsamen Weltraumstadt, über die man Karl Wolfe informiert hatte.

Es ist nach und nach durchgesickert, dass bereits in den späten 1950er-Jahren die US-Armee einen geheimen Plan entwickelt hatte für die Errichtung eines Stützpunktes auf dem Mond: eine beeindruckende, ständig bemannte Basis von unglaublicher Größe, welche die unbestreitbare militärische Überlegenheit über die damalige Sowjetunion unverkennbar deutlich machen soll. Und raten Sie was? Das Ziel der Armee war es, die ersten Ansätze für die Verwirklichung dieses Programms bis 1965 zu erreichen … also genau bis zu dem Jahr, da Karl Wolfe von der *NASA* unterrichtet wurde, man habe die deutlichen Beweise von irgendeiner Art von intelligentem Leben entdeckt, und zwar in Form einer großen Anlage auf der anderen Seite des Mondes.

Obwohl das Vorhaben der Armee – Codename *Project Horizon* – den Berichten zufolge abgesagt wurde aufgrund a) der noch nicht entwickelten und ausreichenden Technologie sowie b) fehlender Mittel zur Finanzierung solch eines Projektes vor einem halben Jahrhundert, gibt es auch noch ganz andere Stimmen, die behaupten, das Projekt könnte eventuell niemals aufgegeben, sondern insgeheim und fern der Öffentlichkeit durchgeführt worden sein. In diesem Fall könnte das Militär ein supergeheimes Raumfahrtprogramm besitzen, von dem die *NASA* nur sehr wenig oder möglicherweise überhaupt gar nichts weiß. Ist solch ein Szenario einfach allzu unglaublich, um wahr zu sein? Vielleicht ist es das nicht.

Am 20. März 1959 unterzeichnete Generalleutnant Arthur G. Trudeau, Chef der Forschungs- und Entwicklungsabteilung bei der US-

Armee, ein umfangreiches Dokument, welches die Errichtung eines Außenpostens auf dem Mond zum Thema hatte, und zwar gebaut und betrieben von der Armee (zu geschätzten Kosten von etwa sechs Milliarden Dollar). So wurde das *Project Horizon* geboren.

Auf den ersten Seiten des mehrere Hundert Seiten umfassenden Berichtes unter dem Titel »Project Horizon: Eine Studie der US-Armee für die Einrichtung eines lunaren militärischen Außenpostens« schrieb Trudeau: »Es gibt eine gewisse Notwendigkeit für die Einrichtung eines bemannten militärischen Außenpostens auf dem Mond. Die lunare Basis wird benötigt, um die künftigen amerikanischen Interessen auf dem Mond weiterzuentwickeln und zu schützen; ebenso, um Techniken für mondgestützte Überwachungseinrichtungen der Erde und des Weltraums zu entwickeln, zum Beispiel im Bereich der Kommunikationsanlagen und in Bezug auf alle künftigen Operationen auf der Oberfläche des Mondes; um als Basis für die künftige Erkundung des Mondes zu dienen und zugleich für weitere Explorationen des Weltalls sowie für militärische Operationen auf dem Mond selbst, falls dies erforderlich sein sollte, und für wissenschaftliche Untersuchungen der Mondoberfläche.«[1]

Der Plan war ganz offensichtlich äußerst ehrgeizig, und das sollte er schon sehr bald noch mehr werden: Wernher von Braun (damals Leiter der »Army Ballistic Missile Agency«) beauftragte Heinz-Hermann Koelle, den brillanten Flugzeugbauingenieur, zum Leiter des Projektes. Von da an wurden alle Pläne ernsthaft durchgezogen. Die Unterlagen des *Projekt Horizon* belegen, dass zumindest anfänglich jegliche derartige Einrichtung zunächst sehr klein sein müsste, und zwar für 10 bis 20 Menschen zu einer gegebenen Zeit. Jedoch betonten die Verfasser des Berichtes die Wichtigkeit, die Basis so zu planen, dass sie jederzeit in ihrer Größe und Aufgabe beständig erweitert werden könne und in der Endstufe auch eine erhebliche Mannschaft auf Dauer beherbergen können müsse. Es war dabei allen Beteiligten

1 United States Army, »*Project Horizon Report: Volume 1*«

gänzlich klar, dass solch eine neue Basis den Vereinigten Staaten gestattet hätte, ihre wissenschaftliche Präsenz auf dem Mond sowie der neuen und stetig größer werdenden Domäne des Alls bedeutend auszubauen, jedoch war es zweifelsohne das wachsende militärische Potenzial, das für Amerikas längerfristige Ziele so verlockend erschien.

In der klaren Erkenntnis, dass der nähere Weltraum schon in der nächsten Zukunft militärisch genutzt werden würde, nahm das *Projekt Horizon* an, dass das Kommunikationssystem der Armee auf äußerste Weise von einer Relaisstation auf dem Mond profitieren würde im Falle eines nationalen Notstandes, wie er durch einen Nuklearangriff seitens der Sowjetunion entstehen könnte, der sämtliche erdgestützten Kommunikationssysteme auslöschen würde. Deshalb wurden schon frühzeitig Pläne entworfen für das sogenannte »worst-case scenario« mit dem Ziel, die eigene Basis mit allen zur Verfügungen stehenden Nuklearwaffen gegen kommunistische Angriffe zu verteidigen.

In den überraschenden Kriegsspiel-Szenarien der Militärs tauchten sogar Szenen auf, wie russische Soldaten in Kosmonauten-Anzügen die geheime Mondbasis erreichten und sich mit dem amerikanischen Armee-Personal regelrechte Schlachten lieferten mit dem Ziel, die Anlage entweder vollständig zu zerstören oder sie einzunehmen und unter sowjetische Kontrolle zu stellen. In einem Abschnitt des Berichtes betitelt »Grad der Dringlichkeit« wurde mehr als einmal klar gemacht, dass einer der wesentlichen Ziele des *Project Horizon* darin bestünde, den Mond zu erreichen und dort einen Außenposten zu errichten, ehe dies den Sowjets gelänge.

Army-Angehörige legten ausführlich und peinlich genau alle Trainingsübungen dar, die amerikanische Astronauten notwendigerweise durchlaufen müssten, damit sie eventuell wochen- oder sogar monatelang auf dem Mond leben könnten; außerdem wurden Möglichkeiten gezeigt, wie man eventuell Sauerstoff und Wasser aus der natürlichen Umgebung des Erdtrabanten gewinnen könnte für den Fall, dass die Basis einerseits dauerhaft bewohnt oder möglicherweise von Nachschublieferungen abgeschnitten werden würde. Als Zeichen dafür, wie viel Mühe sich das *Project Horizon* gemacht hatte, das schließlich ganz neue Wege für den Weg des Menschen ins All aufzeigen sollte, wurden auch zahlreiche Möglichkeiten in Betracht gezogen, wie man die Reichtümer des Mondes an Mineralien und anderen Bodenschätzen erfolgreich ausbeuten und kommerziell verwerten könnte.

Jeder dieser fantastischen und geheimen Operationen würde ein gigantisches Maß an Planung, Vorausdenken und Hingabe an die bevorstehenden Aufgaben erfordern. Die an dem Programm beteiligten Mitarbeiter erkannten, dass alle Materialien für die Konstruktion der Mondkolonie Stück für Stück auf unseren Trabanten transportiert werden müssten mithilfe von riesigen mehrstufigen Raketen (und möglicherweise gar unter Zuhilfenahme von riesigen Raumstationen in einer Erdumlaufbahn).

Was die eigentliche Basis anbetrifft, so könnte es sich durchaus als Vorteil erweisen, so der Bericht, würde man eine natürliche Höhle auf dem Mond in eine für das Überleben der Mannschaft benötigten Aufenthaltsort verwandeln. Ein Bauprogramm dieser Art, so wurde geschätzt, könnte 1965 beginnen, und es müsste wahrscheinlich eine 2-Personen-Mannschaft zu einem günstigen Platz auf dem Mond transportiert werden, wo benötigte Baumaterialien bereits mithilfe von früheren Transportflügen deponiert worden waren. Die Anlage selbst würde zusammengesetzt aus Metallröhren, etwa sechs Meter lang und gute drei Meter im Durchmesser, wobei die erste zunächst einmal zum Aufenthaltsort der ersten Mannschaft werden würde. Es klingt für uns sehr überraschend, aber die mit dem *Project Horizon* befassten Konstrukteure gingen davon aus, die Basis (allerdings in noch kleiner und quasi rudimentärer Form) könnte bereits innerhalb von zwei Wochen nach Ankunft der Mannschaft und des Materials fertiggestellt und schon in Betrieb genommen sein.

Es könne nützlich sein, meinten diejenigen, welche die Dokumentation zum *Project Horizon* vorbereitet hatten, die zusammengestellten Zylinder im Boden zu vergraben. Dies könnte das Personal vor solchen möglichen Gefahren wie Meteoriten, gefährlicher Strahlung und extremen Temperaturschwankungen schützen. Sobald diese unterirdische Anlage eine ausreichende Größe erreicht hätte und in vollem Betrieb war, sodass die dauerhafte Anwesenheit von Personal möglich wäre, könnte der weitere zügige Ausbau in Angriff genommen werden mit dem Ziel, auch bedeutende Konstruktionen auf der Oberfläche zu errichten.

Mehr und mehr neue Anlagen könnten dem ursprünglichen Bau hinzugefügt werden: Landeplattformen für Shuttle-Flüge wurden eingeplant, Startrampen für sowohl bemannte wie unbemannte Flüge zu den näheren Planeten wurden für möglich gehalten. Was ursprünglich in der Planung wie ein kompakter militärischer Außenposten am Nord- und Südpol begonnen hatte, könnte möglicherweise zu einer riesigen strategischen Anlage mutieren, die sowohl als Ausgangspunkt für wissenschaftliche Unternehmungen als auch für militärische Operationen dienen könnte, die man im Interesse der Sicherheit und der technischen Weiterentwicklung der Vereinigten Staaten für notwendig erachten könnte.

Während die amerikanische Armee noch im Jahre 1959 ziemlich selbstbewusst war, sie könne eine dauerhaft bemannte Station auf dem Mond irgendwann zwischen 1965 und 1966 fertiggestellt haben, so hat die Geschichte gezeigt, dass es der *NASA* trotz ihres gesamten Einsatzes und ihrer Fachkenntnisse erst im Jahr 1969 gelang, eine kleine Gruppe von Männern auf dem Mond landen zu lassen. Zu jener Zeit stand eine Mondbasis nicht auf der Tagesordnung der *NASA*. Nun könnte man meinen, das Militär sei in seinen Planungen etwas überambitioniert gewesen. So hat die Geschichte beispielsweise gezeigt, dass zumindest offiziell das *Project Horizon* aus Geldmangel und wegen der noch nicht ausgereiften technologischen Möglichkeiten in den Schubläden verschwand. Inoffiziell, so glauben einige, sei das Project Horizon – und möglicherweise weitere, wesentlich ehrgeizigere Ziele – im Geheimen weitergeführt worden und hätte letzten Endes zum Bau einer großen und streng geheimen Anlage auf dem Mond geführt, die der von Karl Wolfe beschriebenen ähnlich sei.

Die NASA und Gary McKinnon

Gewisse von der *NASA* öffentlich befürwortete Programme wurden dennoch zum Thema intensiver Geheimhaltung: Zwischen 1982 und 1992 transportierte eine Flotte von *Space Shuttles* elf geheime Nutzlasten (mit anderen Worten Spionagesatelliten) für die Geheimdienste der Vereinigten Staaten und insbesondere das supergeheime *National Reconnaissance Office* in den Weltraum. Das ist uns bekannt. Doch wesentlich bemerkenswerter ist die seltsame Aussage eines gewissen Gary McKinnon. Er ist ein Kind der 1960er-Jahre und besitzt eine tief reichende Faszination für Ufos. McKinnon lebt gegenwärtig in London, England, mit der düsteren Bedrohung, an die Vereinigten Staaten ausgeliefert zu werden. Ihm wird vorgeworfen, was ein amerikanischer Staatsanwalt als das zweifelsohne ernsteste Computer-Hacking in der Infrastruktur der Behörden nannte. Die Anklage behauptet außerdem, McKinnon habe dabei ernste Schäden an einer ganzen Reihe von *NASA*-Computern angerichtet, und zwar dies als Ergebnis seiner Besessenheit von Ufos.

In einigen meiner anderen Bücher habe ich ausführlich über McKinnon geschrieben, doch was hier zu diesem Kapitel passt und von ziemlicher Bedeutung ist, betrifft McKinnons Aussage, er habe Akten gesehen, die ausdrücklich *nicht-terrestrische Offiziere* erwähnen. Dies verleitete manche Kommentatoren zu Spekulationen darüber, es handele sich dabei möglicherweise um verborgene Hinweise auf ein geheimes Team amerikanischer Astronauten, die Teil eines ebenso geheimen Raumfahrtprogramms sein könnten.

Richard Dolan

Eine weitere Person, die sich zustimmend geäußert hat zu solchen Themen wie geheimen Stützpunkten auf dem Mond und der Theorie, die amerikanische Regierung sei beteiligt an einem verborgenen Raumfahrtprogramm, ist der angesehene Autor und Historiker Richard Dolan. Er meinte: »Über die Jahre hinweg hat es nicht gerade einen Mangel an ruhigen, seriösen Menschen gegeben, die mir von ihrer Kenntnis bezüglich eines solchen geheimen Programms berichtet haben. Gibt es Basen auf der abgewandten Seite des Mondes? Ich kann es nicht mit Bestimmtheit sagen, doch ausschließen kann ich es ebenso nicht.«[2]

Spionagesatelliten

Dann gab es auch noch die erhellenden und auch kryptischen Bemerkungen der US-Senatorin Jay Rockefeller und Ron Wyden vom Dezember 2004. Während einer leicht hitzigen Debatte über die Geheimdienstgesetze aus dem Jahr 2005 äußerten sie auch ihre Kenntnisse über geheime Raumfahrtprojekte der USA ... ein geheimes Programm, das Rockefeller als ungeheuer kostspielig bezeichnete. Interessanterweise erwähnte sie auch, es habe Versuche gegeben, das Projekt zu beenden (wenigstens zweimal von Seiten des Senates), jedoch wurde dies von anderer Seite abgewehrt. Steven Aftergood von der Föderation amerikanischer Wissenschaftler vermutete, die Senatoren würden versteckt über geheime Spionage-Angelegenheiten diskutieren.

Männer, die den Mond anstarren

Wir kommen nun zu der faszinierenden und unbestreitbar einzigartigen Saga eines Mannes namens Ingo Swann, der in den 1970er-Jahren mitarbeitete an dem amerikanischen Regierungsprogramm bekannt als »Remote Viewing«, das sich mit der Möglichkeit befasste,

2 Dolan, »*Musings*«

psychische Kräfte und außersensorische Wahrnehmungen (ESP) einzusetzen mit dem Ziel, die ehemalige Sowjetunion auszuspionieren. Swann entwickelte sich zu einem höchst geschickten »Remote-Viewer«, und seine Talente wurden für etliche geheimdienstliche Operationen eingesetzt, vor allem in Bezug auf überseeische Ziele, die möglicherweise als Bedrohung für die Vereinigten Staaten anzusehen waren. Im Laufe seiner Tätigkeit kam Swann in Kontakt mit einer ganzen Vielzahl recht zweifelhafter Figuren aus der Welt der Spionage, einschließlich eines tatsächlich Machiavelli-artigen Charakters, der seltsamerweise nur unter dem Namen Mr. Axelrod bekannt war.

Im Februar 1975 wurde Swann aus heiterem Himmel von einem Mann kontaktiert, den er als eine wichtige Figur aus Washington D.C. beschrieb und der Swann darauf vorbereitete, dass er schon bald einen Telefonanruf eines gewissen Mr. Axelrod zu erwarten hätte. Swanns Quelle teilte ihm noch vorsichtig mit, er könne zz. noch keine wirklich sinnvolle Erklärung für all dies liefern, doch Swann solle sich schon jetzt darauf einstellen, denn die Angelegenheit wäre von größter Dringlichkeit und Wichtigkeit. Ein etwas besorgter Swann wartete und wartete … und wartete.

Schließlich, etwa vier Wochen später kam ein Anruf, und Swann wurde gesagt, er solle sich auf ein Mantel- und Degen-Rendezvous vorbereiten, und zwar schon in ein paar Stunden am Museum für Naturgeschichte des *Smithsonian* (ein Ort, von dem wir bereits wissen, wie verwoben er ist mit den Geheimnissen und Verwicklungen bezüglich der angeblichen Überreste der Arche Noah). Ohne zu zögern stimmte Swann zu und machte sich rasch auf den Weg zu dem vorgeschlagenen Treffpunkt (wenn auch mit einem gewissen Maß an Unruhe und Nervosität), wo er von einem Mann begrüßt wurde, der angeblich wirkte wie ein Marinesoldat.

Es gab gewisse Begrüßungsformalitäten, und noch immer war Swann sich überhaupt nicht im Klaren darüber, was ihn erwarten würde. Mit dem Auto wurde er zu einem zweiten Ort gebracht, wo bereits ein Helikopter auf ihn wartete und ihn zu einem unbekannten

Ziel flog. Die Sicherheitsmaßnahmen und die gesamte Geheimhaltung um diese Reise waren derart stringent, dass Swann auch während des 30-Minuten-Fluges eine Augenbinde tragen musste. Nach der Landung wurde Swann zu einem Fahrstuhl geführt, der eine erhebliche Zeitspanne nach unten fuhr ... vielleicht in die Eingeweide einer geheimen, unterirdischen Einrichtung, dachte Swann. Als ihm die Binde endlich abgenommen wurde, machte man ihn mit dem geheimnisvollen Mr. Axelrod bekannt, der sogleich gestand, dies sei nicht sein wirklicher Name, doch für die Zeit ihrer Zusammenkunft sei dies ausreichend.

Axelrod kam dann direkt zum Punkt und stellte Swann viele Fragen über die Natur von »Remote Viewing«. Dabei ließ er keine Zweifel daran, dass er Swanns Fähigkeiten in dieser Hinsicht nutzen wollte, und zwar für einen eindeutig geheimen Einsatz und außerdem für eine beträchtliche Summe Geldes. Es war tatsächlich eines dieser Angebote, die man gar nicht ablehnen kann. Und Swann, ganz sicher, tat dies auch nicht.

Axelrod fragte Swann ausdrücklich, was er über den Mond wisse. Und nun wurde der Zweck des seltsamen Treffens endlich wesentlich klarer: Irgendjemand in den Behörden wollte mit den Mitteln des »Remote Viewing« den Mond ausspionieren! Und genau dies tat Swann auch. Nach seinen eigenen Aussagen war er vollständig platt von dem, was er entdeckte: »Nach einer ersten Fixierung auf das Objekt ging sein Geist dichter heran an ein sensationelles Bild, dass ihn erinnerte an einen großen Turm, ähnlich dem UN-Gebäude, das sich aber hoch über die Oberfläche des Mondes erhob. Dies sei keine von Menschen erschaffene Struktur, erfuhr Swann; es sei das Werk von nichts anderem als von mysteriösen Außerirdischen.

In weiteren Sitzungen erkannte Swann auf der Oberfläche des Mondes außerdem eine Vielzahl von kuppelförmigen Strukturen, hoch entwickelter Maschinen, weitere hohe Türme, große kreuzähnliche Strukturen, seltsame röhrenartige Konstruktionen in der Landschaft und sogar gewisse Anzeichen für etwas, das aussah wie intensive Bergbautätigkeit. Jemand – oder etwas? – hatte heimlich eine vollständig funktionierende Mondbasis errichtet.

Swann gelang es außerdem, seinen Geist auf etwas zu fokussieren, was wie eine Gruppe von Leuten wirkte – die sehr menschlich aussahen –, eingeschlossen in einer Art Umzäunung auf dem Mond, die geschäftig eine Art Höhle in die Felswand gruben. Merkwürdig war vor allem, dass sie alle vollständig nackt waren. An diesem Punkte brach Axelrod das Experiment rasch ab, und zwar auch aufgrund beunruhigender Annahmen, die Wesen auf dem Mond könnten sich möglicherweise schon bewusst werden, dass man sie auf diese geheime Art ausspionierte. Es wurde sogar unterstellt, Swanns Tätigkeit könnte ihn in ernste Gefahr stürzen, sollten diese Wesen beschließen, den Spieß umzudrehen und ihrerseits ihm einen tödlichen Besuch abstatten. (Zum Glück für Swann taten sie dies jedoch nicht.)

Axelrod wollte von Swann außerdem wissen, ob er einen Mann namens George Leonard kenne. Swann erwiderte, der Name sei ihm nicht geläufig. Wer also war George Leonard? Genau während der Zeit, als der zwielichtige Mr. Axelrod Swann zum Ausspähen der Geheimnisse des Mondes angestellt hatte, war der Autor Leonard fleißig damit beschäftigt, ein Manuskript zu verfassen mit dem Titel *Jemand anders lebt auf dem Mond*. Leonards Manuskript erschien als Buch 1977 und befasste sich mit haargenau der gleichen Angelegenheit, die Axelrod so tief beunruhigt hatte: ungewöhnliche, intelligent gestaltete Strukturen oder Bauwerke auf dem Mond. Die seltsamen Treffen von Swann und Axelrod bezüglich der Vorgänge auf dem Mond gingen weiter bis 1977, als der Kontakt abrupt abbrach und Swann sich nachdenklich am Kopf kratzte.

Hatte Swann *wirklich* geistig einen fantastisch fortgeschrittenen Stützpunkt auf dem Mond entdeckt, der von raumfahrenden Außerirdischen erbaut worden war? Oder bedeutete die Tatsache, dass Swann Wesen gefunden hatte, die wie Menschen aussahen – wenn auch nackt –, die auf der Basis arbeiteten, dass diese geheime Einrichtung sehr irdischen Ursprungs war, über die Axelrod mehr erfahren wollte, weil man ihn in den innersten Kreis der Geheimhaltung aufgenommen hatte? Sollte sich das erste Szenario als korrekt erweisen, wären Swanns Entdeckungen extrem ernst zu nehmen. Sollte jedoch die zweite Theorie richtig sein, könnte rasch die Vermutung wieder auftauchen, die geheimen Pläne der US-Armee aus den 1960ern für den Bau einer Basis auf dem Mond (im Rahmen des *Project Horizon*) wären keineswegs so beendet worden, wie die Militärs uns das gerne glauben machen möchten.

Kapitel 12

Anthrax, Aliens und Mordanschläge

Porton Down ist eine der geheimsten aller Regierungseinrichtungen im Vereinigten Königreich. Es befindet sich in der grünen und lieblichen Grafschaft Wiltshire, und die geheimen Arbeiten auf dem Gelände haben zu tun mit exotischen Viren und biologischer Kriegsführung. Obwohl die geheimen Tätigkeiten von Porton Down bereits auf dem Höhepunkt des tumultartigen Ersten Weltkrieges begannen, wurde diese Einrichtung erst zu Beginn der 1940er-Jahre zu einem Zentrum für die britischen Interessen an den wachsenden Möglichkeiten der chemischen und biologischen Kriegsführung. Ab 1946, also ein Jahr nach der Niederlage von Nazi-Deutschland, begann sich Porton Downs Arbeit mehr auf die Defensive auszurichten, statt nur auf das offensive Ziel solcher Kriegsführung, und 1957 wurde die Basis umbenannt in *Microbiological Research Establishment*, also Forschungseinrichtung für Mikrobiologie.

In den späten 1970ern kam die Entscheidung, die *MRE* der Kontrolle einer Zivilbehörde zu unterstellen. Als Ergebnis gab es eine umfassende Reorganisation, und am 1. April 1979 wurde aus der *MRE* das *Center for Applied Microbiology and Research.* 1995 schließlich wurde es Teil der *Defense Evaluation and Research Agency* (*DERA*). Schon sechs Jahre später gab es erneut eine Änderung*: DERA* wurde aufgeteilt in zwei Organisationen, in einen privaten Teil genannt *QinetiQ* und in das *Defense Science and Technology Laboratory*, ein Arm des Verteidigungsministeriums, eingehüllt in offiziell tiefste Geheimhaltung. Die Anlage ist heute bekannt als DSTL Porton Down.

Obwohl sich Porton Down große Mühe gegeben hat, sein Image als eine Anstalt zu pflegen, deren Arbeit rein defensiver Natur ist und zugleich relativ offen für parlamentarische Untersuchungen und behördliche Kontrollen, so entspricht das keineswegs der Wirklichkeit. Porton Down hat durchaus seine dunklen Seiten. In den 1950er-Jahren beispielsweise verabreichte man einer Reihe britischer Soldaten ohne ihr Wissen LSD als Teil eines geheimen Versuchsprogramms; man wollte feststellen, welche Auswirkungen die Droge haben kann und bis zu welchem Maße sie eine bedeutende Rolle im Kriegsfalle spielen könnte, etwa indem man dem Feind das Mittel irgendwie verabreicht und ihn derartig für Kampfhandlungen ausschaltet.

Außerdem war Porton Down schon in den frühen 1950er-Jahren Schauplatz von Versuchen mit Nervengas an Soldaten, auch in diesem Falle wieder zur Erforschung eines möglichen Nutzens im Kriegsfall. Manchmal erwiesen sich solche Versuche als ausgesprochen rücksichtslos und auf tragische Weise teuer: 1953 starb der 20-jährige Angehörige der britischen Luftwaffe Ron Maddison, nachdem Wissenschaftler von Porton Down ihn rücksichtslos der Wirkung von Sarin ausgesetzt hatten, einer extrem toxischen Chemikalie, die aufgrund der im April 1991 beschlossenen UNO-Resolution 687 als Massenvernichtungsmittel geächtet worden ist.

Streng geheime Arbeit in Porton Down

Es ist interessant festzustellen, dass zusätzlich zu der regulären Arbeit (allerdings kontroverser und streng geheimer Natur), die hier beschrieben wird, Porton Down auch mit zwei zusätzlichen höchst umstrittenen Themen in Verbindung gebracht wird:

- Ufos und das Leben von Aliens.
- Eine Serie mysteriöser Todesfälle, die sich in den Eliteeinrichtungen der Mikrobiologie in der ersten Dekade des 21. Jahrhunderts ereigneten.

Beginnen wir mit dem ersten Punkt.

Ufos und das Leben der Aliens

In der Nacht des 23. Januar 1974 ereignete sich ein rätselhafter Vorfall in den großen Berwyn Mountains von Nord-Wales, Vereinigtes Königreich, welcher innerhalb der Ufo-Forschergemeinde bekannt wurde als das »Britische Roswell«. Der Forscher Andy Roberts fasste die mysteriöse Angelegenheit so zusammen: »Die Behauptung lautete, ein von Außerirdischen gesteuertes Ufo sei auf dem Berg Cader Berwyn abgestürzt oder abgeschossen worden, und dass die Mannschaft der Aliens, einige davon noch am Leben, blitzschnell in eine militärische Einrichtung im Süden Englands für weitere Studienzwecke davongeschafft wurde.«[1]

Bei der geheimen militärischen Einrichtung soll es sich um nichts anderes als um Porton Down gehandelt haben. Natürlich klingt dies wie der Wirklichkeit gewordene wildeste Traum eines Menschen, der an alle möglichen Verschwörungen glaubt. Doch trotz der wütenden Attacken von Seiten der eher nüchternen Mitglieder der Ufo-Forschungsgemeinde ist das alles beharrlich ein wesentlicher Teil der Geschichte geblieben seit sie (zumindest öffentlich) 1996 erstmals bekannt wurde. Die ursprüngliche Quelle dieser Porton-Down-Geschichte war ein inzwischen verstorbener Forscher namens Tony Dodd, ein englischer Polizeiwachtmeister aus North Yorkshire, der bereits ein Vierteljahrhundert Dienst hinter sich hatte. Als der Bericht zum ersten Mal öffentlich wurde, lehnte Dodd es strikt ab, *irgendjemandem* den wahren Namen der Quelle für seinen sensationellen Bericht zu nennen, und stattdessen sprach er nur von dem Pseudonym James Prescott.

»Prescott« zufolge war er zur Zeit des Zwischenfalles am Berwyn in einer Armeebaracke im Süden Englands stationiert. Prescott machte dort unmissverständlich klar, dass er weder seine Einheit noch seine Kaserne nennen könne, weil es beides noch gäbe. Dies erklärte er am 18. Januar 1974 und fügte sogleich hinzu, es sei noch etwas ganz anderes im Gange: Er und seine Kameraden seien auf Befehlsbereitschaft gesetzt worden. Der Grund dafür wurde prompt 24 Stunden später deutlich, als Prescotts Einheit angewiesen wurde, sich vorsichtig und unauffällig zu der englischen Stadt Birmingham auf den Weg zu machen.

Dort erhielt die Truppe den Befehl, mit höherer Geschwindigkeit nach Nord-Wales zu fahren, wurde jedoch in den Außenbezirken der englischen Stadt Chester angehalten, um für eine militärische Übung

1 Roberts, »*UFO Down?*«

bereitzustehen, die angeblich bald in diesem Gebiet stattfinden sollte. Schon kurz danach wurden wieder andere Befehle ausgegeben, und sie sollten sich diesmal auf den Weg zur Stadt Llangollen im Nordosten von Wales machen. Bei der Ankunft dort, so erinnerte sich Prescott, fiel seiner Einheit eine große Geschäftigkeit des Militärs auf. Zusätzlich rasten Militärflugzeuge durch den dunklen Himmel von Wales. Außergewöhnliche Ereignisse deuteten sich mit sehr hoher Geschwindigkeit schon sehr früh an. Es war kurz nach 23:30 Uhr, als sich wieder die Situation veränderte und Prescott und seine Kameraden wieder unterwegs waren, diesmal zu dem Dorf Llandderfel. Die Truppe erreichte das Dörfchen nach kurzer Fahrt, und ihnen wurde dort Anweisung erteilt, zwei große, längliche Kisten in ihr Fahrzeug zu laden: »Uns wurde dabei eingeschärft, die Kisten nicht zu öffnen, sondern uns sogleich auf den Weg zu machen nach Porton Down und dort die Kisten abzuliefern.«[2]

Einige Stunden später erreichten sie die geheime Basis bei Wiltshire und wurden rasch zu einem besonderen Teil des Stützpunktes geleitet. Sobald sie eintrafen, erklärte Prescott, wären die Kisten von Angehörigen der Station in ihrer Gegenwart geöffnet worden. Dabei konnte er sehen, dass sie zwei seltsame, unirdische Geschöpfe enthielten, die man in Schutzanzüge wie für eine Dekontaminierung gesteckt hatte. Die Mitarbeiter von Porton machten sich sogleich daran, diese Anzüge vorsichtig zu öffnen. Prescott meinte, als diese Aufgabe erledigt war, wurde alles Personen klar, die dabei gestanden hatten, dass diese Wesen nicht von unserer Erde stammen könnten. Und er führte weiter aus: »Was ich in diesen Kisten an diesem Tag gesehen habe, hat für mich meine gesamte Vorstellung von meinem Leben verändert. Die Körper waren ungefähr fünf bis sechs Fuß groß, hominid in der Gestalt, doch so dünn, dass sie fast wie Skelette wirkten mit einer übergezogenen Haut. Obwohl ich an der betreffenden Stelle kein Flugzeug gesehen hatte, habe ich von anderen erfahren, ein gro-

2 Dodd, »*Alien Investigator*«

ßer Flugapparat sei abgestürzt und von unseren Militäreinheiten geborgen worden.«[3]

Vielleicht war noch wesentlich bemerkenswerter, was Prescott dann hinzufügte: Kurz nach seinem Erlebnis, das ihn so verändert hatte, konnte er mit einigen Kameraden aus seiner eigenen Einheit sprechen, die ihm vertraulich mitteilten, ebenfalls Aliens nach Porton Down geschafft zu haben, jedoch mit einem verblüffenden Unterschied. »*Ihre Fracht war noch am Leben.*«[4]

Und genau an dieser Stelle trocknet die Geschichte der Berwyn Mountains leider geradezu aus. Doch die Verbindung Porton Down/Ufos bleibt bestehen.

Invasion Erde

Wie ich bereits in einem früheren Kapitel dieses Buches erwähnt habe, war Nick Pope offiziell damit beauftragt, für das britische Verteidigungsministerium von 1991 bis 1994 offiziell Ufo-Berichte auszuwerten. 1999 verfasste er den Roman *Operation Thunder Child*, in dem er sich mit einem feindlichen Angriff von Aliens auf die britischen Inseln befasste. In dem Buch werden die Körper von Aliens, die während eines Ufo-Absturzes geborgen werden konnten, heimlich nach Porton Down geschafft.

Genau zu der Zeit, als Nick Pope sein Buch schrieb, bot das britische Verteidigungsministerium auf eine wahrhaft beispiellose Weise einer Sci-Fi-Produktion der *BBC* namens *Invasion Earth* enorme technische Unterstützung; der Film handelte von einem Angriff feindseliger fremder Invasoren auf unseren Planeten. Unweigerlich tauchten sofort Gerüchte auf, diese bislang beispiellose Unterstützung wäre alles andere als ein subtiler Versuch seitens gewisser Elemente der britischen Regierung, die Allgemeinheit vorsichtig auf die Möglichkeit eines Krieges gegen außerirdische Lebewesen vorzube-

3 Redfern, »*Cosmic Crashes*«
4 Redfern, »*Cosmic Crashes*«

reiten. Wusste das Ministerium etwas, was uns allen noch unbekannt war? Eine Quelle im Verteidigungsministerium – die *ausdrücklich* mir gegenüber von Nick Pope genannt wurde – konnte eine ganze Reihe von scharfsinnigen Kommentaren über diese besonders merkwürdigen Umstände machen: »Es ist mehr als eigentümlich«, meinte der Mann, »dass einerseits das Ministerium öffentlich alle Dinge rundweg abweist, die mit Ufos zu tun haben, und doch verbiegen sie sich andererseits geradezu, um einer Fernsehanstalt jegliche Unterstützung zu bieten für ein SciFi-Filmprojekt, das ausgerechnet damit beginnt, wie die *Royal Air Force* ein Ufo abschießt.

Normalerweise unterstützt das Verteidigungsministerium Film- und Fernsehgesellschaften nur in den Fällen, wo für das Ministerium wirklich etwas zu gewinnen ist, beispielsweise bei der Rekrutierung neuen Personals, der Ausbildung oder bei der Öffentlichkeitsarbeit. Genau das alles traf beispielsweise auf unsere Beteiligung an dem James-Bond-Film *Tomorrow Never Dies* zu. Was um Himmelswillen, so fragt man sich, schien für das Ministerium nutzbringend zu sein, wenn es lediglich mithilft, den Eindruck zu unterstützen, die Königliche Luftwaffe befände sich geradezu im Krieg mit Außerirdischen? Bohrende Fragen bezüglich der Beteiligung an diesem Projekt wurden selbst auf der obersten Ebene innerhalb des Verteidigungsministeriums gestellt.«[5]

Ganz besonders bemerkenswert ist die Tatsache, dass in dem Film *Invasion Earth* einige Aliens aus einem abgestürzten und geborgenen Ufo rasch weggeschafft wurden … ja, nach Porton Down!

Ufos im Rendlesham Forest

Es gibt noch eine letzte Fußnote zu der Kontroverse Porton Down/Ufo: Der berühmte Ufo-Zwischenfall im Rendlesham Forest in Suffolk, England, im Dezember 1980. Das Ereignis wurde inzwischen zum Thema mindestens eines halben Dutzend von Büchern und wird

5 Redfern, Interview with Ministry of Defense source

von vielen geradezu als eine Lehrstunde für eine Ufo-Landung angesehen. Die Grundzüge der Berichte lauten folgendermaßen: Zwischen dem 26. und 29. Dezember 1980 wurde von zahlreichen Ufo-Erscheinungen im Rendlesham Forest berichtet, die auch amerikanisches Militär einbezog, das auf den nahegelegenen britischen Luftwaffenbasen Bentwaters und Woodbridge stationiert war. Vielen amerikanischen Luftwaffensoldaten zufolge hatte man ein kleines, dreieckig geformtes Objekt bei Flugmanövern im Wald beobachtet. Andere Leute, wie der bereits früher erwähnte Larry Warren, berichteten von traumatischen Begegnungen mit seltsamen, fast spektral anmutenden alienartigen Wesen tief im Wald.

Wesentlich unbekannter ist die Tatsache, dass die inzwischen verstorbene Expertin für die Angelegenheiten im Rendlesham Forest und Autorin Georgina Bruni auf ein Gerücht gestoßen ist, das besagt, kurz nach den seltsamen Ereignissen in dem Wald seien etliche Mitarbeiter von Porton Down klammheimlich in das Gebiet gebracht worden. Bemerkenswerterweise trug das Team Ganzkörper-Schutzanzüge – oder Hazmat-Ausrüstungen, wie sie genannt wurden –, und sie machten sich ganz vorsichtig auf den Weg in den Wald, und zwar aus Gründen, die allen Leuten außerhalb der offiziellen Kanäle unbekannt blieben.

Am 11. Januar 2001 richtete der inzwischen verstorbene britische Flottenadmiral Lord Hill-Norton (der ein persönliches Interesse an allen Ufo-Geschichten und an der Rendlesham-Affäre im Besonderen hatte) eine offizielle Anfrage an die britischen Behörden in dem Versuch, die Porton-Down-Angelegenheit besonders in Bezug auf den Rendlesham-Fall aufzulösen. Wie bereits vorherzusehen war, lautete die ab dem 25. Januar bekannt gewordene Antwort auf die Fragen von Hill-Norton, das Personal von Porton Down hätte sorgfältig sämtliche Unterlagen in ihren Archiven durchsucht, doch keinerlei Belege über irgendeinen Besuch in den Wäldern entdecken können. Dabei muss man bedenken, dass dies nicht gleichzusetzen ist mit der Feststellung, solche Unterlagen gäbe es nicht; es bedeutet nur, dass der für die Suche eingeteilte Mitarbeiter nicht in der Lage war, irgendetwas von Bedeutung zu entdecken. Die Kontroverse über abgestürzte Ufos, biologische Kriegsführung und Porton Down wird somit wohl weiterschwelen.

Tote in der Mikrobiologie

Seit dem Ende des Jahres 2001 bis heute sind buchstäblich Dutzende von Personen in etlichen Ländern der Welt unter höchst verdächtigen Umständen ums Leben gekommen, die auf dem elitären Feld der Mikrobiologie tätig gewesen waren (das heißt mit der Untersuchung von Organismen, die wesentlich zu klein sind, um sie mit bloßem Augen sehen zu können, wie Bakterien und Viren, von denen viele tödlich sein können). Auf den ersten Blick scheinen viele der Todesfälle ganz prosaische Erklärungen zu haben: Selbstmorde, Krankheiten, Unfälle. Doch es gibt auch jene, die zu bedenken geben, dass die große Zahl solcher Todesfälle leicht auf diese Weise zu erklären sei. Nachdenklich stimmt die Tatsache, dass viele der inzwischen verstorbenen Mikrobiologen Verbindungen zu den weltweit tätigen Geheimdiensten aufrechterhalten hatten, einschließlich der *CIA* aus den Vereinigten Staaten, Großbritanniens *MI5* und *MI6* und Israels *Mossad*.

Unweigerlich führte diese seltsame Häufung von Todesfällen in einer eng begrenzten Abteilung auf dem Gebiet der anspruchsvollsten Forschung zu einer wahren Fortschreibung aller Theorien über eine Konspiration. Einige Studierende der rätselhaften Vorgänge meinen, eine Gruppe von unter strengster Geheimhaltung tätigen Terroristen aus dem Mittleren Osten sei auf dem Wege, die führenden Köpfe auf dem Gebiet der Mikrobiologie auszulöschen, und zwar mit dem Ziel, die westlichen Staaten daran zu hindern, die ultimative Biowaffe zu entwickeln. Eine wesentlich finsterere und umstrittenere Theorie schlägt vor, genau eine solche Waffe *existiere* bereits und nun, da ihre Arbeit vollendet sei, würden die Biologen systematisch von Mitgliedern der westlichen Geheimdienste ermordet, damit sie nicht dem

Feind in die Hände fallen und für die andere Seite tätig werden können. Von besonderer Relevanz in dieser Beziehung ist die Tatsache, dass etliche eben dieser Wissenschaftler Verbindungen besaßen zu Porton Down.

Am 23. November 2001 wurde Dr. Vladimir Pasechnik in der Nähe seines Hauses in der Grafschaft Wiltshire, England, tot aufgefunden … genau die Grafschaft, in der auch Porton Down angesiedelt ist. Pasechnik war als ehemaliger Mikrobiologe tätig für Bioreparat, eine Biowaffenanlage im russischen Teil der früheren Sowjetunion. Durch Pasechniks Überlaufen nach Großbritannien 1989 wurde den westlichen Geheimdiensten zum ersten Mal das ganze Ausmaß klar, mit dem die ehemalige UdSSR auf dem Feld biologischer Kriegsführung geforscht hatte, und zwar einschließlich des tödlichen Anthrax. Nach seinem Wechsel in den Westen war Pasechnik ein Jahr beschäftigt am *Center for Applied Microbiology Research* von Porton Down, ehe er seine eigene Firma namens *Regma Biotechnics* gründete. In den letzten Wochen seines Lebens legte er die Gesamtheit seiner Anthraxforschung in die Hände der britischen Regierung. Britischen Geheimdienstlern zufolge starb Pasechnik an nichts Seltsamerem als einem tragischen Schlaganfall. Wie praktisch war es da doch, dass Pasechniks Tod ihn erst traf, als er *gerade fertig* war mit seiner Arbeit an Anthrax und diese bereits den britischen Behörden übergeben hatte.

Am 18. Juli 2003 schlitzte sich David Kelly, ein britischer Experte für Biowaffen, während eines Spaziergangs im Wald nahe seines Wohnhauses das Handgelenk auf. Zumindest lautete so die offizielle Version der Ereignisse. Kelly war leitender wissenschaftlicher Berater im britischen Verteidigungsministerium und ein führender Berater des Waffenkontrollsekretariats und des Departments für die Nichtweitergabe von Atomwaffen. 1984 war Kelly zum Leiter der Mikrobiologie-Abteilung von Porton Down ernannt worden. Im Herbst 1989 wurde er einbestellt zur Unterstützung von *MI6* bei der Befragung von niemand anders als des bereits erwähnten Vladimir Pasechnik. Diese Befragung lieferte eindeutige Hinweise auf eine grobe Verletzung der Konvention von 1972 bezüglich biologischer Waffen: Es zeigte sich nun, dass die Russen heimlich mit Pockenviren hantierten in einer direkten eklatanten Verletzung der Regularien der Weltgesundheitsorganisation.

Nachdem die Iraker 1991 aus Kuwait vertrieben worden waren, baten die Vereinten Nationen Kelly um Hilfe bei dem Versuch, Saddam Hussein zur Einhaltung der Kontrollgesetze zu bewegen. Kelly unternahm insgesamt 36 Reisen in den Irak und führte seine Arbeit in den späten 1990er-Jahren von New York aus fort. Er war von 1994 bis 1999 ebenfalls tätig als Chefberater für Fragen bezüglich biologischer Waffen für die Inspektions-Teams der Vereinten Nationen (*UNSCOM*). Bis zum heutigen Tage wird Kellys Selbstmordhypothese mit ziemlichem Argwohn und einigem Zynismus gesehen.

Am 3. Juli 2004, also fast ein Jahr nach Kellys Tod, kam der 52-jährige Dr. Paul Norman aus Salisbury, Wiltshire, England, ums Leben, als die von ihm gesteuerte Cessna 206 in der englischen Grafschaft Devonshire abstürzte. Dr. Norman war leitender Wissenschaftler bei Porton Down, zuständig für chemische und biologische Verteidigung. Das Absturzgebiet der Cessna wurde hermetisch abgeriegelt und von britischen Flugexperten untersucht. Bald schaffte man das Wrack des Flugzeuges zur *Air Accidents Investigation Branch* (*AAIB*) bei Farnborough, England. Der Absturz, das wird niemand überraschen, wurde als Unfall abgetan. Hmmm.

Waren die Todesfälle von Pasechnik, Kelly und Norman wirklich so prosaisch, wie die britische Regierung dies darstellte und noch immer jederzeit wiederholt? Oder lässt die Tatsache, dass alle drei Männer insgeheim Verbindungen zu Porton Down besaßen, die Vermutung zu, dass etwas Seltsameres und wesentlich Tödlicheres im Schwange war? In dem heutigen Klima des Terrors sollte immer damit gerechnet werden, dass *jeder* verdächtige Todesfall in dem Umfeld von Mikrobiologie und biologischer Kriegsführung ein Anzeichen sein könnte dafür, dass es sich um ein terroristisches Mordkomplott gehandelt haben könnte … und ganz besonders, wenn die Opfer noch Verbindungen besaßen zu den Geheimdiensten einer ganzen Reihe von Ländern und zu geheimen Einrichtungen wie die von Porton Down.

Richten wir unsere Aufmerksamkeit nun auf das amerikanische Äquivalent zu Porton Down: Fort Detrick.

Fort Detrick

1941 befahl Präsident Roosevelt heimlich die Einrichtung eines Programms, das dann offiziell das amerikanische biologische Kriegswaffenprogramm genannt wurde. Als Ergebnis von Roosevelts historischer Entscheidung wurde das neu geschaffene Camp Detrick in Maryland 1953 dem *Chemical Warfare Service* der Armee zugeordnet, mit dem klaren Ziel, ein Zentrum zu schaffen für alle Angelegenheiten bezüglich der biologischen Kriegsführung. Zwölf Monate später wurde Camp Detrick eingerichtet mit der Aufgabe. sowohl Forschung als auch Entwicklung auf dem Gebiet von offensiven wie defensiven biologischen Kriegsführungsprogrammen zu betreiben.

1956 wurde die Anlage umbenannt von Camp Detrick in Fort Detrick, doch ihre Aufgaben blieben mehr oder weniger die gleichen. Am 1. April 1972 schließlich, als die Arbeiten an offensiven biologischen Kriegsmitteln offiziell eingestellt wurden, wurde die Kontrolle über Fort Detrick vom *U.S. Army Materiel Command* abgezogen und dem Büro des Generalstabsarztes der Armee unterstellt. Ein Jahr später wurde Fort Detrick an das neu geschaffene *U.S. Army Health Services Command* angegliedert. Und 1995 schließlich wurde der HSC selbst reorganisiert und dem *Army Medical Command* unterstellt. Vielleicht ist es keine Überraschung, dass Fort Detrick ebenso wie Porton Down geradezu eine Brutstätte seltsamer Todesfälle ist.

Wenige Menschen, die das erlebt haben, werden jemals den unglaublichen Schrecken vergessen, der über die Vereinigten Staaten hereinbrach, als nur eine Woche nach den schockierenden Ereignis-

SPECIAL REWARD
Up to $2.5 million

For information leading to the arrest and conviction of the individual(s) responsible for the mailing of letters containing anthrax to the New York Post, Tom Brokaw at NBC, Senator Tom Daschle and Senator Patrick Leahy:

AS A RESULT OF EXPOSURE TO ANTHRAX, FIVE (5) PEOPLE HAVE DIED.

The person responsible for these deaths...

- Likely has a scientific background/work history which may include a specific familiarity with anthrax
- Has a level of comfort in and around the Trenton, NJ area due to present or prior association

Anyone having information, contact **America's Most Wanted** at **1-800-CRIME TV** or the **FBI** via e-mail at **amerithrax@fbi.gov**

All information will be held in strict confidence. Reward payment will be made in accordance with the conditions of Postal Service Reward Poster 296, dated February 2000. Source of reward funds: U.S. Postal Service and FBI $2,000,000; ADVO, Inc. $500,000.

Anthrax und das Zeitalter des Terrors

sen des 11. Septembers 2001 anonym abgeschickte Umschläge mit Anthrax-Sporen in den Büros einer ganzen Anzahl größerer öffentlicher Institutionen einschließlich der *New York Post, CBS News* und *ABC News* eintrafen. Die beiden demokratischen Senatoren Tom Daschle und Patrick Leahy wurden ebenfalls zum Ziel dieser potenziell tödlichen Substanz. Die Ergebnisse waren geradezu katastrophal. Mindestens 22 Menschen wurden infiziert, von denen fünf auf tragische Weise ihr Leben verloren. Die Ereignisse führten dazu, dass das *FBI* einer der größten Menschenjagden in seiner langen und ereignisreichen Geschichte einleitete.

Informationen, die aufgrund der Bestimmungen des »Freedom of Information Act« bekannt wurden, zeigen, dass das *FBI* in den Anfangsmonaten des Jahres 2005 ganz eindeutig einen Verdächtigen in dieser Anthrax-Geschichte im Visier hatte. Es war jedoch nicht ein Lakai von Osama Bin Laden oder Saddam Hussein, wie viele vermutet hatten (und wie viele in der Regierung von Georg W. Bush ernsthaft gehofft hatten). Stattdessen handelte es sich um einen gewissen Dr. Bruce Edwards Ivins, ein Mikrobiologe, der nicht weniger als 18 Jahre lang für das medizinische Forschungsinstitut für ansteckende Krankheiten USAMRIID der Vereinigten Staaten bei Fort Detrick tätig gewesen war.

Im Jahr 2007 schließlich wurde Ivins zum Ziel regelmäßiger heimlicher Überwachungen durch die auf den Fall angesetzten *FBI*-Leute. Es dauerte nicht lange, und das *FBI* hatte etwas zusammengetragen, was es als eine sehr starke Anschuldigung gegen den Mann ansah: Im Juni 2008 wurde Ivins darüber informiert, dass mit ziemlicher Sicherheit eine Anklage wegen der Anschläge mit Anthrax sowie aufgrund der darauffolgenden Verletzungen und Todesfälle auf ihn zukäme. Ivins wartete nicht lange, um zu erfahren, was das *FBI* mit ihm vorhatte. Am 27. Juli 2008 starb er an einer signifikanten Überdosis des Schmerzmittels Acetaminophen. Ebenso wie bei den verschiedenen Mikrobiologen im Falle von Porton Down, England, deren Leben so abrupt und seltsam innerhalb desselben Zeitrahmens geendet hatte, so wurden auch diesmal bohrende Fragen gestellt, ob Ivins sich wirklich selbst das Leben genommen hatte oder ob er lediglich als bequemer Sündenbock für eine weit größere und umfangreichere Konspiration herhalten musste.

Einer Theorie zufolge war Ivins nicht viel mehr als ein weiterer Lee-Harvey-Oswald–Trottel; die Attacken mit Anthrax seien in Wahrheit das Werk von verbrecherischen Elementen innerhalb der Bush-Administration gewesen, die es lediglich darauf abgesehen hätte, die ganze Nation bis zu einem solchen Ausmaß zu erschüttern, dass künftig niemand mehr wagen würde, die Pläne zur Invasion des Nahen Ostens und der Errichtung von Stützpunkten sowohl im Irak als auch in Afghanistan auch nur infrage zu stellen, ehe es dann weiterginge in den Iran und schließlich wer weiß wohin noch.

FBI-Quellen bestätigten, dass in der direkten Folge der Anthrax-Angriffe das Weiße Haus praktisch *befohlen* habe, der Direktor des *FBI* Robert Mueller müsse einen Zusammenhang finden – *irgendeinen* Zusammenhang, koste es, was es wolle – zwischen dem Anthrax-Attentäter und Osama Bin Laden. Trotz des nicht nachlassenden Druckes, der auf Mueller ausgeübt wurde, meinten *FBI*-Agenten zerknirscht, dass es wie auch immer unmöglich sei, sich vorzustellen, diese Art von Anthrax könnte von »irgendeinem Kerl in einer Höhle« hergestellt worden sein.[6]

Gleichgültig ob es richtig war für das *FBI*, sich auf Ivins zu konzentrieren … Dr. Meryl Nass, eine Autorität auf dem Gebiet von Anthrax, erklärte, unabhängig davon, wie präzise mikrobiologische Untersuchungen in der Gerichtsmedizin sein mögen, so habe diese Disziplin nur die Fähigkeit, das Anthrax einer gewissen Spielart und einem Ursprungsort zuzuordnen und nicht einer bestimmten Person. Unabhängig davon und als Ergebnis der Tatsachen, dass Ivins tot war und das *FBI* keinen anderen Verdächtigen im Visier hatte, beschloss es am 19. Februar 2010, die Untersuchungen in diesem Falle

6 Meck, *»FBI was told«*

einzustellen. Dennoch war nicht jedermann mit diesem Ergebnis zufrieden.

Senator Leahy, der selbst ein prominentes Opfer der Anthrax-Angriffe gewesen war, drückte die Gefühle vieler Menschen aus, als er über die Theorie sprach, Ivins sei der einzige Schurke in der Sache gewesen: »Wenn er derjenige ist, welcher den Brief abgeschickt hat, so glaube ich nicht auf irgendeine Weise oder Art oder was immer, dass er die einzige Person ist, die diese Angriffe auf den Kongress und das amerikanische Volk durchgeführt hat. Ich glaube dies auf gar keinen Fall.«[7]

Es gibt ein merkwürdiges Nachwort zu dieser Geschichte: »Militarized Anthrax«, wie es genannt wird, wurde entwickelt von William C. Patrick III, der im Laufe seiner schillernden und facettenreichen Karriere unter anderem im Fort Detrick und dem ebenso geheimen »Dugway Proving Ground« in Utah beschäftigt war und außerdem gelegentliche Auftragsarbeiten für die *CIA* erledigte. Patrick, der 2010 im Alter von 84 Jahren verstarb, entwickelte ein Verfahren, mit dessen Hilfe man Anthraxsporen bis auf eine Konzentration von einer Billion Sporen pro Gramm anreichern konnte, welches präzise die Konzentration des Anthrax war, die für die Anschläge des Jahres 2001 eingesetzt wurden. Auch dies war ein weiteres unzweideutiges Anzeichen dafür, dass unabhängig von Ivins Rolle (schuldig oder unschuldig) die Anschläge aus dem Inland stammen mussten. Außer den Vereinigten Staaten ist es bis jetzt keinem Staat auf diesem Planeten gelungen, jemals Konzentrationen von über 500 Milliarden pro Gramm herzustellen.

In späteren Jahren arbeitete Patrick eng mit einem gewissen Oberst Kanatjan Alibekov zusammen, der sich durch alle Ränge der Sowjetarmee hinaufgearbeitet hatte zum ersten Vizedirektor des russischen Äquivalentes von Fort Detrick und Porton Down: Biopreparat! Ali-

7 Jordan, »*Senator*«

bekov, der sich 1992 in die Vereinigten Staaten absetzte, ist jetzt unter dem westlicher klingenden Spitznamen Ken Alibek bekannt. Seltsam (und viele Leute würden sagen, höchst seltsam), ehe er sich absetzte, war Alibekovs Boss kein anderer als Dr. Vladimir Pasechnik, der, wie wir bereits gesehen haben, ein Experte auf dem Feld der Anthraxforschung war und unter fragwürdigen Umständen in Wiltshire, England, im November 2001 starb … lediglich einen Monat, nachdem die Anthraxanschläge in den Vereinigten Staaten ihren Höhepunkt erreicht hatten.

Ganz gleichgültig, ob wegen der Anthraxanschläge, des Zeitalters des Terrors oder der bahnbrechenden Forschungsarbeiten auf dem Gebiet der biologischen Kriegsführung: Fort Detrick ist ebenso wie der britische Cousin Porton Down noch immer eine geheimnisvolle Anlage.

Kapitel 13

Die geheime Insel

Der ehemalige Freistaat Puerto Rico ist das, was man gern ein nicht eingefügtes Territorium der Vereinigten Staaten nennt, gelegen in der Karibischen See. Viele meinen, es könnte vielleicht die geheimnisumwittertste Gegend dieses Planeten sein, eine Heimat für nicht nur *eine* geheime Basis, sondern einen ganzen Strauß von geheimen Stützpunkten mindestens der Regierung, vielleicht aber auch außerirdischen Ursprungs. Im Laufe der vergangenen 20 Jahre oder so wurden die Bewohner Puerto Ricos geradezu überflutet von Ufo-Zwischenfällen, von Sichtungen fremder und unirdischer Flugapparate, die aus Berghöhlen oder unterirdischen Häfen aufstiegen sowie Begegnungen mit seltsamen, vampirartigen Kreaturen, die man als eindeutig bösartige Zwillinge von Steven Spielbergs gütigem E.T. bezeichnen könnte.

Zwei Jahrzehnte lang sind immer wieder widersprüchliche Geschichten in Puerto Rico aufgetaucht, die ein Killer-Ungeheuer beschreiben, das über das Land kriecht und die ganze Bevölkerung in einen Zustand der Furcht und Besorgnis gestürzt hat. Das Antlitz des Monsters wird von einem Paar glühend roter Augen beherrscht; es besitzt rasiermesserscharfe, klauenartige Anhänge, gefährlich wirkende Zähne, die sicherlich schlimmste Verletzungen verursachen können, scharfe Stacheln entlang des Nackens und des Rückens und sogar gelegentlich große membranartige Flügel. Und nicht nur das: Die Kreatur lebt von Blut! Puerto Rico also ist Heimat eines tatsächlich lebenden Vampirs. Sein Spitzname lautet »Chupacabra«, ein Latino-Ausdruck mit der Bedeutung »Ziegensauger« in Erinnerung an die Tatsache, dass, als Chupacabra-Geschichten das erste Mal in den 1990er-Jahren auftauchten, die meisten Opfer dieses blutsaugenden Albtraumes Ziegen waren. Das ist korrekt: Sollten Sie eine Ziege sein, ist es für Sie keineswegs ratsam, sich Puerto Rico zur Heimat auszusuchen. Die Insel könnte aber auch nicht sehr sicher für Menschen sein.

Die Theorien schießen geradezu ins Kraut in Bezug auf die Natur dieses Biestes. Einige Forscher und Augenzeugen meinen, das Monster sei eine gewisse Art von Riesenfledermaus; andere finden die Erklärung richtiger, es habe außerirdische Ursprünge. Sicherlich die bizarrste Idee von allen lautet, Chupacabra sei die Schöpfung eines streng geheimen Genforschungslaboratoriums tief versteckt in Puerto Ricos El-Yunque-Regenwald in der Sierra de Luquillo, etwa 25 Meilen südöstlich der Stadt San Juan.

El Yunque wurde benannt nach dem indianischen Geist Yuquiyu, bekannt auch als der karibische Nationalforst und ist der einzige Regenwald des »U.S. National Forest Systems«. Die 28 000 Acres (etwa 113 Quadratkilometer) sind eine herrliche Ansicht zum Genießen. Mehr als 100 Billionen Gallonen Niederschlag fallen dort jedes Jahr und erzeugen ein dschungelartiges Ambiente von üppigstem Blätterwerk, glitzernden Blättern, spektakulären Wasserfällen, glänzenden Felsen und verwunschenen Pfaden, die man nur von Nahem sehen kann und eigentlich erwandern muss, um ihren Zauber zu erleben. Der Wald enthält ein reiches Tierleben, wie zum Beispiel den Puerto-Rico-Papagei, die Puerto-Rico-Boa, zahllose Eidechsen und Krabben und natürlich den berühmten Coquí-Frosch, so genannt wegen seiner einzigartigen Laute.

Und was Chupacabra angeht … nun, seine Raubzüge ebenso wie sein Aussehen sind gleichermaßen legendär wie gefürchtet. Obwohl ich einen Fall nach dem anderen zitieren könnte, beinahe ad infinitum, so reicht für unsere Zwecke hier doch einer.

Norkas Chupacabra

Norka ist eine ältere Dame; sie lebt in einem wahrhaft wunderschönen Haus hoch oben im El-Yunque-Regenwald, das man nur über eine unendliche Anzahl von gewundenen und trügerischen Straßen erreichen kann, alle gefährlich dicht gebaut am Rande der steil abfallenden Berge. Obwohl Norka das genaue Datum entfallen ist, so kann sie sich sehr genau daran erinnern, eines Nachts 1975 oder 1976 nach Hause gefahren zu sein, als sie plötzlich erschreckt und entsetzt war durch den Anblick einer bizarren Kreatur, die über die Straße watschelte.

Eine geheime Einrichtung soll sich in diesen Küstengewässern vor Puerto Rico befinden.

Sie beschrieb das Tier als ungefähr einen Meter zwanzig groß, von affenähnlicher Gestalt, bedeckt mit braunem Haar oder Fell; es besaß Flügel, die aussahen wie eine Kreuzung zwischen denen einer Fledermaus und eines Vogels, mit leuchtenden Augen, die weit aus einer fledermausartigen Geschichtsform hervortraten. Scharfe Klauen zuckten drohend in Norkas Richtung. Sie war so erschrocken, dass sie nur da sitzen und das Biest anstarren konnte, das sich jedoch plötzlich umdrehte, ihr den Rücken zuwandte und sich langsam in den Himmel erhob. Seit diesem Zwischenfall haben ähnliche Ereignisse mit solch grauenvollen Geschöpfen die ängstliche Bevölkerung von Puerto Rico in Angst und Schrecken gehalten. Und sie könnten außerdem auch die Aufmerksamkeit der Behörden auf sich gelenkt haben.

Der El-Yunque-Regenwald: Die Heimat des Chupacabra

Roosevelt Roads

Während einer meiner Expeditionen nach Puerto Rico meinten etliche Einwohner dort, es wäre eventuell eine sehr gute Idee, wenn ich meine Aufmerksamkeit auf die möglichen Verbindungen zwischen diesem Ungeheuer und einer früheren amerikanischen Marinebasis namens Roosevelt Roads in der Stadt Ceiba lenken würde. Heute gibt es dort den »José Aponte de la Torre Airport«, doch 1944, als die Basis eingeweiht wurde, hielt man sie für einen Ort von erstrangiger strategischer Bedeutung … vor allem für den Fall, dass die Insel ein Teil der Auseinandersetzung mit feindlichen Nationen werden könnte. 1957 war Roosevelt Roads inzwischen als offiziell benannte Marinebasis bekannt. Um die Bedeutung aus einer militärischen Perspektive zu beschreiben, muss man wissen, dass die *U.S.-Marine »Southern Command«* (*USNAVSO*) ihren eigentlichen Stützpunkt bei Roosevelt Roads hatte. Im Januar 2004 jedoch beschloss die Marine, *USNAVSO* zur Naval Station Mayport in Florida zu verlegen. Als die Marine schließlich die Basis am 31. März 2004 räumte, wurde dies auf der Insel von all denjenigen als Sieg angesehen, die sich eine Unabhängigkeit wünschten.

Was ist aber mit der Verbindung zwischen Science-Fiction und dem Chupacabra? Den Geschichten zufolge, die aus allen Teilen Puerto Ricos eintrafen, sei eine gewisse Zahl sehr gefährlicher Chupacabra eingefangen und vermutlich für eine relativ kurze Zeit in einer sicheren, geheimen Anlage von Roosevelt Roads irgendwann in den frühen 1990er-Jahren festgehalten worden, ehe sie heimlich in die Staaten verfrachtet wurden (vermutlich zur Area 21 oder einem ähnlichen Wüstenort). Dieselbe Geschichte, in verschiedenen Ausprägungen und mit kleinen Ausschmückungen versehen, wurde mir von zahlreichen Personen auf der Insel erzählt. Man ließ mich ebenfalls wissen, dass heimlich Geschichten zwischen den Bewohnern der Insel ausgetauscht wurden, und zwar schon seit Jahren: Es würden unzweifelhaft ausgesprochen merkwürdige Dinge in der Tiefe des Regenwaldes vor sich gehen, und zwar an einem Ort, der mir beschrieben wurde als ein »geheimes Affenforschungszentrum«. So lauteten die Gerüchte, und zudem solle es dort Versuche mit biologischen Waffen geben, genetische Manipulationen und auch noch sehr viel schrecklichere Experimente würden dort unternommen, und zwar täglich. Einige der unglücklichen Tiere, an denen man diese unsäglichen Experimente vorgenommen hatte, sollen ihren Käfigen entsprungen sein, und sie würden nun wild über die Insel toben. Wenigstens einige dieser Tiere, so wird von den Einheimischen der Insel berichtet, könnten hinter den Geschichten über die schrecklichen Taten von Chupacabra stecken.

Das karibische Primatenforschungszentrum

Erzählungen wie diese, die den Verdacht nahelegen, Chupacabra sei das Ergebnis von Genexperimenten, durchgeführt von durchgedrehten Wissenschaftlern, überschlugen sich geradezu. Bemerkenswerterweise wurde auch die *CIA* mit diesem hypothetischen Forschungszentrum in Verbindung gebracht, und es wurde behauptet, ihre Interessen lägen besonders im Bereich der Studien über das Sozialverhalten, und zwar konkret in Bezug auf die Affenexperimente und die Chupacabra-Angriffe. Allerdings erscheint es äußerst unwahrscheinlich, dass sogar der fähigste Wissenschaftler auf der Gehaltsliste der Regierung der Vereinigten Staaten die Fähigkeit besitzen sollte, aus einem freundlichen kleinen Affen eine herumtobende, blutsaugende Tötungsmaschine mit glühenden Augen, rasiermesserscharfen Klauen und Dornen vom Nacken bis über den ganzen Rücken hinunter zu machen. Und dennoch gibt es kaum einen Zweifel daran, dass spannende Geschichten in Bezug auf genetische Experimente tief in diesem Urwald unternommen wurden.

Weiterhin wird versichert, dass eine solche Primatenforschungsanstalt dort existiert.

Errichtet im Jahr 1938, wurde sie (und wird noch immer) das Karibische Primatenforschungszentrum (*CPRC*) genannt und ist Forschungs-, Ausbildungs- und Lehrbereich der Universität von Puerto Rico, das auch schon die Aufmerksamkeit amerikanischer Regierungsbehörden auf sich gezogen hat und finanzielle Unterstützung und Hilfe vom Nationalen Gesundheitsinstitut und dem Nationalen Zentrum für Forschungseinrichtungen erhalten hat. In den Worten des *CPRC* dreht sich ihre Aufgabe um »das Studium und die Anwendung von nicht-humanen Primaten [primär indischer Rhesusaffen] als Beispiele für die Untersuchungen bezüglich sozialer und biologischer Interaktionen und für die Entwicklung von Methoden zur Prävention, Diagnose und Behandlung von Erkrankungen, die Menschen betreffen könnten.«[1]

Das virologische Labor des *CPRC* steht in der vordersten Linie der Forschung mit dem Ziel, Impfstoffe gegen SIV zu entwickeln … oder wie das in einfacherer Sprache heißt, Affen-AIDS. Und genau über dieses Laboratorium hatten die Einheimischen so viel zu berichten.

---

1 *Caribbean Primate Research Center*

Und sie hatten nicht einmal Angst zu sprechen. So sah das Szenario aus: Etliche Affen waren vor ein paar Jahren aus dem Zentrum ausgebrochen und tobten nun wild durch die dunklen Wälder und vermehrten sich. Am meisten störte daran die Tatsache, dass die ersten Ausbrecher diejenigen waren, die sich mit SIV angesteckt hatten, und die man dann in Experimenten eingesetzt hatte, um eine Behandlungsmöglichkeit für HIV zu finden … Experimente, die bemerkenswerterweise von allerhöchstem Interesse für gewisse Teile der US-Regierung waren. Mit anderen Worten: Infizierte Affen liefen frei in Puerto Rico herum.

Es sei höchst wahrscheinlich, so berichtete man mir, dass einige Angriffe, die man dem berühmtesten Vampir von Puerto Rico zuschrieb, in Wahrheit das Ergebnis der Raubzüge von sehr aggressiven, mit SIV infizierten Affen gewesen sein könnten. Man kann durchaus der Meinung sein, dass dies ein sehr guter Grund für die amerikanische Regierung gewesen wäre, gefälschte Geschichten über Chupacabra in Umlauf zu bringen: Die Geschichte könnte als hervorragende Tarnung dienen im Falle irgendwelcher wirklich schrecklicher Angriffe auf die Viehherden der Einheimischen, oder noch schlimmer, auf Menschen. Und es gäbe noch einen Bonus obendrauf: Die Geschichten über die Anwesenheit eines Chupacabra in der Nähe würden glücklicherweise sicherstellen, dass sich die entsetzten Einheimischen ein bisschen fernhalten würden. Für all diese dornigen Themen bietet das Karibische Primatenforschungszentrum überhaupt nichts an, außer einer bestechenden Schweigsamkeit.

Da wir nun das Mysterium von Chupacabra und der Verbindungen sowohl zur Präsenz der US-Marine bei Roosevelt Roads und das Karibische Primatenforschungszentrum detailliert untersucht haben, sollten wir auf das größere Geheimnis unser Augenmerk richten, das Puerto Rico in den Bann geschlagen zu haben scheint: das eines unidentifizierten Flugapparates. Und wie mit der Saga von Chupacabra, könnte man sich über zahllose Seiten auslassen über die vielen und unterschiedlichen Ufo-Berichte, die seit den späten 1990er-Jahren aus Puerto Rico eintrafen.

Rosarios Beobachtungen

Rosario ist eine Frau mittleren Alters aus dem alten San-Juan-Bezirk von Puerto Rico, die ihren Lebensunterhalt in der Lebensmittelindustrie der Insel verdient. Im März 2000 arbeitete sie in einem Wäldchen am Fuße des Regenwaldes von El Yunque. Während sie »plantains« sammelte (eine Frucht ähnlich einer Banane), wurde sie plötzlich aufmerksam auf ein tiefes, wiederhallendes Summen, das direkt oberhalb von ihr zu stammen schien. Als sie nach oben schaute, war sie geradezu entsetzt: Ein schwarzes, dreieckiges Objekt, jeweils 10 Meter lang und mit einer hochglänzenden Oberfläche versehen, schwebte über ihr in einer Höhe von schätzungsweise 30 bis 40 Meter.

Aber die Überraschung und Verwunderung verwandelten sich blitzschnell in Entsetzen und Horror, als ein bleistiftdünner Lichtstrahl aus dem Boden des Objektes aufblitzte. Der Lichtstrahl erweiterte sich und tauchte Rosario in ein rosafarbenes Leuchten. Es erschien ihr wie eine Ewigkeit … doch wie Rosario heute sagt, war es sicherlich kürzer als eine Minute. Sie war wie festgenagelt auf diesem Fleck, während ihr Geist geradezu überflutet wurde von starren Bildern ausgedehnter nuklearer Zerstörung und zusammenbrechenden Umweltsystemen der Erde in der nahen Zukunft. Das letzte Bild war das eines großen, kahlen Kopfes mit riesigen schwarzen Augen, die sie anstarrten … Ein unzweifelhaft fremdes Wesen, also eines von jenem Typ, der inzwischen in unserer Welt von heute regelrecht berühmt geworden ist. Unvermittelt raste das Ufo gen Himmel und schwenkte dann hinüber in Richtung des dichten Regenwaldes. Als Folge dieses überwältigenden Erlebnisses entwickelte Rosario ein besonderes Interesse an allen Themen des Umweltschutzes, und außerdem, praktisch über Nacht (nach einer ganzen Lebenszeit des Fleischverzehrs) wurde sie zu einer eisernen Advokatin der vegetarischen Lebensweise.

Alienbasen

In Anbetracht des schieren Ausmaßes von Ufo-Aktivitäten und Chupacabra-Begegnungen auf Puerto Rico hat die ganze Angelegenheit unweigerlich eine in der Bevölkerung der Insel verwurzelten Theorie Auftrieb gegeben, dass nämlich genau diese Insel ein (unterirdischer oder unterseeischer) Stützpunkt ist für außerirdische Mächte. Gewiss, es gibt eine Fülle von Berichten über Ufos, die ihre Stützpunkte anflogen oder verließen auf dem gesamten Gebiet von Puerto Rico. Carlos Manuel Mercado zum Beispiel behauptet, er sei im Juni 1988 zu solch einer Basis in der Sierra Bermeja gebracht worden, welche direkt an Puerto Ricos Laguna Cartagena National Wildlife Refuge angrenzt. (Interessanterweise fällt diese Schutzzone in die Zuständigkeit von niemand anderem als dem *Fish and Wildlife Service* der US-Regierung, deren Empfehlungen vom Jahr 2009 mit dem Ziel, den öffentlichen Zugang zu großen Abschnitten des Höhlensystems stark zu begrenzen, in einem weiteren Kapitel dieses Buches behandelt wird.)

Mercado zufolge wurde er in eine riesige, futuristische, fabrikähnliche Einrichtung der Aliens geschafft, die tief im Bauch eines Berges bekannt als El Cayul untergebracht war, wo Aliens in einer Reihe neben der anderen hart arbeiteten, um zahllose Raumfahrzeuge zu bauen oder zu reparieren. Die Aliens, so sagte Mercado, hätten ihn ermuntert, die Geschichte, wie er sie in der geheimnisvollen Basis entdeckt hätte, weit und breit für alle zu erzählen, nachdem er in die Zivilisation zurückgekehrt war.

In ähnlicher Weise sprach der Ufoforscher Timothy Good, der Mercado 1997 persönlich interviewt hatte, mit einem puerto-ricanischem Forscher sowohl der Ufo- als auch der Chupacabra-Phänomene namens Jorge Martin; dieser berichtete Good, dass er, Martin, die Bestätigung der Existenz eines Alien-Stützpunktes in El Cayul von einem hochrangingen Militäroffizier erhalten habe. Geschichten wie diese rufen natürlich auch heftige Kontroversen hervor. Doch ebenso gut kann man argumentieren, dass praktisch alle der vielen Geheimnisse und kosmischen Wunder von Puerto Rico ebenfalls zu vielen Debatten Anlass geben, also weshalb sollte die Geschichte von dieser offensichtlich heimlichen Anlage da oben in den Bergen anders sein? So viel also zu der Basis im El Cayul. Doch was ist mit den Gerüchten über Unterwasseranlagen von ganz eindeutig nicht-menschlicher Natur?

Viele der Beweise (zugegebenerweise etliche davon auch nur fragmentarisch vorhanden) verweisen auf die Insel Vieques, eine gut 30 Kilometer lange Landmasse, die interessanterweise nicht weit entfernt ist von der US-Marine-Basis Roosevelt Roads, wo – wie ich bereits ausgeführt habe – eine gewisse Anzahl *sehr* übelgelaunter Chupacabra angeblich für eine kurze Zeit in den frühen 1990er-Jahren gehalten worden waren. Jorge Martin hat einen ganzen Schatz von Daten über die Beobachtung fremdaussehender Fahrzeuge von unbekanntem Ursprung und unbekannten Zielen gehoben, und zwar wie sie entweder die Gewässer um die Insel herum verließen oder in sie hinabtauchten. In einem Falle, und zwar aus dem Jahr 1996, wurde Martin von dem wichtigsten Augenzeugen – ein Fischer draußen auf dem Meer – über ein riesiges, hell erleuchtetes, untertassenartig geformtes Fluggerät unterrichtet, das sich plötzlich aus den Gewässern nahe der Playa-Grande-Lagune erhoben hätte.

Ein ähnlicher Bericht aus derselben Gegend (auch diesmal wieder die Beobachtung eines riesigen, dreieckigen, silberfarbenen Ufos) wurde gegenüber Jonathan Downes und mir 2004 von einem Angestellten des Zivilschutzes gemacht, der beobachtet hatte, wie dieses gigantische Gefährt sich leise aus dem Küstengewässer der Insel erhob, als er gerade im Frühjahr 1999 sein morgendliches Laufpensum absolvierte. Das riesige Fluggerät, das aus einer Entfernung von fast einem Kilometer von der Küste aus beobachtet wurde, schwankte leicht, beinahe wie ein fallendes Blatt, während es sich zum Himmel erhob und plötzlich senkrecht mit einer phantastischen Geschwindigkeit davonraste und immer kleiner wurde, bis es schließlich aus dem Blick verschwand im hellen Licht der aufgehenden Sonne.

Auf dieser Expedition wurden Downes und mir noch weitere Gerüchte zugetragen: Sie stammten von einem im Ruhestand befindlichen Polizeibeamten, der Sachen gehört hatte, die darauf hinausliefen, irgendwo vor der Küste von Puerto Rico (er konnte nicht genau sagen, wo das war) gegen Ende 1993 hätten Schiffe der US-Marine mehrere Tage damit zugebracht, mit Sonargeräten die Bewegungen eines riesigen Ufos in den Tiefen des Meeres vor Puerto Rico aufzuzeichnen. Weil diese sich möglicherweise der gefährlichen Natur dieses Objektes bewusst waren, wurde der Marine, wie man Downes und mir sagte, der Befehl erteilt, die Bewegungen des Unterwasserfahrzeugs zwar sehr zurückhaltend aufzunehmen, doch niemals etwas zu unternehmen, das als möglicherweise feindseliger Akt verstanden werden könnte.

Wenn man alle diese Sachen sorgfältig überdenkt, erscheint es dann wirklich irgendwie plausibel, dass Puerto Rico der Ort einer großen Unterwassereinrichtung solch einer Art sein könnte? Wenn man sich vor Augen hält, dass wir, also die menschliche Rasse, bereits seit Jahrzehnten in der Lage sind, solche futuristischen Anlagen zu erbauen, dann erscheint diese Möglichkeit plötzlich gar nicht so unwirklich. Und machen wir keinen Fehler: Beweise über unsere eigenen Fähigkeiten, bemerkenswerte Dinge unter Wasser zu bauen, sind keineswegs gering an Zahl. Beispielsweise enthält ein Dokument, erstellt im Oktober 1996 von einem gewissen C.F. Austin von der *U.S. Naval Ordnance Test Station* bei China Lake in Kalifornien, eine wahrlich bemerkenswerte Aussage. Betitelt »Bemannte Unterwasser-Bauten – das Rock-Site-Konzept« heißt es da in etwa: »Große Einrichtungen unter der Wasseroberfläche, die man mit normalem Hemd und Kragen betreten kann, gibt es schon seit vielen Jahrzehnten auf dem Kontinentalsockel. Die Technologie existiert bereits, wobei Öl aus dem Sockel gewonnen und Bergbau betrieben wird, nukleare Anlagen herangezogen werden zum Erhalt von dauerhaft bewohnten Einrichtungen auf dem Meeresboden, die keine Nabelschnur benötigen für die Zuführung von Luft oder anderer Verbindungen mit dem Festland oder der Wasseroberfläche, und die dennoch eine normale Atmosphäre in ihrem Inneren aufrechterhalten können.«[2]

Wenn, wie diese ehemals geheime in den 1960er-Jahren erstellte Unterlage der US-Marine beweist, die Regierung der Vereinigten Staaten Unterwassereinrichtungen erstellen ließ, dann hat möglicherweise auch jemand anders, jemand von einer weit, weit entfernten Welt heimlich genau dieses ebenfalls getan. Und vielleicht – nur vielleicht! – haben sie dabei Puerto Rico als Basis ihrer Operationen auserwählt.

2 Austin, »*Manned Undersea Structures*«

Kapitel 14

Die Geheimnisse von Montauk

Konspirationstheoretiker behaupten gern, auf einem relativ unscheinbar wirkenden Abschnitt von Long Island, New York – ursprünglich genannt Camp Hero und später umbenannt in *Montauk Air Force Station* – würden äußerst geheime Forschungen betrieben, und zwar seit Jahrzehnten schon, die uns in eine geradezu schwindelig machende Menge von äußerst fremdartigen Sachen führen, wie beispielsweise Zeitreisen, Teleportation, Unsichtbarkeit und Gehirnkontrolle. Gleichgültig, ob all diese Geschichten die absolute Wahrheit wiederspiegeln oder nur überschwängliche Fiktion oder auch eine verwirrende und nebulöse Kombination von beidem … eines ist gewiss: Sie wollen sich einfach nicht beiseiteschieben und beenden lassen. In den mehr als zwei Jahrzehnten, die seit den ersten derartigen Geschichten öffentlich geworden sind, haben sie eine geradezu blühende Industrie hervorgebracht mit Büchern ohne Ende, Vorlesungen und Konferenzen, Fernsehdokumentationen und Zeitschriftenartikeln, die sich alle nur mit dem befassen, was als das »Montauk-Project« bekannt wurde.

Das Philadelphia-Experiment

Eher wir zum Kern dessen gehen, was ganze Schwaden von Menschen, besessen von der geheimen Angst vor Konspirationen, zu glauben wissen, was seit Jahren auf der *Montauk Air Force Station* vor sich geht, müssen wir eine Reise zurück in der Zeit unternehmen, und zwar bis zum Höhepunkt des Zweiten Weltkrieges, als berichtet wurde, im Herzen des Marinehafens von Philadelphia würden sich seltsame und unirdische Dinge ereignen. Die Mehrheit der Gerüchte und Zeugenaussagen lassen vermuten, dass die phantastischen und streng geheimen Forschungsprojekte, die angeblich in Montauk ausgeführt werden, begonnen haben als eine direkte Folge eines ebenso phantastischen und streng geheimen Projektes der amerikanischen Marine. Es handelt sich dabei um etwas, was als das schändliche Philadelphia-Experiment bekannt wurde.

Die Genesis dieser Geschichte reicht zurück ins Jahr 1955, also bis zur Veröffentlichung des Buches *The Case for the UFO* von dem inzwischen verstorbenen Morris K. Jessup, ein Buch, das sich tiefschürfend mit zwei wichtigen Themen vor allem befasste:

- Die theoretische Kraftquelle von Ufos
- Die Nutzung des universellen Gravitationsfeldes als eine Form von Energie.

Schon bald nach der Veröffentlichung des Buches wurde Jessup zum Empfänger einer ganzen Serie extrem seltsamer Schreiben von einem

Der Philadelphia Naval Shipyard: der Ursprung des Montauk-Projekts

gewissen Carlos Miquel Allende aus Pennsylvania. In den Briefen kommentierte Allende Jessups Theorien und gab Details bekannt von einem angeblichen geheimen Experiment, durchgeführt von der US-Marine in dem Philadelphia-Stützpunkt im Oktober 1943. Allendes unglaublicher Geschichte zufolge wurde im Verlaufe dieses Experimentes ein Kriegsschiff optisch unsichtbar gemacht sowie innerhalb von einigen Minuten über das Mittel der Teleportation nach Norfolk in Virginia und wieder zurück gebracht. Diese unglaubliche Tat wurde angeblich vollbracht mit Hilfe und unter Anwendung von Albert Einsteins niemals vollendeter einheitlicher Feldtheorie.

Allende führte aus, dass in dem Experiment genützte Schiff sei die DE 173 USS *Eldridge* gewesen; außerdem schrieb es, selbst Zeuge eines der Versuche gewesen zu sein, das Schiff und seine Mannschaft unsichtbar zu machen und zwar von Bord eines Dampfschiffes namens *SS Andrew Furuseth.* Aus der Sicherheit der Furuseth heraus berichtete Allende, habe er »beobachtet, wie die Luft um das Schiff herum sich langsam zu drehen schien, ganz langsam, und dunkler als die Luft da rum herum. Ich sah, wie nach einigen Minuten ein trüber, grünlicher Nebel aufstieg wie eine Wolke. Ich sah wie die DE 173 danach rasch unsichtbar wurde für menschliche Augen.«[1]

Wenn Allende die Wahrheit erzählte, dann hatte die Marine nicht nur den Weg zur Unsichtbarmachung gefunden, sondern sie ist auch noch über das Geheimnis der Teleportation gestolpert. Allende behauptete, dass Experiment habe viele der Mannschaftsmitglieder geradezu verrückt gemacht und einige verschwanden buchstäblich vom Schiff, als der Versuch gerade seinen Höhepunkt erreicht hatte, und sie wurden nie wieder gesehen … zumindest nicht im Jahr 1943. Andere wurden geradezu in die Metallhöhle des Schiffes eingeschmolzen und waren dazu verdammt, eines schrecklichen und schmerzhaften Todes zu sterben.

1 Grenzlinger, *Jessup Dimension*

Es ist klar in den Unterlagen nachzulesen, dass Carlos Allende *wirklich* auf der SS Andrew Furuseth diente, und zwar auch zu jenem Zeitpunkt, da er das geheime Experiment als Zeuge beobachtet haben wollte. Von besonderer Bedeutung für den Streit über diese seltsame Geschichte von der USS *Eldridge* ist es, ob Allende die Wahrheit gesagt hatte oder nicht. Und außerdem bleibt auch die Frage, ob die Sache bezüglich der Realität des *Philadelphia-Experiments* nur aufgrund seiner Angeben allein steht oder fällt. Der Kommentar der Marine zu diesem Experiment lautete: Allendes Geschichte sei kompletter Humbug. Aber sie war trotzdem so aufregend, wie sogar die Marine zugibt, dass sich daraus eine Legende zu bilden begann, die einfach nicht mehr weichen will. Aber obwohl die Behauptungen der Marine besagen, die gesamte Angelegenheit könne nur auf Allende zurückgeführt werden und sonst auf nichts, so ist gerade doch dieses mit Sicherheit nicht der Fall.

Die Investigatoren des *Philadelphia-Experiments* namens Bill Moore und Charles Berlitz entdeckten einen Zeitungsausschnitt aus einer bislang nicht identifizierten Zeitung aus den 1940er-Jahren, in dem einer der seltsamsten Aspekte von Allendes Bericht bekräftigt zu werden scheint: Das nämlich einige der Matrosen an Bord der *Eldridge* während des schicksalhaften Experimentes sich offenbar in Luft aufgelöst haben, und zwar nach einer Schlägerei in einer Bar nahe des Hafens von Philadelphia.

Unter der Überschrift »Seltsame Umstände umgeben Kneipenschlägerei« wird dort berichtet:

Mehrere Polizeibeamte der Stadt, die von der Marinepolizei zu Hilfe gerufen wurden, um eine Kneipenschlägerei nahe dem Marinestützpunkt gestern Nacht zu beenden, erlebten eine ziemliche Überraschung: Als sie am Ort des Geschehens eintrafen, gab es keine Kunden mehr. Einem Paar sehr nervöser Kellnerinnen zufolge war die Marinepolizei als erste eingetroffen und habe die Kneipe leergeräumt… aber nicht eher zwei der beteiligten Matrosen den Zaubertrick ›Verschwinden‹

vorgeführt hatten. »Sie sind einfach so etwas wie verschwunden und in Luft aufgelöst … genau hier«, berichtete eine der entsetzten Kellnerinnen, »und ich habe bestimmt nichts getrunken!« Und genau zu diesem Zeitpunkt, so berichtete sie, hätte die Marinepolizei alle Kunden in kürzester Zeit aus dem Lokal gescheucht.[2]

Obwohl der Ursprung des Zeitungsausschnittes möglicherweise im Dunklen bleiben wird, kann man dies nicht für jeden Aspekt der Geschichte über die sogenannte Kneipenschlägerei sagen. Es war im Jahr 1949, als ein Matrose namens George Mayerchak einen Monat lang im *Philadelphia Navy Hospital* wegen einer besonders schweren Lungenentzündung zubringen musste. In dieser Zeit hörte Mayerchak Geschichten von eingeschriebenen Matrosen über ein seltsames Ereignis, das sich am Ende des Jahres 1943 in einer Taverne nahe dem Marinestützpunkt ereignet hatte … eine Geschichte, die sehr gut passte zu dem Zeitungsausriss, wie er von Moore und Berlitz beschrieben worden war. Als Mayerchak mit seiner Geschichte an die Öffentlichkeit ging, bestritt er jedoch die Behauptung, die fraglichen Matrosen seien einfach spurlos verschwunden; stattdessen behauptete er, nach seinem Verständnis der Vorgänge seien sie kurzzeitig und auf phantastische Weise an- und ausgegangen, so wie eine Lampe flackern kann. Für unsere Zwecke hier ist der wichtigste Aspekt von Mayerchaks Erinnerungen die Tatsache, dass er diese Berichte nicht später als 1949 hörte … volle sieben Jahre, bevor Carlos Allende seine verblüffende Geschichte Morris Jessup erzählte.

Bill Moore zitierte auch die Zeugenaussagen eines gewissen Harry Euton, der den Berichten zufolge in ein streng geheimes Experiment des Zweiten Weltkrieges eingebunden war, um ein neues Konzept zur Unsichtbarmachung von Schiffen gegen feindliches Radar zu testen. Euton berichtete Moore, während des Experimentes sei etwas auf grauenvolle Weise falsch gelaufen, und das Schiff wurde buchstäblich

2 Berlitz and Moore, *Philadelphia Experiment*

dem ungeschützten Auge unsichtbar, und zwar vom zweiten Flugzeuggeschütz bis zum Heck. Als Ergebnis besaß es also keinen wahrnehmbaren Boden und kein Heck mehr. Euton beschrieb Moore, dass sehr seltsame und verwirrende Gefühl, auf dem Schiff zu stehen und es zugleich nicht mehr unter seinen Füßen erkennen zu können. Er fügte hinzu, es sei eine praktisch automatische (und höchst verständliche) Reaktion, schnell mit der Hand auszugreifen und irgendetwas zu packen, damit man nicht hinfällt: Er erinnerte sich sehr genau, sich an ein Rohr oder ein Kabel festgekrallt zu haben, das sich im Grunde ganz normal anfühlte, aber nicht sichtbar war. Euton erzählte Moore weiterhin, mehrere Besatzungsmitglieder seien schon in der Zeit eines kurzen Augenzwinkerns verschwunden, während andere noch sichtbar waren, obwohl sie irgendwie fremd wirkten… ein möglicherweise bedeutsamer Punkt, dem Euton aber beharrlich auswich und sich weigerte, irgendwie näher darauf einzugehen.

War die US-Marine wirklich über die Geheimnisse sowohl der Unsichtbarkeit wie auch der Teleportation auf ihrem Marinestützpunkt Philadelphia 1943 gestoßen?

Das Projekt geht weiter

Das nächste Kapitel in dieser befremdlichen Saga lautet etwa so: In der Folge der schrecklichen Ereignisse, die sich im Marinehafen von Philadelphia Ende 1943 ereignet hatten, beeilte sich die US-Regierung, sämtliche Forschungen auf solch völligem Neuland wie Unsichtbarkeit und Teleportation rasch einzustellen; dieses geschah zunächst einmal, weil niemand auch nur das geringste Verständnis oder auch nur Ahnung von der Wissenschaft besaß, über welche die Marine mehr oder weniger zufällig gestolpert war. Eine tiefe und alles beherrschende Furcht vor dem Unbekannten war also die primäre Motivation für die Einstellung aller Forschungseinrichtungen. Zumindest für die unmittelbare Zukunft.

Etwa 1952, gemäß gewisser Gerüchte, hatten sich die Zeiten ein wenig gewandelt; zunächst einmal sehr vorsichtig, dann aber plötzlich ganz rapide mit einem verwirrenden Tempo. In diesem Jahr, so scheint es, haben sich einige Militärangehörige und Wissenschaftler, die schon damals in dem Philadelphia-Experiment mit drin steckten heimlich wieder zusammengefunden, um gemeinsam die Möglichkeit zu erkunden, wie man noch einmal versuchen könnte, die Türen zu diesem fremden Reich der Unsichtbarkeit und Teleportation aufzustoßen … und dabei praktisch nebenbei herauszufinden, was es war, das so drastisch die mentale und physische Gesundheit so vieler Besatzungsmitglieder der *USS Eldridge* ramponiert hatte. Sie wollten herausfinden, ob das, was auch immer solche schrecklichen psychologischen Effekte hervorgerufen hatte, auch als eine Waffe benutzt werden könnte, um das menschliche Gehirn zu manipulieren oder zu beeinträchtigen. Bewusstseinskontrolle einfach ausgedruckt.

Der amerikanische Kongress jedoch, der Mitglieder hatte, die teilweise in die »Weniger-als-positive-Ergebnisse« des Philadelphia-Experimentes eingeweiht worden waren, verbot schlicht das gesamte Programm. Der Kongress hatte größte Bedenken zuzulassen, dass Wissenschaftler des Verteidigungsministeriums sich ungehindert in dilettantischer Art und Weise in Grenzwissenschaften betätigen, die sehr rasch für die Forschergruppen in einem heillosen Desaster enden könnten, aber darüber hinaus auch möglicherweise für die gesamte Zivilisation. Also: Die Bereitstellung von Etatmitteln wurde ordnungsgemäß und mit sofortiger Wirkung gestrichen.

Das Pentagon jedoch verspürte offenbar nicht die geringste Lust, sich einen Strich durch die Rechnung machen zu lassen von einem Haufen älterer Herren in Anzügen, die keinen offenen Sinn mehr besaßen für irgendetwas, die an ihren alten Vorstellungen festhalten wollten und erst recht voller Angst waren, irgendwo hinzugehen, wohin es nur sehr wenige von ihnen verschlagen hatte. Also wurde ein Komplott geschmiedet, um das Projekt im Geheimen fortführen zu können, und zwar weit abseits jeglicher Aufsicht des Kongresses. Die Finanzierung dafür müsste auch über alternative Quellen erfolgen. Ein großer Teil des benötigten Geldes für dieses Projektes kam aus einem riesigen Goldvorrat, der den Nazis am Ende des Zweiten Weltkrieges abgenommen worden war, nachdem man ihn in einem Eisenbahnwaggon in Frankreich nahe der schweizerischen Grenze entdeckt hatte. Die Nutzung solch kostbarer Goldfunde zur Finanzierung militärischer Programme ist gewiss keine neue Entwicklung; dies hatte auch schon Adolf Hitler während des Krieges sehr geholfen, und den Unterlagen zufolge kam so etwas auch dem Programm von Montauk ein Jahrzehnt später zugute.

So also lag das Geld bereit, die Wissenschaftler waren begierig darauf fortzufahren, und das Projekt wartete nur darauf, auf die nächste Stufe gehoben zu werden. Angeblich ging alles weiter am *Brookhaven National Laboratory* auf Long Island, das 1947 unter der Schirmherrschaft der Atomenergiebehörde gegründet worden war, und dessen Forschungsarbeiten über Jahre hinweg sich auf die Hochenergiephysik konzentriert hatten. Eine der wesentlichen Voraussetzungen für das zweitrangige Projekt, das sich mit der Gedankenkontrolle beschäftigte, war eine große und starke Radarschüssel, die mit einer spezifischen Frequenz bestückt werden konnte, mit der man möglicherweise das menschliche Verhalten beeinflussen konnte. Und es ist so durchgesickert, dass eine sogar auf Long Island selbst zur Verfügung stand: bei Montauk. Langsam nahm das Projekt größere Dimensionen an. Und auch vielen Berichten zufolg, tat es noch sehr, sehr viel mehr.

Bis heute hat die Legende über das Montauk-Projekt geradezu astronomische Dimensionen erreicht. Seit die Mannschaft auch außerhalb von Montauk weiter geforscht und gearbeitet hat, so wird uns berichtet, hat sie ganz wesentliche Dinge über die Natur von Zeitreisen und Zeitparadoxien gelernt, über die Geheimnisse der Teleportation und über die Mittel, die zum Einsatz all dieser Sachen für geheime militärische Anwendungen eingesetzt werden können. Weit seltsamere und tatsächlich unendlich bizarrere Geschichten deuten darauf hin, dass Jahrzehnte nach dem Philadelphia-Experiment von 1943 einige der Marineangehörigen, die den Berichten zufolge sich zur damaligen Zeit in Luft aufgelöst zu haben schienen, plötzlich in der Zukunft wiederkehrten… als ein direktes Ergebnis irgendeiner Form von phantastischer Zeitschleife zwischen dem Projekt aus dem Jahre 1943 und dem sehr viel späteren Äquivalent von Montauk.

Klingt dies wie Science Fiction? Oh ja, das tut es. Tatsächlich kam 1984 ein Sci-Fi-Film in die Kinos, der genau dieses Szenario als zentrales Thema hatte: *The Philadelphia Experiment*. In dem Film finden sich zwei der Matrosen, die in dem Versuch aus dem Jahre 1943 eingebunden waren, plötzlich in die Mitte der 1980er-Jahre geschleudert und zwar als Ergebnis einer Zeitschleife, die sich zwischen dem Marinehafen von Philadelphia damals und einem beinahe ähnlichen und geheimen Experiment in der heutigen Zeit aufgetan hatte. Doch es kommt noch viel schlimmer: Das Portal kann nicht geschlossen werden und deshalb ist das Rennen im Gange, es zu schließen, eher sich die Vergangenheit und die Gegenwart vereinen und in Armageddon münden. Die Unterstützer der Montauk-Geschichte meinen, die Filmgeschichte basiere auf der absoluten Wahrheit. Kritiker hingegen behaupten genau das Gegenteil, nämlich, der Montauk-Mythos sei nichts als das Ergebnis des Filmes.

Gedankenmonster

Die Wissenschaftler von Montauk, die mit der Erforschung der geheimnisvollen Bereiche des menschlichen Geistes zu tun hatten, waren angeblich auf etwas wahrhaft Unglaubliches gestoßen: die Fähigkeit, Bilder aus der Tiefe des menschlichen Unterbewusstseins hervorzuziehen, sie nach außen zu verlagern und ihnen dann zu gestatten, die gewisse Form einer Quasi-Existenz in der Realität zu übernehmen. Vereinfacht ausgedrückt bedeutet dies: Albtraumartige Geschichten des Geistes erlangten jetzt die Fähigkeit, irgendeine Art von physischer Existenz anzunehmen. Eine uralte Geschichte behauptet, ein Big-Foot-artiges-Biest hat sich auf Montauk einem Mann namens Duncan Cameron manifestiert, der den Berichten zufolge gerade unglaubliche mentale Fähigkeiten besaß und zu den wesentlichen Mitgliedern des Experimentes zählte. Dummerweise entwischte das Ungeheuer seinen Schöpfern und lief Amok auf Montauk, ehe es endlich reabsorbiert oder regelrecht ausgelöscht wurde.

Bei all den wild herumtobenden Geistesungeheuern und den Zeitportalen, welche die Welt zu zerstören drohten, war die Wissenschaft selbst außer Kontrolle geraten, und die Mannschaft der Wissenschaftler bekam kalte Füße. Das gesamte Projekt wurde deshalb aufgegeben, weil es zu riskant schien, und Montauk schloss seine Tore zur Vergangenheit, der Gegenwart und möglicherweise gar der Zukunft (sollten Gerüchte von waghalsigen Versuchen bezüglich der Zeitreisen in die Zukunft wirklich stimmen).

Vom Camp Hero zur Montauk Luftwaffenbasis

Steckt in diesen unglaublichen Geschichten irgendwo ein Körnchen Wahrheit? Oder ist das nur Schwadronieren und dummes Gerede von geistlich verwirrten Seelen, Gaunern und Reklamefritzen? Die Existenz einer Militärbasis bei Montauk steht außerhalb jeden Zweifels. Schon seit den Zeiten von 1700 nach Christus wurde die östlichste Spitze von Long Island betrachtet als ein Ort größter militärischer Bedeutung. Schon von Anfang an während des gesamten Unabhängigkeitskrieges diente dieser Ort als wichtigster Wachposten für die Suche nach feindlichen britischen Schiffen. Und auch während des Ersten Weltkrieges war dieser Ort von großer Bedeutung für das Militär und Spionageballons, die alle auf der Suche waren nach den Horden von deutschen Invasionstruppen. Anfang 1942 als direkte Antwort auf die Tragödie von Pearl Harbor im Dezember 1941 sowie als Reaktion auf die Tatsache, dass Nazi-U-Boote als eine ernste Bedrohung für die amerikanischen Städte entlang der Ostküste, ihre Fabriken und militärischen Einrichtungen empfunden wurde, erteilte die US-Regierung endlich die Genehmigung für den Bau einer beeindruckenden Basis voller Bunker, Unterstände und Befehlseinrichtungen bei Montauk. Dies wurde allgemein bekannt als Camp Hero.

Um sicherzustellen, dass dieser Platz nicht allzu viel unerwünschte Aufmerksamkeit erregen würde – vor allem von Nazispionen, die durchaus überall in der Gegend herumlauern könnten –, wurde der gesamte Bereich auf eine sehr geschickte Art und Weise getarnt als ein süßes kleines Fischerörtchen. Eine geheime militärische Basis wäre das *letzte* gewesen, das jemandem in den Sinn gekommen wäre bei Anblick von Camp Hero von der See aus. Nach dem Ende des Krieges 1945 wurde dieser Stützpunkt im Grunde genommen überflüssig. Allerdings nur bis zu dem Augenblick, als es offensichtlich wurde, dass die Sowjets es darauf abgesehen hatten, den gesamten Planeten zu beherrschen. Schon bald wurden neue Pläne für Camp Hero entwickelt, einschließlich einer Namensänderung 1948 zu Montauk Point, und wiederum fünf Jahre später zu Montauk Air Force Station.

Mitte der 1950er-Jahre war Montauk ein wichtiger Baustein bei den Versuchen, sowjetische Spionageversuche aufzuspüren und gegebenenfalls auch abzuwehren. Trotz der wiederholten Änderungen des Namens, der funktionellen Fähigkeiten und Aktivitäten hat diese Basis ihre Aufgabe während des gesamten Kalten Krieges bestimmungsgemäß erfüllt, und zwar besonders in Bezug auf ihre Radar-Operationen. 1978 ordnete Präsident Jimmy Carter die Schließung des Stützpunktes an, und zwar vor allem wegen der Tatsache, dass die satellitengestützte Technologie die Radar-Erkundungen überflüssig gemacht hatte. Der Todesspruch für Montauk kam buchstäblich am letzten Tag des Januar 1981. (So lange sie der Meinung sind, gewisse Arbeiten in solchen Bereichen wie Zeitreisen, Unsichtbarkeit und Teleportation wären damit tatsächlich zu einem Ende gebracht und nicht insgeheim weitergeführt worden.)

Die Degaussing Story

Da wir nun den Hintergrund von Montauk ausführlich untersucht haben, sollten wir uns Gedanken machen über die Rolle dieses Stützpunktes als eines der geheimsten der Vereinigten Staaten, vielleicht noch wichtiger als die Area 51 in Bezug auf die auftretenden seltsamen Ereignisse. Dafür sollten wir zum Beginn zurückgehen, zum Philadelphia-Experiment.

Wie bereits früher in diesem Kapitel festgestellt wurde … als die Aussagen von Carlos Allende zuerst die Öffentlichkeit erreichten, behaupteten die offiziellen Stellen der US-Marine, dies alles sei lediglich vollkommen ungezügelte Phantasie mit nicht dem geringsten Bezug zur Wirklichkeit. Heute, mehr als ein halbes Jahrhundert, nachdem Allende plötzlich in der Öffentlichkeit auftauchte, erzählt die Marine eine wesentlich andere Geschichte. Obwohl es ganz sicher keine offizielle Aussage gibt, welche die Berichte über die behauptete Unsichtbarmachung der USS Eldridge und ihrer Teleportation von einem Ort zum anderen und wieder zurück bejahte oder das Mitglieder der Mannschaft verletzt oder getötet wurden oder auch ganz einfach im Oktober 1942 verschwunden sind … gesteht die Marine freiwillig, das aller Wahrscheinlichkeit zufolge die Geschichte auf einer geheimen Grundlage von weitreichender Bedeutung beruht.

Gegenwärtig äußert sich die Marine folgendermaßen zu dieser Angelegenheit: »Die Besatzung im vierten Marinedistrikt vermutet, dass die um das sogenannte Philadelphia-Experiment rankenden Fragen einer Routineuntersuchung entspringen, die während des Zweiten Weltkrieges auf der Philadelphia Naval Shipyard durchgeführt worden war. Bis vor Kurzem noch wurde angenommen, die Ursache für diese zweifelhaften Geschichten lege in gewissen Experimenten zur Entmagnetisierung, die dazu führen sollen, das ein Schiff unerkannt oder ›unsichtbar‹ für magnetische Haftminen bleibt.«[3] In einfachen Worten gesagt ist Entmagnetisieren ein Vorgang, bei dem elektrische Kabel um den Rumpf des Schiffes von Buk zum Heck auf beiden Seiten gelegt werden. Dann wird durch diese Kabel ein elektrischer Strom geleitet, um das Magnetfeld des Schiffes zu neutralisieren.

3 United States Navy, »Information Sheet«

»Entmagnetisierungs-Ausrüstungen«, erklärt die Marine, »wurden im Rumpf der Schiffe installiert und konnten einfach eingeschaltet werden, sobald es sich in Gewässern bewegte, die Magnetminen enthalten könnten, üblicherweise flachen Gewässern in Kampfgebieten. Man könnte sagen, dass durch die Entmagnetisierung ein Schiff ›unsichtbar‹ für die Sensoren von Minen werden kann, doch das Schiff selbst bleibt für das menschliche Auge, für Radar und Unterwasserlauschgeräte weiterhin sichtbar.«[4]

Um die Angelegenheit noch komplizierter zu machen, hat die Marine eine *weitere* Theorie geliefert, um zu erklären, was im Herzen der Geschichte stecken könnte: »Eine weitere mögliche Entstehungsgeschichte für diese bizarren Behauptungen über Levitation/Schweben, Teleportation und bestimmte Auswirkungen auf menschliche Besatzungsmitglieder könnten Experimenten mit dem Kraftwerk eines Zerstörers, nämlich der USS Timmerman zugeschrieben werden. In den 1950er-Jahren war das Schiff Teil eines Experimentes, um die Auswirkungen von kleinen, hochfrequenten Generatoren mit der Leistung von 1000 Hz statt der üblichen 400 Hz auszuprobieren. Die hochfrequenten Generatoren erzeugten Glimmentladungen und andere wohlbekannte Phänomene, die mit Hochfrequenzgeneratoren in Verbindung gebracht werden. Es gab keine Personenschäden bei der Mannschaft durch diese Experimente.«[5]

Die Tatsache, dass die Marine seinerzeit zunächst das Philadelphia-Experiment mit den Worten leugnete, es habe *keinerlei* Basis in der Wirklichkeit, während sie heute offenbar fröhlich nicht weniger als *zwei* Theorien dafür anbietet, was sich hinter dieser Legende verbergen konnte – beides nachprüfbare geheime Vorhaben –, hat unweigerlich den Verdacht geschürt, das wir noch immer nicht die volle Wahrheit darüber erfahren, was sich wirklich all diese Jahre lang auf

4 United States Navy, »Information Sheet«
5 United States Navy, »Information Sheet«

diesem geheimnisvollen Marinestützpunkt ereignete. Könnte diese Wahrheit vielleicht wirklich etwas zu tun haben mit geheimen Versuchen im Bereich der Unsichtbarmachung von Objekten?

Nachweisbare geheime Forschung

Es ist eine nachprüfbare Realität, dass in den 1940er-Jahren die US-Marine heimlich an einem Projekt mit dem Decknamen Yahootie arbeitete, dessen Ziel es war, ein unsichtbares Flugzeug zu entwickeln. Anfang 1942 war es der Marine bereits klargeworden, dass ihre Flugzeugbomber wesentlich zu langsam waren, um deutsche U-Boote auf der Wasseroberfläche zu entdecken und während des Tageslichtes erfolgreich einen Angriff zu starten. Die deutschen U-Boot-Kommandeure konnten die schwerfälligen Bomber frühzeitig orten und sie hatten dann wirklich ausreichend Zeit, abzutauchen und einer möglichen Zerstörung auszuweichen. Als Ergebnis davon kamen Militärstrategen auf eine großartige Idee: Sie montierten eine Anzahl von grellen Lichtern auf die Flügel und Propellergehäuse mehrerer Experimentalflugzeuge, und zwar auf eine solche Art und Weise, dass die Lichter von den Mannschaften so angepasst werden konnten, dass sie aussahen wie die natürliche Helligkeit des Himmels. Dieses also war im Grunde ein Mittel der Tarnung, anstatt einer wirklichen und wörtlichen Unsichtbarkeit.

Der investigative Schriftsteller Charles R. Smith bemerkte 2005, »die USA könnten sehr wohl eine weiterentwickelte Version von Yahootie besitzen.« Smith fuhr dann weiter fort, das in Frage stehende Flugzeug »benutzt den Berichten zufolge eine Kombination von Lichtern, sehr leisen Triebwerken und eine radar-absorbierende Oberfläche, wodurch es bei Tageslicht praktisch unsichtbar wird …«[6] Auf eine sehr ähnliche Weise hat das britische Verteidigungsministerium eingestanden, insgeheim ein Projekt unter dem Decknamen »Chamäleon« finanziert zu haben, das zum Ziel hatte, den

6 Smith, Charles, »UFO Secrets«

Kontrast zwischen einem Flugzeug und dem Himmel deutlich zu verringern.

Was ist mit den berichteten streng geheimen Forschungen auf dem Philadelphia Naval Yard 1943 und später bei Montauk bezüglich der Teleportation? Gibt es irgendwelche greifbaren Beweise oder Hinweise, die andeuten könnten, irgendwelche US-Regierungskreise hätten sich mit diesem besonderen Phänomen beschäftigt, das viele gern in die Welt der SciFi abschieben möchten? Im August 2004 veröffentlichte die US-Luftwaffe ein Dokument mit dem Titel: »Eine Untersuchung der Physik der Teleportation«. Der Bericht war das Werk eines Mannes namens Eric W. Davis, von einer Firma in Las Vegas, die Ausrüstungen herstellt und *Warp Drive Metrics* hieß. Diese war vom Forschungslaboratorium der Luftwaffe *AFRL* und dem *Air Force Material Command* insgeheim beauftragt worden, die fremde Welt der Teleportation zu untersuchen. In den Seiten dieses Berichtes (welcher nach Abschluss der Arbeit Eigentum der Luftwaffe wurde) merkte Davis an: »Diese Studie wurde in Auftrag gegeben mit der Absicht, Informationen zu sammeln, welche die Teleportation von stofflichen Gegenständen beschreiben, außerdem eine Beschreibung der Teleportation zu liefern, wie sie sich in der Welt der Physik zeigt, ihren theoretischen und experimentellen Status, sowie einen Ausblick auf potenzielle künftige Anweisungen.«[7]

Der Davis-Bericht erwähnte, dass es tatsächlich ein offensichtliches großes Interessen in offiziellen Kreisen für die Fragen von Teleportation und der eventuellen potentiellen Anwendungen durch das Verteidigungsministerium gab: »Es wurde Dr. /Robert Lull/ Forward /ein mittlerweile verstorbener Physiker/ und mir sowie etlichen Kollegen innerhalb und außerhalb der Regierung bekannt, dass Versuche mit der ungewöhnlichen Methode der Teleportation wissenschaftlich untersucht wurden, um vom Verteidigungsministerium

7 Davis, »Teleportation«

dokumentiert worden sind.«[8] Als die Luftwaffe die Geheimhaltung dieser Studie aufhob, bemerkte Lawrence Krauss von der *Case Western Reserve University* und Autor des Werkes *The Physics of Star Trek*: »Es ist zum großen Teil Idiotenphysik« und fügte noch hinzu, es enthalte noch »einige Sachen aus der vernünftigen theoretischen Wissenschaft und andere Sachen aus einem unsinnigen Bereich.«[9]

Vielleicht stimmte die Luftwaffe nach der Lektüre von Davis Dokument zu: »Die in diesem Bericht geäußerten Ansichten sind die des Autors und spiegeln nicht notwendigerweise die offizielle Ansicht der Luftwaffe wieder, oder des Verteidigungsministeriums oder der US-Regierung«, lautete die Aussage des Forschungslabors der Luftwaffe, als es von *USA Today* zu der Angelegenheit befragt wurde. Auf die Fragen, weshalb das Labor insgeheim diese Studie finanziert habe, erwiderte der Sprecher von *AFRL* Ranney Adams: »Wenn wir nicht alles unversucht lassen, wissen wir auch nicht, ob wir möglicherweise etwas verpasst haben.« Und er fügte sogleich hinzu: »Es gibt keine Pläne des Bereiches, der zuständig ist für Antriebe bei der *AFRL*, zusätzliche Finanzmittel in diesem Zusammenhang zu beantragen.«[10] Es ist überhaupt keine Überraschung, dass die letzte Feststellung von einigen Montauk-Forschern als Beweis dafür aufgefasst wurde, dass sich das Militär öffentlich von allen Forschungen zum Thema Teleportation distanzieren wollte, während es insgeheim und im Verborgenen sich immer intensiver damit beschäftigte.

Holographische Bildwerke

Was also Big Foot angeht und die Vorstellung, dass das Montauk-Team gelernt hatte, wie man die Abbildung solcher Ungeheuer von den dunklen Tiefen des Menschlichen Geistes in eine quasi physische Form der realen Welt projizieren kann: Ist das nicht einfach allzu aus-

8 Davis, »Teleportation«
9 Vergano, »Air Force«
10 Vergano, »Air Force«

gefallen, um auch nur einen einzigen vernünftigen Kommentar zu rechtfertigen? Nicht jedermann denkt so. Einer, der zu diesem Punkt Anmerkungen hinzuzufügen hatte, ist ein Mann, der in einem anderen Kapitel dieses Buches bereits eine Würdigung erfahren hat: Gabe Valdez, der schon bei dem Thema der angeblichen unterirdischen Alien-Basis bei Dulce in Neu Mexiko eine wesentliche Rolle gespielt hat.

Valdez hat Informationen zu Tage geführt, die ihn glauben lassen, viele der Sichtungen von Big Foot in Neumexiko seien nichts anderes als das Werk einer Regierungsbehörde mit der Fähigkeit, holografische Bildwerke von behaarten Zwittern Menschen/Ungeheuern zu erzeugen. Und der Zweck der Angelegenheit? Menschen davon abzuhalten, zu dicht an einige der geheimen unterirdischen Einrichtungen zu kommen. Es ist geradezu faszinierend, zu hören, das solch eine Behauptung ausgerechnet aus dem Mund eines respektierten Polizeibeamten kommt, der von dem *FBI* zu den zahlreichen Fällen von Rinderverstümmelungen bei Dulce in den 1970er-Jahren konsultiert worden war. Noch faszinierender ist die Tatsache, dass Valdez' Ansichten zu dem Thema Big Foot geradezu erschreckende Parallelen zeigen zu den Geschichten, die aus der Montauk-Forschungsgemeinde ans Tageslicht gekommen sind.

Zeitreisen

Es gibt noch ein anderes wesentliches Thema in Bezug auf Montauk, das wir bisher überhaupt noch nicht berührt haben: Zeitreisen. Die Vorstellung, irgendwelche Einrichtungen der Regierung könnten insgeheim irgendwelche Einrichtungen benutzen, um die Möglichkeit auszuloten, über Jahrhunderte hinweg in der einen wie der anderen Richtung auszuschwärmen, ist ein faszinierender Gedanke; ähnlich wie ein Film voller Abenteuer haben einige behauptet, diese Geschichte sei bei Weitem fremdartiger als irgendetwas anderes, das selbst von den phantasievollsten Drehbuchschreibern Hollywoods nicht überboten werden könnte.

Dr. David Lewis Anderson vom *Anderson Institut* aus Neu Mexiko, eine Abteilung von *Anderson Multinational LLC*, deren wichtigste Aufgabe »die Entwicklung der Zeitreise gestützten Feldtheorie ist, sowie ihre Anwendungen und die Sicherstellung der vorangehenden Entwicklungen in Bezug auf Zeit-Reaktor-Systeme und damit verbundene Konzeptionen und Auswirkungen«[11] hat bereits vor Jahrzehnten festgestellt, er habe einige Zeit damit zugebracht, für ein geheimes Projekt auf dem amerikanischen *Flight Test Center* der Edwards Air Force Base in Kalifornien zu arbeiten. Das Ziel dieses Projektes war eindeutig die Untersuchung von Zeitreisen. Wahrscheinlich werden wir niemals erfahren, welche Erfolge in diesem besonders fremdartigen Bereich erzielt worden, aber wenigstens besitzen wir die offiziellen Hinweise, dass dieses Thema ganz offiziell untersucht worden war.

Geschlossen für weitere Arbeiten?

Die Einrichtung von Montauk ist heute geschlossen. Im Jahre 2002 wurde sie in Camp Hero State Park umbenannt, und inzwischen ist die gesamte Anlage freigegeben für die Allgemeinheit. Ihre Aufgabe bezüglich geheimer Aktivitäten ist schlicht vergangen … es sei denn, wie viele von den Montauk-Gerüchten begeisterte Menschen meinen, es gäbe noch immer tief unterhalb der alten Basis finstere und seltsame Experimente, die unabänderlich weitergehen, verborgen sowohl vor neugierigen Blicken als auch irgendwelcher Überwachung durch den Kongress.

Vorausgesetzt, dass wir inzwischen wissen, dass von der Regierung beauftragte Unternehmen und das Militär *wirklich* Versuche in den Bereichen Unsichtbarkeit, Zeitreisen, Teleportation und sogar die Geheimnisse von Big Foot zu enträtseln versucht haben, könnten wir vielleicht über ein anderes höchst interessantes Szenario nachgrübeln: Das Montauk-Programm war nicht nur eine Fiktion. Viel-

11 »About the Anderson Institute«

leicht, nur vielleicht ist Montauk nicht so tot, wie uns manche behördlichen Stellen dies gerne glauben machen würden. Vielleicht gibt es in irgendeinem geheimen unterirdischen Bereich von Long Island eine noch existierende sensationelle Wahrheit, beschützt mit hingebungsvoller Aufopferung von Menschen, die darauf eingeschworen worden sind, die Öffentlichkeit unter keinen Umständen die unglaublichen Wahrheiten hinter den Geheimnissen von Montauk erfahren zu lassen.

Kapitel 15

Dem Sturm trotzen

Mitte 1996 kündigte die Luftwaffe der USA die Veröffentlichung des Berichtes USAF 2025 an. Vorbereitet vom *2025 Support Office* an der *Air University, Air Aducation and Training Command* und weiter ausgearbeitet an der *Air University Press, Educational Services Directorate, College of Aerospace Doctrine, Research and Education* an der in Alabama beheimateten Maxwell Air Force Base war der Bericht, um einen Angehörigen des Militärs zu zitieren, »eine Studie, welche sich mit den Direktiven eines Stabchefs der Luftwaffe decken sollte, die da lautete, alle Konzepte, potenziellen Fähigkeiten und Technologien der Vereinigten Staaten zu untersuchen und heranzuziehen, um auch in Zukunft die vorherrschende Macht im Bereich des Luftwaffenpotenzials und der Raumfahrt zu bleiben.«[1]

Ein besonders faszinierender Abschnitt des Berichtes hatte den bemerkenswerten Titel: »Das Wetter als Multiplikator der Gewalten: Die Beherrschung des Wetters 2025«. Genau das ist korrekt: Das amerikanische Militär hat sich sehr angestrengt bei dem Versuch festzustellen, ob die Manipulation oder sogar selbstständige Beeinflussung widriger Wetterverhältnisse – etwa Hurrikane, Erdbeben, Vulkanausbrüche und andere Formen von verheerenden Gewalten, die man normalerweise der Natur zuschreibt – möglicherweise als ein nutzbares Instrument für die Kriegführung in der nahen Zukunft zu gebrauchen wäre. Nach den Worten der bestausgebildeten Zukunftsforscher der Luftwaffe in der Mitte der 1990er-Jahre: »Im Jahr 2025 werden US-Raumfahrteinrichtungen ›das Wetter beherrschen‹ durch die Nutzung neuer Technologien und die Fokussierung dieser Technologien auf die möglichen Anwendungen im Falle eines Krieges. Während einige Segmente der Gesellschaft stets und immer zurückhaltend sein werden bei der Nutzung solcher Dinge wie Wetterbeeinflussungen, so werden die ungeheuren militärischen Nutzungsmöglichkeiten, die sich potenziell auf diesem Gebiete anbieten könnten, zu unserem eigenen Schaden missachtet. Die Wetterbeein-

1 United States Air Force, *»Air Force 2025«*

Kriegsführung und das Wetter: ein Hurrikan, fotografiert aus dem All

flussung bietet dem Militär im Kriegsfall ein breites Spektrum an Möglichkeiten, um den potenziellen Gegner zu besiegen oder ihn zumindest in Schach zu halten.«[2]

Die Luftwaffe ließ auch anmerken: »Der Wunsch, Stürme beispielsweise derart zu beeinflussen, dass sie für militärische Vorhaben günstig sind, ist der möglicherweise stärkste und zugleich kontroverseste Typ von Wetterbeeinflussung. Während es jederzeit klar ist, dass im Konfliktfall jedwede Art von Wetterbeeinflussung von Seiten des amerikanischen Militärs mit gleichzeitig größter Vorsicht und Respekt vorgenommen werden würden, ist es andererseits dennoch eindeutig klar, dass wir keinem potenziellen Gegner gestatten dürfen, allein eine Fähigkeit zur potenziell schädlichen Beeinflussung der Wetterverhältnisse zu erlangen.«[3]

Die Luftwaffe war nicht der einzige Bereich der Bürokratie, der ein Interesse an technologischen Verfahren zur Beeinflussung des Wet-

2 United States Air Force, »*Air Force 2025*«
3 United States Air Force, »*Air Force 2025*«

ters besonders im Kriegsfalle zeigte, sondern auch an den möglichen Bedenken. Am 28. April 1997 hielt der amerikanische Verteidigungsminister William S. Cohen eine Grundsatzrede an der *University of Georgia* anlässlich einer Konferenz zu den Themen Terrorismus, Massenvernichtungswaffen und mögliche US-Strategien. Interessanterweise warnte er die Hörerschaft, es gebe da draußen bedrohliche und dunkle Mächte, die sich »engagieren in einer Art von Ökotypus des Terrorismus, der sie in die Lage versetzen soll, das Klima zu verändern, Erdbeben zu erzeugen, Vulkane ausbrechen zu lassen, und zwar aus der Ferne und mit Hilfe von elektromagnetischen Wellen. Es gibt also zahllose kreative Köpfe da draußen, die damit beschäftigt sind, Mittel und Wege zu finden, anderen Nationen schreckliche Schäden zuzufügen. Das ist real.«[4]

HAARP

Die großen Fragen lauten: Bis zu welchem Maße haben solche Theorien das Stadium theoretischer Überlegungen verlassen und wurden (heimlich) erfolgreich entwickelt? Wird eine solche Technologie bereits insgeheim auf einer erdumspannenden Skala eingesetzt, um die Bevölkerung des Planeten in Schrecken zu versetzen, Kontrolle über sie auszuüben und zusätzlich militärische Kontrolle und Einfluss über die Gebiete von strategischem Interesse zu erlangen? Viele Theoretiker von Verschwörungstheorien bejahen diese Frage. Ziel ihrer Anschuldigungen ist eine neuralgische Installation des Verteidigungsministeriums in Alaska, wo ein in tiefster Abgeschiedenheit durchgeführtes Programm beheimatet ist: HAARP oder das *High Frequency Active Auroral Research Program*. In den Worten von Wissenschaftlern des US-Luftwaffen-Forschungslaboratoriums, wo die Arbeit von HAARP zusammen mit der Forschungsanstalt der US-Marine und deren Laboratorien sowie mit der *Defense Advanced Research Projects Agency* (*DARPA*) soll das Projekt »die Ionosphäre analysieren und Möglichkeiten prüfen, wie ionosphärische Veränderungen mögli-

4 U.S. Department of Defense, »*DoD News*«

cherweise eingesetzt werden könnten, um die auf Funk basierenden Kommunikationen und Überwachungen zu erleichtern.«[5]

Angesiedelt an der HAARP-Forschungsstation bei Gakona, wurde das Projekt von vielen Leuten als ein noch schrecklicheres Phänomen Alaskas angesehen als Sarah Palin … und dies allein schon beweist die tiefe Besorgnis, welche das Projekt in den Bereichen umgibt, wo die geradezu verschworenen Geister herumschleichen. Abgesehen von solch legitimen Aufgaben wie die Analyse der Ionosphäre und die Versuche, das Potenzial zur Entwicklung dieser atmosphärischen Schicht für einen verbesserten Funkverkehr und für Überwachungsaufgaben zu überprüfen, kümmert sich das Personal von HAARP auch um andere Dinge wie beispielsweise die Analyse von wetterbezogenen Themen und »Langzeitänderungen in der Ozonschicht.«[6] Die Tatsache, dass der größte Teil dieser Arbeit von militärischen Einrichtungen erledigt wird, ist einer der Gründe dafür, dass so viel Misstrauen im Umfeld von HAARP existiert.

Man könnte argumentieren, dass HAARPs überwältigender militärischer Zweig letzten Endes gar nicht seltsam ist; schließlich ist es in der heutigen Welt so, dass durch die immer stärkere Abhängigkeit unserer modernen Welt von dem beständig zunehmenden Fortschritt der Technologien und zugleich den möglichen Störungen in der Ionosphäre – die ungefähr 60 Kilometer über der Oberfläche unseres Planeten beginnt – militärische Kommunikationssysteme rasch unterbrochen werden oder ausfallen könnten, ganz besonders zu Zeiten von Notsituationen.

Diejenigen, die hinter HAARP stehen, wissen sehr genau Bescheid über die Verschwörungstheorien, welche sich um dieses Programm ranken, und sie haben ausdrücklich und sehr sorgfältig formuliert ihre Position klar gemacht, weshalb es solch ein starkes Interesse und eine so deutliche Beteiligung durch das Verteidigungsministerium an

5 High Frequency
6 High Frequency

all diesen Thematiken gibt: »Das Interesse an Forschungsarbeiten in der Ionosphäre, ausgeführt durch HAARP, resultiert aus der großen Zahl von Kommunikations-, Überwachungs- und Navigationssystemen, deren Radiowellen alle von der Ionosphäre beeinflusst werden, sowie von dem noch unerforschten Potenzial technologischer Entwicklungen, die solche Anwendungen wie Ortung von unterirdischen Objekten, Kommunikationen in große Tiefen der See oder der Erde sowie die Erzeugung von infraroten und optischen Emissionen ermöglichen könnten.«[7] All diejenigen jedoch, die HAARP eine eindeutig verschleierte Aufgabe zutrauen, verweisen gern auf jene Sachen, die sie für Projektionen der dunkelsten aller Geheimnisse halten.

Das Erdbeben auf Haiti

Am Dienstag, dem 12. Januar 2010, wurde die karibische Insel Haiti von einem verheerenden Erdbeben getroffen, welches mehr als 300 000 Menschen tötete und noch einmal ungefähr dieselbe Anzahl verletzte, während mehr als eine Million Menschen obdachlos wurden. Es war eine schreckliche und schockierende Tragödie für die Menschen von Haiti, und zwar eine, von der sie sich nicht einmal bis jetzt, da ich diese Zeilen schreibe, wirklich erholt haben. Und im Kielwasser dieses Gemetzels lauerten bereits die Verschwörungstheoretiker, um die Welt glauben zu machen, die bedenkenlosen – manche meinen sogar: die kaltblütigen und absichtlichen –Aktionen der HAARP-Leute seien für all das verantwortlich zu machen.

Gerade einmal 48 Stunden nach dem Ereignissen auf Haiti trat die Website *Ahrcanum (www.ahrcanum.wordpress.com)* auf den Plan, die sich normalerweise um solche Themen wie die Furcht vor der Neuen Weltordnung kümmert, oder um Methoden zur Beeinflussung des Wetters oder um konspirative Theorien in Bezug auf die Kontroverse zur Schweinegrippe, um nur einige der zu nennen, widmete wirklich

7 High Frequency

viel Platz im Netz für eine Diskussion über die aktuellen Ereignisse und auch die Frage, ob nicht möglicherweise die Leute von HAARP mit Hilfe von Technologien, welche die Fähigkeit besitzen, Erdbeben gezielt hervorzurufen und auch auf spezifische Gebiete unseres Planeten zu lenken, die wirklichen Schufte in dieser Angelegenheit waren. Obwohl bei solch einer gewagten Vermutung die allermeisten Menschen die Augen verdrehen würden, sollte man nicht vergessen, dass im Jahr 1997 niemand anders als der US-Verteidigungsminister Cohen ausdrücklich gewarnt hatte vor fremden Mächten, die möglicherweise schon bald die technologischen Fähigkeiten besäßen, absichtlich Erdbeben zu stimulieren!

Der Ahrcanum-Artikel löste eine ganze Flut von Debatten und Kommentaren im Internet aus. Etliche Leute wiesen auf die Tatsache hin, dass schon sehr frühzeitig nach dem Unglück amerikanisches Militärpersonal in Massen auf Haiti niederschwebte, um Hilfe jeder Art, Nahrungsmittel, Kleidung und medizinische Versorgung anzubieten, damit sich die Bevölkerung von dem Unglück möglichst rasch erholen könne. Doch nicht alle Leute waren sich sicher, dass der Grund hinter dieser Aktion auf ausschließlich altruistischen Beweggründen basierte, wie so viele Menschen vermuteten. Kommentatoren auf der Ahrcanum-Seite äußerten schon bald, das Erdbeben sei absichtlich von HAARP hervorgerufen worden, unter anderem mit der Absicht, der Regierung der Vereinigten Staaten einen Grund zu liefern, ihre Präsenz verstärkt in einem Gebiet zu zeigen, in dem sie ganz besondere Interessen verfolgte. Ein besorgter Schreiber stellte auf der Website fest: »Haiti wird die nächste US-Kolonie.«

Doch weshalb sollte irgendjemand Haiti kolonisieren oder auch nur Kontrolle darüber ausüben wollen? Was könnte ein vernünftiger Grund dafür sein? Schließlich handelt es sich um alles andere als um eine Nation mit Atomraketen, die auf die USA gerichtet sind. Seine Bewohner planen keine Angriffe auf amerikanischen Boden mit schmutzigen Bomben, und Haiti ist ganz sicherlich nicht in der Lage, einen größeren militärischen Angriff auf Amerika zu beginnen, selbst wenn es dies wünschte. Und doch besitzt Haiti etwas, woran es vielen Nationen mangelt: erwähnenswerte Ölreserven. Gegenwärtig belaufen sich die Schätzungen auf drei Millionen Barrel in Form von Offshore-Lagerstätten. Bemerkenswert ist die Tatsache, dass die Großen Antillen (mit den Ländern Kuba, Haiti, Puerto Rico und die Dominikanische Republik) geschätzte Gesamtreserven von etwa 142 Millionen Barrel Öl besitzen sowie 195 Milliarden Kubikfuß Erdgas, und zwar dem amerikanischen Bericht des *Geological Survey* aus dem Jahre 2000 zufolge. Die Autoren des USGS-Berichtes äußerten darin die Vermutung, dass die tatsächlichen Zahlen noch erheblich größer sein könnten: eventuell mehr als 900 Millionen Barrel Öl und mehr als eine Billiarde Kubikfuß Gas.

Und raten Sie mal: Die Technologie von HAARP kann aus der Ferne die Bodenschätze unter der Oberfläche unseres Planeten aufspüren. Noch einmal, und zwar in ganz einfachen Worten: HAARP kann dazu eingesetzt werden, Ölreserven aufzuspüren … und zwar unterirdisch sowie auf dem Meeresboden. Verschwörungstheoretiker meinen, zwar besäßen sowohl Afghanistan wie der Irak große Ölreserven, aber die Feindseligkeiten im Mittleren Osten hätten schon dazu geführt, dass US-Militärs beide Länder besetzt hielten und als gewisse Folge davon auch eine gewisse Kontrolle über die Ölvorräte beider Länder besäßen. Doch was ist mit solchen Ländern, die reiche Ölreserven besitzen, aber *nicht* den Vereinigten Staaten feindselig gesonnen sind? Wie kann man diese erfolgreich besetzen und ihre Ölvorräte in die richtigen Bahnen lenken und vielleicht in Zukunft gar manipulieren? Einige Theoretiker meinen, sobald große Ölvorräte von HAARP entdeckt worden seien und es keine militärische Rechtfertigung für eine Invasion des betreffenden Landes gäbe, so wird HAARPs erdbebeninduzierende Technologie eingesetzt, um ein scheinbar natürliches Desaster zu provozieren, welches seinerseits den staatlichen Stellen erlaubt, dort einzumarschieren in einer Aktion, die wie eine friedliche Hilfsaktion wirkt.

Ganz gewiss ist dies ein höchst umstrittenes und erdrückendes Szenario, aber so weit es die HAARP-Beobachter angeht, wird es für ein absolut denkbares Verfahren gehalten. Und in einer Welt, in der Ölreserven rapide schwinden, ist eine solche Technologie nicht nur wichtig … sie könnte ganz entscheidend sein bei der Frage, welche Nationen überleben und welche untergehen werden in den unzweifelhaft schweren Jahrzehnten und Jahrhunderten, die vor uns liegen. Begehen wir keinen Fehler: Unsere gegenwärtige, allüberwältigende Abhängigkeit von Öl wird uns in den vor uns liegenden Jahrzehnten vor größte Herausforderungen stellen.

Als ein wunderbares Beispiel der Situation, in der wir uns schon 2007 befanden, dient das Treffen eines US-Diplomaten mit einem gewissen Saddad al-Husseini, ein Geologe und früherer Chef des saudiarabischen Ölmonopols *Aramco*. Husseini meinte ganz gerade heraus, die Ölproduktion der Saudis würde höchstwahrscheinlich ihren Höhepunkt in den nächsten Jahren erreichen, und die Produktionsraten würden von da an *sehr* bedeutend abnehmen. Wie schnell dieser Abwärtstrend verlaufen wird, ist noch immer Gegenstand der Diskussion für viele Experten. Doch wir können mehr als nur ein paar Ideen in Erfahrung bringen mithilfe eines Berichtes unter dem Titel: »Der Höhepunkt der Weltölproduktion: Auswirkungen, Abschwächung und Risikomanagement«, der von Robert Hirsch für das US-Ministerium für Energie zusammengestellt und im Februar 2005 veröffentlicht wurde.

Beachten wir einmal den folgenden Auszug aus dem Bericht: »Das Erreichen des Scheitelpunktes der Weltölproduktion stellt die USA und die gesamte Welt vor ein bisher unbekanntes Risikomanagement-Problem. Beim Erreichen der Höchstproduktion werden die Preise für flüssige Brennstoffe sowie die Unbeständigkeit der Preise insgesamt dramatisch zunehmen. Ohne rechtzeitige Maßnahmen werden die ökonomischen, sozialen und politischen Kosten auf bis jetzt unerreichte Höhen ansteigen.«[8] Dieses eine Wort allein – *unerreicht* – sollte uns einen kleinen Vorgeschmack darauf liefern, wie sich unsere Welt radikal verändern wird, sobald das Öl an Kraft verliert.

Der Tsunami in Japan

Am 11. März 2011 wurde Japan von einem tragischen Ereignis getroffen: Ein alles erschütterndes Seebeben, ein Tsunami, der Ozeanwellen bis zu einer Höhe von über 40 Meter auftürmte und eine Kernschmelze in den Nuklearanlagen Fukushima 1 und Fukushima 2 verursachte, was in der Folge zu mehr als 12 000 Toten führte und die ganze Nation in einen Zustand des Schocks und des Zweifels stieß... Danach drückten Verschwörungstheoretiker im Internet ihre Sorge aus darüber, dass 20 000 amerikanische Militärangehörige, 19 Schiffe der Marine und 120 Flugzeuge im Zuge einer Operation namens Tomodachi («Freund« auf Japanisch) zunächst eine führende Rolle bei der Bekämpfung der Krise übernahmen. Noch einmal: Es wurde eine Theorie vorgeschlagen, der zufolge die freundliche und humanitäre Hilfe in Wahrheit nur ein Deckmantel dafür war, dass die US-Militärs ihre Anwesenheit in einem Gebiet der Erde verstärken konnten, welches für sie von besonderem strategischem und militärischem Wert ist. Und wie diese Theoretiker meinten: Was gibt es schon für eine bessere Möglichkeit, sanft und scheinbar unschuldig den eigenen Einfluss in einem Gebiet von höchstem nationalen Interesse abzusichern, als durch eine anscheinend selbstlose Hilfsmission? Wenn diese Theoretiker Recht hatten mit ihren Vermutungen über HAARP, könnte dann auch hier das Öl ein Motivationsfaktor gewesen sein?

Bis 2010 besaß Japan staatlich kontrollierte Ölreserven von über 300 Millionen Barrel und private Reserven von über 120 Millionen Barrel. Interessanterweise hatte schon vor langer, langer Zeit, nämlich am 21. Februar 1922, die *New York Times* einen Artikel publiziert

8 Hirsch, »*Peaking*«

mit dem Titel »Experten meinen: Japan besitzt Öl für 300 Jahre«, und die Unterzeile lautete: »Fachleuchte schätzen, amerikanische Reserven werden in 20 Jahren erschöpft sein«. Die Zeitung zitierte aus einem Bericht für das amerikanische *Institute of Mining and Metallurgical Engineers* und fuhr dann fort: »In Anbetracht seiner tatsächlichen Bedürfnisse, so hat es den Anschein, dass Japan sich in einer glücklicheren Lage befindet als die meisten Nationen, was die Verfügbarkeit von Ölreserven in der Zukunft angeht. Japan besitzt viel mehr Öl, als seine Propagandisten der Welt glauben machen wollen.«[9]

Natürlich waren die amerikanischen Ölreserven nicht 1944 erschöpft, wie der Artikel zum Entsetzen der Leser in Aussicht gestellt hatte. Und im Jahr 1922 wäre es wohl ziemlich unmöglich gewesen vorauszusagen, wie stark Japans Abhängigkeit von Ölreserven einst werden würde, nämlich bis zu dem Punkt, wo ein 300-Jahre-Szenario vollkommen nutzlos wurde. Und dennoch liefert die Vorstellung, Japan könnte insgeheim weit mehr Öl besitzen, als viele sich gerade jetzt erst vorzustellen beginnen, zumindest genügend Stoff zum Nachdenken.

Die besorgniserregende Realität ist, dass von den 21 größten Öllagerstätten unseres Planeten sich nicht weniger als neun bereits in einem unumkehrbaren Produktionsabfall befinden. Es kann sich für das Schicksal ganzer Länder als Aufgabe von vitalem Interesse herausstellen, neue Ölreserven zu entdecken und den Zugang zu genau jenen Reserven offen zu halten, und zwar in dem Maße, wie die Reserven schrumpfen. Und vielleicht, meinen manche … vielleicht spielt HAARP eine fundamentale Rolle in dem geheimen Rennen zur Sicherung unserer Zukunft, einer Zukunft, welche – wenn nicht jetzt etwas unternommen wird! – die Lichter verlöschen sehen wird oder die zum Stillstand unserer auf Öl angewiesenen Fahrzeuge führt und die Zivilisation in Chaos und Barbarei stürzt.

9 *»Experts Say«*

EM-Felder

HAARP wurde auch zum Ziel für Menschen, welche die Tätigkeiten dort als durch und durch böse in ihrer Natur für einen weiteren und ganz anderen Grund halten, der in seinen Ausmaßen jedoch nicht weniger beunruhigend ist. Abgesehen von dem Personal von HAARP selbst gibt es wahrscheinlich niemanden, der mehr darüber weiß (und ebenso über die dunklen Theorien bezüglich der geheimen Absichten darüber, was die Menschen dort tatsächlich vorhaben) als Dr. Nick Begich jr. Er ist der Sohn des von Alaska entsandten Mitgliedes des US-Repräsentantenhauses, *Democratic Party*, Nicholas Joseph Begich sr.. Er büßte vermutlich sein Leben ein, als die von ihm gesteuerte Cessna 310 am 16. Oktober 1972 spurlos verschwand während eines Fluges von Anchorage nach Juneau. Der Bruder von Begich jr. ist Mark Begich, zurzeit US-Senator für den Staat Alaska. Und was Nick Begich angeht – außer der Tatsache, dass er zweimal zum Präsidenten des Dachverbandes der Lehrer in Alaska und dem *Anchorage Council of Education* gewählt wurde –, so ist er außerdem mit Jeanne Manning Co-Autor des großartigen Buches *Angels Don't Play This Haarp*, welches auf eine tief beunruhigende Art und Weise die Arbeit von HAARP durchleuchtet.

Begich meinte, dass zwar das Personal von HAARP größten Wert darauf lege, den allgemeinen Eindruck bei der Bevölkerung zu erzeugen, das Programm sei grundsätzlich wissenschaftlicher Natur mit dem Ziel, die Ionosphäre besser nutzbar zu machen für unsere eigenen Bedürfnisse, aber es gebe zusätzlich eine andere Seite der Geschichte. Bis zum Jahr 1996, laut Begich, habe die amerikanische Regierung nicht weniger als 15 Millionen Dollar ausgegeben, um die Methoden der Tomografie weiterzuentwickeln, mit der man unter die Oberfläche der Erde blicken kann. Das Problem dabei aber sei, meinte Begich, dass »[die besondere Frequenz für] die Erde penetrierende Strahlen sich innerhalb des Frequenzbereiches befinden, der besonders häufig verantwortlich gemacht wird für Störungen des menschlichen Geistes. Er kann aber ebenso tiefen Einfluss nehmen auf die Wanderungsbewegungen von Fischen und Wildtieren, die auf ein ungestörtes Energiefeld angewiesen sind, um ihre Wanderungsrouten zu finden.«[10] Der amerikanischen Luftwaffe, die eine große Rolle in dem HAARP-Programm spielt, waren die von Begich beschriebenen Effekte schon seit Jahren bekannt. Eines der vielen offiziellen Dokumente der USAF zu diesem Thema beschreibt explizit die beunruhigenden Tatsachen: »Die potenziellen Anwendungen künstlicher elektromagnetischer Felder sind sehr breit gestreut. Einige dieser potenziellen Anwendungen betreffen den Umgang mit Terrorgruppen, die Kontrolle von Menschenmassen oder den Bruch von Sicherheitsmaßnahmen bei militärischen Einrichtungen ebenso wie auf Menschen gerichtete Techniken im konventionellen Kriegsfall. In all diesen Fällen könnten EM (elektromagnetische) Systeme eingesetzt werden, um milde bis schwere physiologische Störungen oder verzerrte Wahrnehmungen oder Desorientierungen bei Personen zu erzeugen. Zusätzlich könnten die Fähigkeiten von Individuen für normale Handlungen bis zu einem solchen Maße herabgesetzt werden, dass sie für Kampfeinsätze nicht mehr tauglich wären.«[11]

Dass die Arbeit von HAARP signifikante und schädliche Nebeneffekte auf das menschliche Nervensystem und den persönlichen Zustand haben kann, klingt höchst beunruhigend. Und auch hier gibt es wieder einen zusätzlichen Punkt. Begichs Entdeckungen, dass die Arbeit von HAARP möglicherweise schädliche Auswirkungen auf die Migrationsrouten bestimmter Tierarten haben könnte, rief etliche Beobachter auf den Plan, die meinten, dass die höchst beunruhigende weltweite Welle von Vogel- und Fischsterben, über welche die Medien der Welt intensiv Ende des Jahres 2010 und im Frühjahr 2011 berichteten, das Ergebnis von ungezügelten und rücksichtslosen Operationen von HAARP zuzuschreiben sein könnte. Während dieser präzise geschilderten Zeitspanne wurden Hunderte von Schwarz-

10 *»Are We in a HAARP«*
11 Tyler, *Intensity Conflict*

drosseln in Louisiana tot aufgefunden, während unzählige Amseln unter ungewöhnlichen Umständen in Arkansas ums Leben kamen und Tausende von Fischen leblos im Arkansas-River trieben. Zusätzlich wurden in Schweden mehr als 50 Dohlen tot auf der Erde gefunden, mindestens 200 tote Vögel auf einer Brücke in Texas und nicht weniger als 40 000 Teufelskrabben verendeten unter mysteriösen Umständen an der Küste von England.

Einige Wissenschaftler und Mitarbeiter der Behörden gaben sich die allergrößte Mühe, alle mysteriösen Todesfälle in ganz alltägliche Kategorien einzuordnen, wie zum Beispiel die Härte der Natur, extreme Wetterverhältnisse oder die von Menschen verursachte Umweltverschmutzung. Andere wiederum waren der Ansicht, dies alles deute auf eine über uns lauernde Apokalypse von den Ausmaßen des Alten Testamentes hin. Andere meinten leise – und etliche auch alles andere als leise –, HAARP sei schuld an allem. In Bezug auf den letzten Punkt: Am 5. Januar 2011 publizierte Steve Cooper einen Artikel mit dem Titel: *Trägt HAARP-Raketenabwehrtest die Schuld am Vogelsterben?* Es war dieser Bericht, der einen regelrechten Wirbelsturm von Debatten im Internet über die Frage entzündete, was HAARP eigentlich vorhatte und ob unserer Welt potenziell der Kollaps und die anschließende Zerstörung bevorstünde als Ergebnis der verrückten Aktionen einer elitären Gruppe von durchgedrehten Wissenschaftlern irgendwo da oben?

Die Debatten über die seltsamen und massenweise auftretenden Todesfälle von Tieren in der Zeit von Ende 2010 bis Frühjahr 2011, die theoretischen Verbindungen zwischen HAARP und den Erdbeben-Aktivitäten überall auf der Erde und HAARPs angebliche Einbindung in die Versuche der US-Regierung, sich so viel wie möglich von den noch verbleibenden Ölreserven zu sichern, wüten noch immer in den Diskussionsforen des Internets, auf Konferenzen, in verschiedensten Zeitschriften und bei Radio-Talkshows, wo sich die von einer Konspiration überzeugten Menschen mit Vorliebe äußern. Ob

HAARP wirklich etwas wahrhaft Schreckliches *vorhat* – und dies auf nicht weniger als einem weltweiten Maßstab –, oder ob ein Erdbeben eben nur ein Erdbeben ist, und ob die zahlreichen Todesfälle bei Tieren lediglich das tragische Ergebnis der Unbill einer brutalen Natur sind … Die Beantwortung dieser Frage hängt zum großen Teil davon ab, welche Schlussfolgerungen Sie für die gültigen oder die wahrscheinlichen halten. Solange wir noch nicht im Besitze einer konkreten Antwort sind, können wir mit ziemlicher Sicherheit davon ausgehen, dass die an eine große Konspiration glaubenden Menschen weiterhin auf der Frage herumreiten werden, was sich tatsächlich in der Wildnis Alaskas zusammenbraut.

Schlussfolgerungen

Unsere lange und kurvenreiche Reise in die fremde und geheimnisvolle Welt der Myriaden von unterirdischen Stützpunkten, beinahe undurchdringlichen Einrichtungen verschiedenster Art, unterseeischer Bereiche und gar eines angeblichen Außenpostens auf dem Mond nähert sich jetzt dem Ende. Was können wir nun sagen über die Vielzahl der weltweiten geheimen Orte, die wir hier peinlich genau untersucht haben? Es gibt unstreitig eine gewisse Trennung zwischen dem, was uns bekannt ist als unleugbare Tatsachen, und dem, was wir zu wissen glauben, und dem, was viele Menschen möglicherweise noch immer als Stoff für Gerüchte, Theorien, Hören-Sagen und unbewiesene, unglaubliche Konspirationsphantasien halten mögen.

Die Tatsache, dass solche streng bewachten Einrichtungen wie Fort Detrick in Maryland, Porton Down in England und Dugway Proving Ground in Utah tatsächlich existieren, wird in keinster Weise von irgendjemand in Zweifel gezogen. Und das sie seit Jahrzehnten tief verwickelt sind in heftigste Kontroversen zu den verschiedensten Themen, ist ebenfalls längst ein Teil der offiziellen Berichte. Programme zur biologischen Kriegsführung, Forschungsarbeiten über exotische Viren und verdächtige Todesfälle sowohl bei Menschen wie bei Tieren sind alle festgehalten worden und zugleich nachweisbar.

Wenn es dann zu anderen supergeheimen Bereichen kommt, so ist der Versuch Fakten von Fiktion zu trennen, oder auch von Regierungen vorgenommene Desinformationskampagnen von Übertreibungen zu trennen, deutlich problematischer. Nehmen wir zum Beispiel Nevadas Area 51. Ganz eindeutig existiert diese Basis dort, und höchstwahrscheinlich hat kaum jemals eine Seele auf unserem Planeten *nicht* davon gehört. Doch ist dieses tatsächlich der Ort, wo gefangen genommene Aliens festgehalten werden, wie in den Geschichten von Bob Lazar behauptet wird? Oder ist diese ganze Ufo-Sache lediglich ein grandioser Trick, ausgedacht und befördert von den Behörden, um die wesentlich irdischeren Forschungsarbeiten bezüglich neuester Flugzeuggenerationen zu vertuschen? Die Jury, wenn wir wirklich ernst mit uns selbst sind, muss sich gerade im Streik befinden.

Ziemlich ähnlich ist es beim Hangar 18: Ausreichend glaubwürdige Quellen – wie beispielsweise US-Senator Barry Goldwater und der hochrangige *CIA*-Mitarbeiter Victor Marchetti – haben sich zu den Ufo-Geheimnissen auf der Wright-Patterson Air Force Base geäußert um klarzustellen, dass *etwas* Seltsames auf dieser Basis geschieht, und dies bereits seit einiger Zeit. Um Himmelswillen, die Suche nach der Wahrheit über die kleinen Männchen von Wright-Patterson haben den Computerhacker Matthew Bevan beinahe für einige Jahre hinter Gitter gebracht. Doch gehören diese kleinen Männer und ihre Begleitschiffe von den Sternen zu der wirklich großen Wahrheit, oder sind dies alles nur Geschichten, zurechtgestutzt, um die Ufo-Gläubigen auf weiten Abstand zu halten von den militärischen Technologien hervorgebracht von der eigenen menschlichen Art? Die Zahl der Fragen schießt ins Kraut. Klare Antworten hingegen tun dies nicht.

Und dann gibt es noch diese verwirrenden Geschichten von Dulce in Neu Mexiko, von den geheimen unterirdischen Bereichen der Londoner Underground, von den Unterwassergeheimnissen und den Herrschaftsbereichen der Aliens, die angeblich vor der Küste von Puerto Rico auf dem Meeresboden lauern. All diese Geschichten zusammen genommen lassen vermuten, dass es irgendwelche geheimen, unterirdischen Installationen gibt, die zwar einerseits den jeweiligen Regierungen bekannt zu sein scheinen, die jedoch eindeutig außerhalb der Machtbefugnis dieser menschlichen Führungspersönlichkeiten liegen. Kurz und knapp formuliert: Unsere Präsidenten, Premierminister und Königsfamilien haben schon lange auf besorgniserregende Weise die Kontrolle darüber verloren, was sich irgendwo in der Tiefe tut, in den unübersichtlichen Tunnelwelten von London, in den riesigen Höhlen und Kavernen von New Mexico oder auch in den tiefen Gewässern der Karibik. Vielleicht ist dieses der Grund für die oft verhängte totale Nachrichtensperre über einige dieser geheimen Orte: Nicht die Bürokratie führt die Vorstellung, sondern die Bürokratie wurde längst ohne großes Federlesen hinausgeworfen, oder es wurde ihr schlicht und einfach jeglicher Zugang versperrt von den nicht menschlichen Wesen, welche die dunklen Bereiche für ihre persönliche Heimat halten, und zwar seit Urzeiten. Und zu der Frage, ob eine geheime Basis möglicherweise auf dem Mond existiert: Nun, im ersten Augenblick wird damit die Glaubwürdigkeit zugegebenermaßen bis zur völligen Grenzwertigkeit gedehnt… und möglicherweise sogar *noch* weiter als bis zu dieser Grenze! Auf einen zweiten Blick hingegen stellen sich die Dinge etwas anders dar. Wir wissen, dass vor 50 Jahren die US-Armee still und heimlich Pläne ausarbeitete, um genau solch eine Anlage auf der Mondoberfläche zu errichten, und zwar mit Hilfe des ambitionierten Planes *Project Horizon*. Carl Wolfe hat wirklich erstaunliche Daten bezüglich einer riesigen Einrichtung von Aliens auf der der Erde abgewandten Seite des Mondes enthüllt. Und der »Remote-Viewer« Ingo Swann, dessen Verbindungen zur geheimen Welt der ESP-Spionageoperationen bereits behördlich festgehalten wurde, hat eine faszinierende Räuberpistole erzählt über die umfangreichen Kenntnisse der Behörden von einer riesigen Mondbasis, die… nun, *irgendjemand* gehört. Eindeutig haben wir es hier mit einer riesigen Rauchwolke zu tun. Das eigentliche dahinter lodernde Feuer, wenn wir es denn finden wollen, könnte möglicherweise durchaus innerhalb unserer eigenen Reichweite liegen. Die überwältigende Mehrheit von uns allen besitzt natürlich keinerlei Fähigkeiten, buchstäblich zum Mond zu reisen, um diese Basis zu finden und ihre Existenz zu bestätigen. Aber die Sicherstellung der Aussagen von einem neuen Carl Wolfe oder einem weiteren Ingo Swann mag auf lange Sicht das Beste sein, was wir tun könnten.

Im Zuge der Kontroverse über das Jahr 2012 kann es fast keinen Zweifel daran geben, dass es eine unbestreitbare Zunahme von geheimen Bauten nach den Ereignissen des 11. Septembers 2001 gegeben hat. Und es gibt ebenso kaum einen Zweifel daran, dass viele dieser Bauten im Fall eines katastrophalen Notstandes dem Schutz der Regierungseliten, des Militärs und der oberen Schicht der Gesellschaft dienen sollen. Ob solch ein Notstand ein von den Behörden einkalkulierbarer und überprüfbarer sein könnte, so wie das, was die Maya für das Jahr 2012 vorhergesagt haben, oder ob diese Planungen auf eine vollkommen theoretische Ereigniskette von desaströsen Proportionen fußen könnten – möglicherweise ein Terroranschlag mit den allseits gefürchteten schmutzigen Bomben –, ist noch vollkommen unklar.

In aller Wahrscheinlichkeit werden die Bauten von unterirdischen Anlagen, geheimen Einrichtungen und verdeckten Regierungs- und Militäranlagen mit unverminderter Entschlossenheit fortgesetzt werden. *Xe Services LLC*, früher bekannt als *Blackwater USA* und *Blackwater Worldwide*, ist im Prinzip tätig als eine private Militärorganisation, die gegenwärtig zu der größten privaten Sicherheitseinrichtung im Dienste der US-Regierung zählt. Diese Agentur weist einen bemerkenswerten Erfolgsquotienten auf (allerdings auch für die *falschen* Gründe) bei dem Versuch, während des vergangen Jahrzehnts im Irak für Sicherheit zu sorgen. Dies hat alles *Xe Services LLC* nicht daran gehindert, mit ihren eignen geheimen Einrichtungen fort zu fahren. Beispielsweise belegt ihr »United States Training Center« 7000 Acres (etwa 28 Quadratkilometer) im Nordosten von North Carolina, und es bietet Expertentraining für amerikanische Militär- und Regierungsangestellte. Geübt werden Mann-gegen-Mann-Kämpfe, und es werden Kurse zum Autofahren in Kampfsituationen angeboten … oder anders ausgedrückt, wie man verdammt noch mal aus einer heiklen Situation davonkommt, während die Kugeln der Terroristen bereits in den Kofferraum Ihrer gepanzerten Limousine einschlagen. Es ist ja praktisch schon vorgegeben, dass *Xe Services LLC* voranstürmt mit einem ungeheuer ambitionierten Programm, und da ist es mehr als wahrscheinlich, dass wir sie schon bald auf der Bühne sowohl innerhalb als auch außerhalb der Vereinigten Staaten sehen werden.

Es hat den Anschein, als würde sich auch die Öffentlichkeit nun wesentlich stärker für die geheimen Stützpunkte interessieren. In Anbetracht der eindeutig unsicheren Weltbühne, deren Zeugen wir gerade werden – eine von Erdbeben, Tsunamis, Bürgerkriegen und bösen Vorhersagen scheinbar überwältigte Welt – möchten die Menschen überall auf diesem Globus ihre eigenen abgesicherten Zufluchten haben, wo sie sich verbergen können, sobald der Countdown für das Ende wirklich beginnt. Gerade jetzt macht *Hardened Structures*, eine Firma mit Sitz in Virginia Beach, ein buchstäbliches Bombengeschäft mit dem Verkauf mit Armierungen und unterirdischen Bunkern. Die Kalifornier bestellten gern Schutzschirme gegen radioaktiven Fallout von der Firma, um sich gegen ein radioaktives Desaster zu schützen, das die Vereinigten Staaten als Ergebnis der Kernschmelze in Japan Anfang 2011 hätte erreichen können. Andere Leute machen sich Sorgen, ein bevorstehender wirtschaftlicher Zusammenbruch der Vereinigten Staaten könnte auch jede durchschnittliche Familie zwingen, ihre eigene geheime und unterirdische Fluchtburg zu bauen, wohin man sich zurückziehen kann, wenn das Land zu schwanken beginnt, zusammenbricht und schließlich hoffnungslos am Boden liegt. Es ist bemerkenswert, dass der Geschäftsführer von *Hardened Structures*, Brian Camden, bereits im März 2011 erklärte, viele der Bestellungen bei seiner Firma stünden eindeutig in einer gewissen Beziehung zu »2012, Das-Ende-der-Welt-wie-wir-sie-kennen und all die anderen Sachen dieser Art«.

Er legte jedoch auch Wert auf die Feststellung: »Wir legen uns in keinster Weise auf irgendeines dieser Szenarien fest … das Einzige, was wir mit Sicherheit wissen, ist das: Niemand weiß, was kommen wird.«[1]

Nun, möglicherweise weiß es *irgendjemand*, auch wenn es nicht *Hardened Structures* ist.

Im April 2011 begannen ausgedehnte Grabungsarbeiten am westlichen Flügel des Weißen Hauses. Vorsorglich waren die Medien darüber rechtzeitig informiert worden, diese Arbeiten beträfen

1 Hickey, *»Underground Bunkers«*

ausschließlich nötige Renovierungen; vor allem müssten das Abwassersystem, die Wasserrohre und die Elektroleitungen renoviert, ausgetauscht oder auch verbessert werden. Solche Erklärungen wurden jedoch von gewissen Mitgliedern des Pressecorps in Washington einigermaßen skeptisch aufgenommen. Obwohl der Ostflügel des Weißen Hauses bereits auf einem unterirdischen Bunker ruht, in dem man einen Nuklearangriff auf die Hauptstadt überleben könnte – so heißt er folgerichtig auch »Presidential Emergency Operations Center« (PEOC) –, wurde die Idee, die neuen Arbeiten am Westflügel seien irgendwie mit PEOC in Zusammenhang zu bringen, weil man mit umfangreichen Untertunnelungsarbeiten zugleich den ganzen Bunker ausdehnen, verstärken und noch tiefer legen könnte, von Mitarbeitern und Sprechern des Weißen Hauses rundweg bestritten. Einige, die diese Arbeiten aufmerksam verfolgt hatten, meinten dazu, das Weiße Haus hätte das alles ein bisschen *allzu* heftig bestritten.

Was auch immer die Wahrheit hinter diesen jüngsten Entwicklungen in der Welt der geheimen Regierungsbunker, Stützpunkten und Militäreinrichtungen sein mag, so möchte ich dies zum Schluss vorhersagen: Während sich unsere Welt, unsere Zivilisation und unsere Gesellschaft rasch auf Orwells Welt zu bewegen, umso wahrscheinlicher erscheint es, dass Sie häufiger und häufiger ein gewisses Wortpaar zu sehen bekommen werden, und zwar vollkommen gleichgültig, wohin sie gehen oder sich gerade aufhalten. Und dieses lautet natürlich: *Zutritt streng verboten!*

Register

A

Abbott, Maureen 100
Acetaminophen 189
Adams, Susan 84
Adelphi-Theater 102
Aftergood, Steven 170
Ahrcanum-Artikel 234
al-Husseini, Saddad 236
Alice Springs 143
Amazing Stories 155
American Werewolf 93
Anderson, Dr. David Lewis 226
Anthrax 189
Anti-Gravitations-Antriebssystem 27
Ararat 65
Archuleta Mesa 125
Archuleta Peak 137
Area 14
Area 51 11
Armageddon 114, 217
Arnon, Shlomo 75
Aum Shinrikyo-Sekte 52
Aurora 29
Austin, C. F: 205

B

Bakerloo Line 95
Bale, Christian 93
Ballonbombe 65
Bank Station 102
Baranowski, Scott 56
Beech, Stan 103
Begich jr., Nicholas Joseph 239
Bennewitz, Paul 126
Bentwaters-Woodbridge 38
Bevan-Affäre 88
Bevan, Matthew 86, 246
Biden, Joe 107
Bigelow, Emerson 71
biologische Kriegswaffen 187
Birdsall, Graham 38
Bishop, Greg 128
Bombenbunker 91
Bosley, Walter 29, 30
Bragalia, Anthony 58
Branton 137
Brompton Road Station 91
Bruni, Georgina 183
Bulldog Jack 101
Bush, Georg W. 189

C

Cader Berwyn 178
Camden, Brian 249
Campbell, Colin 98
Camp Hero 218
Carter, Jimmy 73, 219
Castello, Thomas 137
Cheney, Richard »Dick« 107
Chupacabra 97, 195
Churchill, Winston 91
Close Encounters 153
Cohe, William S. 231
Computerkriminalität 86

D

Darré, Richard Walther 63
Davis-Bericht 223
Defense Act 147
Dennis 15
Deros 158
Desinformations-kampagnen 245
Dodd, Tony 179
Dolan, Richard 170
Dowling, Jim 146
Downes, Jonathan 97, 204
Down Street Station 91
Duckworth, David 67
Dulce 125

E

Einstein, Albert 211
Eizenstat, Stuart 69
El Cayul 204
El-Yunque-Regenwald 196
Erickson, Steve 56
E.T. 12
Exon, Arthur E. 80

F

Fort Detrick 187
Fort Knox 73
Friedman, Stanton T. 24
Frodsham, J. D. 149
Fukushima 237

G

Gasbuggy 136
Gasbuggy-Explosion 130
Glasser, Harold 71
Goldie, Adele 146
Goldwater, Barry 75, 246
Gomez, Manuel 132
Good, Timothy 47, 203
Groom Lake 14

H

HAARP 231
Hackingattacken 88
Haines, Gerald 30
Hangar 18 75
Hanson, Jim 88
Heiliger Gral 63
Hess, Rudolf 63
Himmler, Heinrich 63
Hitler, Adolf 64
Huff, Gene 22
Hussein, Saddam 189

I

Invasion Erde 181
Ivins, Dr. Bruce Edwards 189

J
Jessup, Morris K. 210

K
Kelly, David 185
Kilgallen, Dorothy 103
King, William E. 59
Kirtland Air Force Basis 127
Knapp, George 15
Koelle, Heinz-Hermann 165
Konspirationsfantasien 245
Kossuth, Lajos 72
Krauss, Lawrence 224

L
Laden, Osama Bin 189
Law, Bryan 146
Lazar, Robert Scott 11, 15
Lear, William 22
Leonard, George 173
Leuchterscheinungen 131
Levitation 221
Llandderfel 180
Los Alamos 17, 25
Lowestoft 43

M
Maguire, Bill 35
Mainbrace 35
Marchetti, Victor 83, 246
Mariani, Dennis 23
Massenvernichtungsmittel 54, 178
Mayakalender 112
Mayercha, George 213
McCarran Airport 18
McConaughey, Matthew 93
McKinnon, Gary 169
Melmer, Bruno 70
Men in Black 42
Mercado, Carlos Manuel 203
Mesa, Archuleta 139
Mikrobiologie 184
Mondbasen 163
Montauk 216
Montauk Air Force Station 209
Montauk-Project 209
Mueller, Robert 190
Mulder, Fox 48
Mulhearn, Donna 146

N
Nass, Dr. Meryl 190
Naval Observatory 109
Nazideutschland 63
Nazigold 68, 70
Nervenmittel 51
Nibiru-Hypothese 113
Nordic Genetic Resource Center 116
Northern Line 99

O
Ordnungszahl 115 21
Orr Springs 56
Oswald, Lee Harvey 32

P
Palin, Sarah 232
Palmer, Ray 154
Pasechnik, Dr. Vladimir 185
Patton, George 64
Pearl Harbor 218
Philadelphia-Experiment 212
Pine Gap 143
Pope, Nick 29, 160
Porton Down 177
Prescott, James 179
Project Horizon 164, 247

R
RAF Sandwich 38
Rahn, Otto 63
Ravenscroft, Trevor 64
Reagan, Ronald 26
Redfern, Frank 35
Reign of Fire 93
Remote-Viewer 140
Remote Viewing 172
Rendlesham 38
Rendlesham Forest 182
Richards, Norman 80
Riesenkatzen 99
R. M. 82
Roberts, Andy 178
Rockefeller, Jay 170
Rommel jr., Kenneth M. 136
Roosevelt, Franklin D. 52
Roosevelt Roads 198
Rosario 202
Rosenfeld, Dave 60
Roswell 78
Royal Air Force Shawbury 28
Rudloe Manor 44
Russell Square 93

S
S-4 15, 19
Salt Lake City 51
Sarin 178
Sarin-Gas 52
Schweizer Nationalbank 69
Scotland Yard 27
Scott, Irena 89
Shaver-Saga 155
Sin City 12
Skull Valley 53, 54
Smith, Charles R. 222

Smithsonian Institution 65
Stealth-Technologie 29
Steiger, Brad 153
Stringfield, Leonard 77
Swann, Ingo 170

T

Teleportation 211, 221
Teller, Edward 17
Terriss, William 102
The X-Files 48
Thomas, Sally 147
Tonnies, Mac 158
Trudeau, Arthur G. 164
Turbinenfahrzeug 17

U

Untertassen, fliegende 11
USAF 2025 229
U.S. Naval Ordnance Test Station 205
Ustascha 69
Utah Ufo-Jäger 60

V

Valdez, Gabe 131
Vatikan 70
Vatikanbank 71
VX 54

W

Warren, Larry 39, 44
Weinbrenner, George 57
Wiley, Frank 94
William Shockley 16
Wirth, Dr. Hermann 64
Wolfe, Karl 163
Wright-Patterson 76
Wyden, Ron 170

Y

Yahootie 222
Yuquiyu 196

Z

Zeitreisen 225
Zeta Reticuli 113
Zhitkur 119
ZX81 86